인생 여행,
타인들의 위로

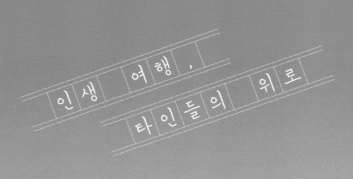

인생 여행, 타인들의 위로

박정대 지음

글샘
GEULSAEM PUBLISHING

글을 시작하며

돌아보니 살아온 세월이 고맙고 고맙습니다. 세상은 나보다 뛰어난 사람으로 꽉 차 있었고 저 같은 사람은 발붙일 자리가 없을 것 같았습니다. 그러나 어느 곳이나 주류가 아니더라도 발붙일 빈틈은 있습니다. 절벽 바위 틈새에 뿌리를 내린 꽃과 나무들을 보면 경이롭습니다. 왜 바람 부는 척박한 좁은 땅에 뿌리를 내렸을까요? 살기 위해서입니다. 다 그들 나름대로 살아가는 방법과 이유가 있습니다.

저는 삼성에서 33년, 평범한 샐러리맨에 불과한 삶을 살았습니다. 하지만 좀 과장하면 '찻잔 속의 태풍' 같은 회사생활을 했습니다. 나희덕 시인의 〈속리산에서〉 첫 시작과 같이 "가파른 비탈길만이 순결한 싸움터라고 여겨온 나에게" 험난한 일이 많았습니다. 그러나 때로는 지독히 고민하면서도 뱃전에 부딪히는 파도에 겁먹지 않고 먼 바다를 쳐다보고 당당히 나아갔습니다. 그래서 이런 직장생활을 하면서 사유했던 작은 이야기들을 정리하고 싶었습니다.

많은 글들은 제가 적은 것이 아니라 받은 편지를 옮겼기에 이 책은 결국 많은 사람들이 어우러져 적은 책이 되었습니다.

나름대로 글들을 힘들게 정리했으나 별 진한 감동적인 이야기는 없이 그저 잔잔한 물결이 되었습니다. 다만 지금 이 순간 **"말을 타고 질주할 때 네 영혼이 뒤따라오는지 항상 보라"**는 인디언 속담이 가장 강렬하게 가슴을 파고 듭니다. 이 한 문장의 압축을 풀어 저의 생각과 추억을 가미하여 책을 만들었습니다.

　　하지만 글을 쓰고 저의 파란만장 했던 시간을 돌아보니, 서사시는 고사하고 작은 파도의 물방울 하나에 불과했습니다.

　　"왕년에 소금물을 벌컥 마시며
　　저 촛대바위를 내가 만들었다고 했다
　　恐내의 칼을 백 개나 마음에 숨기고
　　반복을 통해 백사장 고운 모래를 모았다고 했다

　　그러다 뒤척이며 돌아누워
　　내가 다한 일이 아니라 힘을 조금 보탰다고 얼버무렸다
　　실은 촛대 바위나 백사장까지는 오지도 못하고
　　바다 위에서 사라진 소리라는 것을 이미 알고 있었다
　　백사장까지 가는 파도의 등을 잠시 밀어주는데 온 젊음이 필요했다"

　　　　　　　　　　　　　　　　　　　　　〈퇴직여행 自作詩 중에서〉

이제 보니 파도의 등을 떠밀어 주는 일도 제대로 하지 못했습니다. 그래도 저에게는 너무나 소중한 삶이었고 무척 행복했습니다. 저를 동료로 인정해 주고 많은 영감을 주신 선배님과 부족한 저를 리더로 인정해 준 후배님들에게 감사를 전합니다.

사라진 소리로 실수투성이지만 살아온 추억을 모아 책을 발간 합니다. 책 제목은 저의 인생 여행에 혼자 외롭게 두지 않고, 힘과 위로를 주신 모든 분들께 감사하는 마음을 담아 〈인생 여행, 타인들의 위로〉라는 제목을 달았습니다.

제 경험으로 볼 때, 100% 판단이 설 때 진행하면 반드시 실패합니다. 타이밍이 더 중요할 때가 많으니까요. 그래서 감히 설익은 글들을 모아 책을 냅니다. 어릴 때 땡감을 모아 단지에 넣고 숙성하여 먹었듯이, 땡감 같은 글을 잘 숙성하여 보아주셨으면 합니다.

제 평생 존경하는 하늘에 계신 아버지, 자식을 위한 기도로 입술이 닳으신 어머니, 언제나 힘이 되는 사랑하는 우리 가족들, 몸으로 저를 가르쳐 주신 인생 선배님, 저를 항상 믿어준 친구들에게 다시 감사의 인사를 드립니다.

그리고 무엇보다 저의 실수로 상처를 받으신 모든 분들께 용서를 구합니다. 앞으로도 본의 아니게 실수를 하더라도 속마음은 그렇지 않을 거야 하시고 깊은 이해를 구합니다.

생물학적 성장은 끝이 났지만 새로운 것들에 대한 호기심과 상상력을 꾸준히 유지하는 사람을 니오타니(neoteny)라고 합니다. 이제 니오타니가 되어 숨겨진 영혼을 찾으러 호기심을 가지고 좀 더 낮게 세상으로 내려가려고 합니다.

2021. 10월 어느 날 박정대

오래전 휴대폰 사진이라 화질이 좋지 않습니다.

그래도 당시에 사진을 찍었던 마음을 정리하여 봅니다.

편지에 우표를 붙이듯이 꼼꼼히 침을 묻혀 생각을 붙입니다.

제 1막

휴대폰에
남은 사진을
정리하며

왜 글을 쓰는가

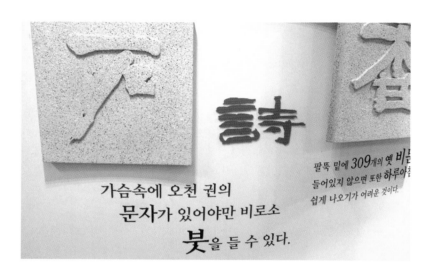

가슴속에 오천 권의
문자가 있어야만 비로소
붓을 들 수 있다.

팔뚝 밑에 *309*개의 옛 비문이
들어있지 않으면 또한 하루아침에
쉽게 나오기가 어려운 것이다.

공과 출신인 제가 글을 적는다는 것은 분수의 꼴로는 나타낼 수 없는 '무리수'인줄 잘 압니다. 위의 추사 김정희 고택에서 본 글처럼 "가슴속에 오천 권의 문자가 있어야만 비로소 붓을 들 수 있다"는 엄정한 기준이 글쓰기 도전을 더 어렵게 합니다. 특히 맛집을 소개해 주는 글을 보고 찾아갔다가 요즈음 말로 '폭망'하는 기분 나쁜 경험은 누구나 겪는 일입니다. 제가 적은 글을 책으로 엮고 그것을 지인들이 시간을 들여 읽을 텐데, 맛없는 맛집처럼 기분을 나쁘게는 하지 않을까 미안함도 앞섭니다.

저 같은 아마추어가 글을 적는 일은 많은 고민이 필요하고 상당한 시간도 들어갑니다. 그러나 무엇보다 글 내용을 떠나서 살아가면서 스스로의 생각을 정리하는데 글처럼 좋은 작업이 없습니다. 그래서 포기하기가 어렵습니다. 돌아보면 젊을 때부터 책을 출판할 목표를 가졌다면 사진부터 많은 자료에 이르기까지 제대로 준비했을 것입니다. 대부분의 사진이 핸드폰으로 찍어 보기가 좋지 않고, 사진 공부도 최근의 일이라 조잡합니다. 그럼에도 '오히려 꾸미지 않는 모습이다'라고 생각해 주시면 감사하겠습니다.

새로운 조직을 맡으면 서로를 알기까지 시간이 많이 걸립니다. 하지만 새로 만난 팀원들과 글을 공유하면 생각을 쉽게 좁힐 수 있고 친밀감을 높일 수 있는 장점이 있었습니다. 말로 흩어지는 푸른 종소리가 아니라 글로 오래 사실을 묶을 수 있다는 장점은 너무나 큽니다. 그래서 키케로가 "잡것들이 너나 할 것 없이 책을 내려고 한다"는 말을 했나 봅니다. 그럼에도 불구하고 용기를 내어 한 번 '잡것'이 되어 보려고 합니다.

앞으로 좋아질 일만 남았다

가랑비가 내리는 봄날, 나를 다스리기 위해 산에 올라가고 있었습니다.

중간쯤 올라가다 젖은 종이를 발견하였습니다. 달력을 찢어 '앞으로 좋아질 일만 남았다' 라고 써 있었습니다. 이 글을 보는 순간 무엇인가 울컥 올라왔습니다. 글을 적은 사내는 얼마나 깊은 밑바닥까지 갔었길래 이런 글을 적었을까? 이 종이를 희망의 부적처럼 지니고 다니다가 산에 떨어뜨렸을까. 아니면 아무리 시도해도 안 되니 희망을 포기하고 스스로 버렸을까. 이 같은 온갖 상상이 저를 스쳐 갔습니다.

나도 이때는 품질 문제에 책임을 지고 실직한 상태라 아침마다 혼자 뒷동산에 갈 때였습니다. 긴 세월, 삼성에서 불철주야 일을 했고 '월급쟁이의 별'이라는 임원을 달았습니다. 그 정상에 오르는데 이십 년이 넘게 걸렸는데 단 일 년 만에 모든 것을 내려놓았습니다. 분노와 억울한 감정이 나를 흔들었고 부추겼습니다. 그러나 그것이 나를 뿌리째 뽑지는 못했습니다. 누구에게도 핑계를 대지 않은 것이 저를 안정시키는 마법의 묘약이었습니다. 그리고 6개월 후에 영암 월출산을 올라가다가 있을 수 없는 일이 생겼습니다. 갑자기 다시 일을 하러 오라고 하는 통보를 받았습니다.

　위 글처럼 이분에게도 좋은 일이 많이 생겼으면 합니다. 자신을 절망에 휘둘리게 두지 않게 하기 위해 나락에서도 희망을 글로 표현한 사람이라면, 탈출의 돌파구를 찾았다고 확신합니다. "어떤 고난도 우리에게 줄 선물을 들고 오기 마련"이라는 〈갈매기의 꿈〉 저자인 리처드 버크의 말이 있습니다. 포기하지 말고 기다리면 고통은 선물을 줍니다. 때로 현실이 어려운 후배에게 연락이 오면 저는 이 사진을 보내주고 '이 사내의 마음을 헤아려 보자'라고 권합니다.

　"앞으로 좋아질 일만 남았다."

"내려갈 때 보았네
올라올 때 못 본 그 꽃"

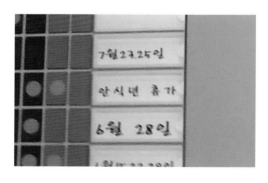

참 신기한 일입니다. 사람은 자기의 마음 필터를 통해 사물을 봅니다. 그래서 보고자 하는 것만 잘 통과시킵니다. 제가 강제 휴직을 당하고 '안식년'이라는 상태가 되었을 때 일입니다. 건강검진을 하러 서울삼성병원에 가니 '안식년 휴가'라는 글이 눈에 띄어 카메라를 눌렀습니다. 수없이 병원을 갔는데 한 번도 보이지 않던 글씨가 제가 그런 상태가 되니 저절로 보였습니다. 그 이후 어디를 가든 많은 곳에서 "안식년"이라는 글이 보였습니다. 고은의 시를 인용한 제목처럼 세상은 변하지 않았는데 제가 변하니 보이지 않았던 것들이 보이기 시작했습니다.

이런 신기한 현상은 시각만이 아닙니다. 복잡한 소음 속에서 자기를 부르는 소리를 듣고 반응하는 것을 '칵테일 효과'라 합니다. 우주가 정말 나를 중심으로 움직이고 돌아가는 착각을 해도 이상하지 않습니다. 그런데 이런 현상이 심하면 마음에 휘둘리고 이기적이 되기 쉽습니다. 그렇지 않으려면 강제적으로 이런 상태가 오기 전에 가끔씩 의도적으로 자신을 다른 곳에 두는 훈련이 필요합니다.

누구나 강제적인 상황에서는 보이지 않는 것을 보는 눈을 가질 수 있습니다. 그러나 어떤 상태에 강제로 놓이기 전에 다른 시각으로 미리 비틀어 볼 수 있는 사람이 고수입니다. 우리 선조들은 이것을 한마디로 '역지사지'라고 표현을 하였습니다. 서양에서는 'UNDER-STAND'라고 그냥 입장을 바꾸어 보는 것이 아니라 아래에 서 보는 자세를 강조합니다. 위에서 보면 우산의 속살을 볼 수가 없습니다. 철저히 밑에 서는 자세가 필요합니다.

그러므로 어느 날 갑자기 보이는 세상이 아니라 일상사에서 스스로에게 끊임없이 질문을 던져야 합니다. 어려움이 오기 전 세상에 숨은 것들을 보고 이해하는 횟수가 많아진다면 올라갈 때도 꽃이 보이기 시작할 것입니다. 그러면 당연히 행복도 배가 될 것입니다.

나 없이도 잘 돌아가는 세상

"뿌리 깊은 나무는 바람에도 흔들리지 않기에 꽃이 아름답고 그 열매가 성하도다" 이 글은 용비어천가에서 한 번은 들어 보았을 기분 좋은 문장입니다. 위의 나무 뿌리 사진은 일본 유휴인에 여행을 갔

을 때 우나기히메 신사에서 찍은 거대한 나무 뿌리입니다. 알아보니
이 나무도 태풍에 넘어져 결국 생명이 없는 나무가 되었다고 합니다.

직장에서 강제 휴직이 되었을 때 우연히 법륜 스님의 강의를 들었
습니다. 어떤 일로 절을 장시간 비우고 돌아왔을 때 스님이 없는 동
안 절이 난장판이 되었을 거라 생각하고 출소를 하였다고 합니다. 아
니나 다를까 본인의 눈에 곳곳에 불합리한 문제가 그대로 드러났습
니다. 그래서 돌아오자마자 장작도 정리하고 여러 가지를 보수하면
서 땀을 흘렸습니다. 한참 정신없이 일을 하는데 큰스님이 넌지시 지
켜보다가 한마디 하셨습니다. "법륜아, 너 없이도 절은 잘 돌아갔다."
순간 너무 많은 깨달음이 있었다고 합니다.

역사상 살펴보면, 내가 아니면 안 된다고 생각하는 사람들이 저지
른 일들은 너무나 많습니다. 사실 이 큰 나무가 없어져도 조금은 아
쉽겠지만 주변은 금방 회복이 됩니다. 그렇다고 염세주의로 가자는
것이 아닙니다. 다만 '내가 없으면 안 된다'고 생각하지 말아야 합니
다. 내가 있어서 세상이 조금이라도 나아지는 것은 없을까, 이렇게
겸손하게 행동하는 성숙한 자세들이 모여서 세상이 움직인다는 것
을 알았으면 합니다.

담대하고 거침없이

경기도 안성 서운산 아래 청룡사에 갔습니다. 절을 알고 간 것이
아니라 지나가다가 풍광이 좋아 무언가 이끌려 들어갔습니다. 나중
에 알고 보니 이 절이 고려 명종 때 창건이 되었고, 황석영의 소설 〈

장길산〉에 나오는 남사당패의 고단한 삶의 애환을 안아주었던 곳이 었습니다.

무엇보다 마음을 끈 것은 대웅전 벽 옆면 기둥이었습니다. 나무의 굴곡을 그대로 살려 자연의 미를 뽐내고 있습니다. 부석사 무량수전 배홀림 기둥보다 더 아름다웠습니다. 어떻게 이렇게 대담하게 멋지게 지을 수 있었을까요. 이 기둥이 너무 멋진 것은 생긴 그대로를 별 가공없이 적재적소에 배치한 것 때문입니다. 그래서 보는 이가 만만하게 보지도, 부담스럽게 보지도 않고 편안하게 볼 수 있습니다. 보면 볼수록 역동적인 힘이 전달되었습니다. 그동안의 격식을 뛰어넘을 수 있는 에너지 즉 자신을 사랑하는 마음이 담겨 있었습니다.

기둥을 자세히 보니 남사당패가 지나가는 길을 닮았습니다. 기둥이 신명 나는 풍악을 들려줍니다. **"자만은 금물이나 자신감을 잃지 말라, 다른 사람에게 덜미를 잡히지 말고 살판나게 살아라."** 라고 합니다. 접시 돌리기 할 때 접시처럼 돌고 돌아야 하는 고단한 반복이 있을지라도, 외줄타기처럼 매일 사는 것이 아슬아슬 위태할지라도, 자신만의 곡선으로 미끄러지듯 머무르지 말고 흘러가라고 합니다. 담대하고 거침없이!

인생 영화, 타인들의 위로

차이코프스키의 〈단지 외로움을 아는 이만을 위한 OP.6-6〉의 노래가 있습니다. 피아노와 주고받는 향수 젖은 목소리가 가을 귀뚜라미 울음 소리처럼 외로움을 파고듭니다. 위의 사진은 평일날 혼자 울진 불영사에 갔을 때 사진입니다. 부슬비가 내리고 있었고 저녁이 다 되어가는 시간이라서 그런지 주차장에 내리니 아무런 인기척이 없었습니다. 외로움에서 잠시 피하고자 했을까요? 차가 한 대도 보이지 않는 순간에 저도 모르게 사진을 찍었습니다.

그 주에 본의 아니게 긴 시간을 혼자 여행할 기회가 생겼습니다. 월악산 정상을 올라가서 두 시간이나 하늘을 보고 누워있었는데 한 사람도 올라오지 않았습니다. 수안보 온천에 가서도 노천탕에서 혼자 목욕을 했습니다. 무엇보다 울진 금강송 숲을 들어갔는데 고요함에 기가 눌려서 조용필의 음악을 크게 틀고 같이 소리 높여 노래를 불렀습니다.

그날 저녁 민박집에서 이런저런 생각을 했습니다. 제가 지나가는 길에 스쳐가는 행인이 있다는 사실 하나만으로 얼마나 위로가 되는지, 서로 행동에 아무런 영향력 없이 스쳐간다고 생각하지만 그것이 얼마나 큰 힘이 되는지 돌아보았습니다. 그래서 영화에도 행인1, 행인2처럼 한마디 대사 없이 지나가는 사람들이 꼭 필요한가 봅니다. 이렇게 생각하니 상처를 주고받는 사람들은 나와 더 깊은 관계로 이어져 있을 것 같습니다. 악인이 있어야 영화가 더 재미있듯이, 이들도 내 인생에 꼭 필요한 사람들이라는 생각이 들었습니다.

아, 참! 불영사 연못에 떨어지는 빗방울을 하염없이 보고 있는데 저에게 말 걸어 주시고 불영의 의미를 가르쳐 주신 비구니 스님이 떠오릅니다. 감사합니다. 이처럼 저의 '인생영화'에 지나가셨던 모든 분들에게 감사를 전하고 싶습니다.

SIMPLE IS BEST

(염 일 방 일)

충남 청양에 있는 장곡사에 갔습니다. 해가 저물 무렵이라 시골길을 달려서 갔는데 국보 두 점을 품은 고찰다운 세월의 위용이 있었습니다. 관람을 하고 내려오는데 멀리서 지는 해와 나무의 복잡한 실루엣이 눈에 들어왔습니다. 참 복잡하게 엉키고 설킨 나뭇가지입니다. 그러다 갑자기 "검은 것은 나무이고 나머지는 노을빛이네" 이렇게 단순하게 두 가지로 분류할 수 있었습니다. 순간 그 아름다움이 절정으로 다가왔습니다.

중국 송나라 때 사마광의 '염일방일' 고사는 정보가 흘러 넘치는 현대사회에 많은 생각을 하게 합니다. 어린아이가 독에 빠져 죽을 절체절명의 순간에 어린아이를 구하려 어른들은 사다리, 밧줄 등을 찾으러 부산을 떨고 있었습니다. 그때 어린 사마광이 주저없이 돌을 던져 장독을 깨뜨렸고 모든 문제는 일순간 해결이 되었습니다. 사마광이 돌을 던진 곳은 장독이 아니었습니다. 사마광은 문제를 더욱 복잡하게 하는 기성세대의 틀에 박힌 관념을 향해 돌을 던졌습니다.

세상살이는 그렇게 만만하지 않고 인과관계는 복잡하여 규명하지 못할 일이 많습니다. 이럴 때마다 문제를 단순하게 하는 습관은 답답한 숨통을 틔워주는 마법입니다. 그러므로 복잡할 때마다 더 단순하게 생각하는 물렁한 생각의 근육을 발달시키고 싶습니다. 보세요, 여기 복잡한 사진도 정말 단순하지 않나요?

일을 게임처럼

　안성 남사당패 사물놀이를 보러 갔습니다. 긴장과 이완을 반복하며 때론 휘몰아치고 때론 숨을 고르는 멋진 공연이 저를 사로잡았습니다. 그런데 그 어떤 타악기의 진동보다 나의 마음을 울리는 것은 사진에 나오는 장구 치는 여인의 미소였습니다. 여름날 수국같은 풍성한 웃음이 일에 찌든 저에게 소나기처럼 내려 부었습니다. 일을 하면서 저렇게 웃음을 지을 수 있는 것은 기적입니다.

　대부분 사람은 쉬운 일을 하기를 원합니다. 그러나 일을 하다 보면 어려운 일을 피할 수 없습니다. 그래서 저는 '일을 게임처럼' 대하자고 생각을 했습니다. 요즈음은 시간적 이유로 게임을 하지 않지만 어릴 때는 갤러그라는 게임을 했습니다. 초보 때는 폭탄이 천천히 움직이다가 실력이 올라갈수록 엄청난 속도로 폭탄이 떨어집니다. 그것을 피하면서 희열을 느끼고 스테이지가 올라가는 재미에 시간 가는 줄 몰랐습니다. 만약 내 실력이 올라가도 폭탄이 천천히 움직인다면 얼마 못 가서 지루해지고 그만둘 것입니다. 어려울수록 재미있는 게임처럼 일도 그렇게 대하자고 생각을 바꾸니 어려운 일을 풀어가는 생각을 할 때가 즐거웠습니다.

호모 루덴스 즉 '놀이하는 인간'이 요즈음 화두입니다. 본인이 정말 하고 싶은 것이 하나만 있다면 모든 것이 즐겁다고 합니다. 예를 들어 제가 세계 산을 올라가고 싶다면 일을 해서 돈을 벌어야 합니다. 단 몇 개월 산을 오르기 위해 몇 년을 고생하며 돈을 모으지만 그 지루한 과정도 즐거운 놀이가 됩니다. 그러므로 미치도록 하고 싶은 놀이를 하나라도 만드는 것이 핵심입니다.

"일을 끌고 다녀라. 그렇지 않으면 일이 너를 끌고 다닐 것이다." 라고 벤자민 플랭크린이 말했습니다. 이 말에 깊이 동의는 하지만 아무런 방법은 가르쳐 주지 않았습니다. 그런데 사물놀이패 여인의 미소가 모든 것을 알려주었습니다.

겸손과 저녁노을

미국에 있는 아들이 국내에 들어와 가족여행을 할 때 군산 비응항에서 찍은 사진입니다. 이런 일몰을 만나는 것은 자주 있는 일이 아닙니다. 한참을 해가 지는 광경을 보며 그 아름다움에 찬사를 보냈습니다. 천안에서 근무할 때 가끔씩 답답하면 차를 몰고 바다로 향했습니다. 한 시간 반을 가면 서해에 도착해 당진방향으로 지는 해를 보곤 했습니다. 한낮 태양은 너무 강렬하여 쳐다볼 수 없으나 지는 해는 서로를 마주하고 바라볼 수가 있습니다. 이 시간은 서로에게 한없이 겸손해지는 엄숙한 시간입니다.

저는 세상이 진영으로 나누어져 목청을 높이는 것은 찬성합니다. 그렇지만 55대45정도, 많이 차이가 나도 60대 40정도 내에서 옳고 그름을 이야기해야 한다고 봅니다. 세상은 한 번도 진화를 멈추지 않아 서로를 완전히 터부시할 격차는 이미 존재하지 않습니다. 어쩌면 50.5대 49.5로 0.5의 향상을 위해 정말 중요한 상대에 대한 배려가 없어지고, 개처럼 아무런 내용없이 목청 크기로만 서로 짖는 것은 아

닌지 싶습니다.

요즈음 가능한 뉴스를 보지 않습니다. 마치 "야! 조용히 해." 하면서 더 큰소리치는 사람 같고, "야! 임마, 욕 하지마." 하면서 온갖 욕설을 하는 살벌한 교실 같습니다. 이런 시대에는 오히려 작은 목소리로 말하는 '지는 해의 묵직함'이 더 많은 울림을 줍니다. 1억 5천만km 달려온 빛을 격려하며 그 여정에 귀기울여 들어주는 자세가 필요합니다. 노을이 서로 바라볼 수 있도록 빛의 세기를 줄인 것처럼 우리도 모두 목청을 조금 낮추었으면 합니다.

생 각 지 도   못 한   기 쁨

　　여행의 묘미는 생각지도 않는 풍경을 만날 때입니다. 위의 사진은
순천만에서 해지는 모습을 찍은 사진입니다. 마을 아래에 안개가 피
어오르고 서서히 해가 지고 있었습니다. 산마루에서 세 시간 정도 조

용히 바라보다 완전히 지고 난 후 컴컴한 길을 내려왔습니다. 내려오는 길은 반딧불이 반겨주었습니다. 이뿐 아니라 평창 방아다리 약수터 눈 내린 길, 고흥 쑥섬의 나무들과 바다풍경, 소매물도 조그만 창문 사이의 노을, 영광 백수해안 아침 바람, 덕유산 정상의 눈바람, 태풍이 분 후 거제 밤하늘처럼 너무 멋진 풍경들이 있었습니다. 저는 기대하지 않은 곳에서 이런 풍경을 만날 때 제가 살아 있는 것을 온전히 느낍니다.

마찬가지로 살아가면서도 그런 순간이 있습니다. 전혀 기대를 하지 않았는데 생각지도 않게 받은 잔잔한 기쁨이 더 오래갑니다. 같이 일하다 안 본 지 십 몇 년이 넘었는데 이제 퇴사를 한다고 문자를 준 여사원의 한마디, 홍시가 잘 익었다고 생각나서 나누어 먹었으면 한다고 보내준 사람, 승진했다고 꼭 소식을 전해주고 싶어 전화했다고 하는 후배들이 떠오릅니다. 이들은 제가 별로 해준 것이 없는데 마치 자연의 풍경처럼 마음을 준 공통점이 있습니다.

바람이 되고 싶습니다. 흔적을 남기지 않고 슬쩍 지나가면서 더위에 지친 사람의 땀을 씻어 주고 싶습니다. 멋진 풍경을 주고도 호들갑 떨지 않는 자연 같은 삶을 살았으면 합니다. 서로에게 생각지도 못한 기쁨을 주고받는 사람이 되고 싶습니다. 그렇게 세상에 한 점의 풍경이 되고 싶습니다.

남는 것은 결국 분위기

핀란드 출장을 가서 저녁에 맥주 한 잔을 하며 찍은 백야 사진입니다. 저녁 열 시가 되었는데도 하늘은 어둡지 않고 묘한 푸른색을 띠고 있었습니다. 푸른색이 흘러 내려 하늘과 바다가 합쳐지고 그 사이를 아직도 지지 않는 석양이 경계를 만드는 신비한 광경이었습니다. 그날 후배 부장하고 한 잔 하면서 나눈 대화의 내용은 기억이 별로 나지 않습니다. 그러나 함께한 푸근한 분위기만큼은 아직도 기분 좋게 남아 있습니다.

우리는 대화의 내용으로 상대를 설득하려고 하지만 실은 그 분위기가 더 중요합니다. 대부분 사람들은 본인의 이야기를 관철시키려 상대방의 말꼬리를 끊고 대화의 시간을 더 많이 가지려고 합니다. 그렇지만 시간이 지나고 보면 성심껏 들어주고 이해하려고 하는 분위기만 남습니다. 대화는 해결 방법을 찾는 목적보다 현재 상태를 이해받고자 하는 목적이 더 큽니다. 이것을 제대로 이해하지 못해 여러가지 부작용이 많이 생깁니다.

　저는 일을 할 때 과정을 같이 들어주고 성과가 나올 때 칭찬을 하고 어려움에 봉착하면 도와줄 사람을 연결시켜 주었습니다. 가능한 해결 방법은 되도록 제시하지 않았습니다. 다시 말하면 일하는 분위기를 만들어 주는데 전념했습니다. 그런데 결과는 항상 저의 상상을 뛰어넘었습니다.

　아래 글은 제가 어떤 조직을 떠날 때 받은 글의 일부입니다. "P4에 오셔서 일할 맛나는 분위기를 만들어 주신 것 진심으로 감사드립니다." "부장님이 오시고 나서 다소 피곤은 하였지만 현장에서 작은 일에도 칭찬과 격려 그리고 우리가 품고 나갈 꿈을 이야기하고 그 꿈이 점점 현실로 성취되는 기쁨을 주셨습니다." 이런 기쁨은 아직도 소멸되지 않고 남아 있어 모일 때마다 이야기거리가 되고 있습니다. 역시 남는 것은 결국 분위기였고 그것이 실적을 이끌었습니다.

삼십 년 직장생활 남는 것은 칭찬 뿐

진정한 칭찬은 인간을 더 인간답게 하는 마술입니다. 최근 퇴직을 앞두고 글을 정리하고 있는데 결국 남는 것은 칭찬을 받았던 일과 칭찬했던 순간 밖에 없었습니다. 아무리 많은 눈이 내려도 해가 뜨면 없어지는데 진정한 칭찬은 시간이 흘러도 가슴에 남습니다.

오른쪽 편지는 벌써 십 년이 지난 사례입니다. 하지만 칭찬 때문에 생긴 서로의 인격적 교감은 지금도 이어져 있습니다. 단 세 줄글과 이름을 불러주는 칭찬의 중요성을 새삼 느낍니다.

Sender : 임○○ 사원/P4)FAB그룹/삼성SDI
Date : 2009-09-12 07:38 (GMT+09:00)
Title : 부장님 안녕히 가세요.

안녕하십니까! 임○○입니다.
계신 동안 부장님께 간접적으로 많은 것을 배운 것 같습니다.
주위 이야기를 들어보면 한 명 한 명이 부장님께 감사하게 생각합니다.
(저도 그렇구요^^)
저는 독서는 나름 하지만 저의 것으로 만드는 것이 미흡했는데
부장님께서는 자기 것으로 만드는 것이 참 뛰어나다고 생각합니다.
물론 독서 아닌 어떤 지식의 내용도 포함해서요. 그리고 그것을
저희 사원과 공유하고 싶은 마음이 느껴져서 참 감사합니다.
부장님께서 저번에 보내준 메일 저장되어 있습니다.^^
영광으로 생각하고 긍정적으로 열심히 살겠습니다.
감사의 메일이 많을 것으로 생각되어 짧게 글을 남깁니다.
안녕히 가시고 다음에 뵙겠습니다.

------- Original Message -------

Sender : 박정대 부장/P4)FAB그룹/삼성SDI
Date : 2009-02-14 19:20 (GMT+09:00)
Title : Re: 상유전 Coater Paste 절감 개선안입니다.

임○○ 씨, 금번 TFT에서 자네를 보니
사위 삼고 싶을 정도로
일을 잘하네. 하나의 감동이다. 고맙다.

머리를 처박지 않는 법

둘째가 미국 유학을 가기 전 단둘이 통영에 여행을 갔습니다. 이제는 성인이 되었으니 술도 가르치고 추억도 만들고 싶었습니다. 돌아오는 여정으로 거제에서 배를 타고 진해로 넘어오는데 그 배를 따라 갈매기 떼가 따라오고 있었습니다. 그 이유는 손님들이 바다에 새우깡을 던져주면 그것을 먹기 위해서였습니다. 새우깡이 바다에 떨어

질 때마다 서로 다투어 바다로 뛰어들었습니다. 그야말로 머리를 처박고 과자 하나를 건져 먹는, 참 치열한 삶의 현장이었습니다.

그런데 한 녀석은 별로 날개 짓도 하지 않고 배 후면에서 발생하는 기류 위에 몸을 얹고 가만히 따라오고 있었습니다. 새우깡이 바다에 던져져도 쳐다보지도 않고 우리들 눈앞에서 힘들이지 않고 따라오고만 있었습니다. 그때 한 아이가 공중부양하고 있는 갈매기에게 새우깡을 던졌습니다. 순간 묘기를 하듯이 과자를 받아먹었습니다. 아이들은 환호했고 신기하니 과자를 계속 던져주었습니다. 그랬더니 척척 받아먹는 것이 아니겠습니까? 제가 아들에게 "모든 일은 생각을 하는 자와 하지 않는 자가 하는 일이 있다. '새대가리'라고 불리는 저놈을 보고 오늘 일을 잊지 말자"고 했습니다.

수십 년 일을 해도 습관적으로 마치 바다로 머리를 처박듯이 행동하는 사람이 많습니다. 유대인들이 수업할 때 많이 듣는 이야기가 **"'마따호세프' - (그래서 너의 생각이 무엇이냐?)"**라고 합니다. 그러므로 하루 업무를 할 때 이십 분 정도만 먼저 생각하고 일을 착수한다면 다른 사람보다 확연히 다른 결과물을 낼 수 있습니다. 진해로 돌아오는 길, 한 마리 갈매기가 한 움직임이 뇌리에 선명히 남았습니다.

상 처 가   바 로   나 의   본 질 이 다

　사진은 여행을 좋아하는 제가 꼭 배우고 싶은 취미입니다. 정식으로 강의도 듣고 개인 수업도 받으면서 처음 DSLR 카메라를 들고 야외로 나갔습니다. 이 사진은 그때 찍은 사진입니다.　여기는 경기도 물향기 수목원입니다. 여기저기 사진을 찍기 위해 돌아다니다 형태가 독특한 나무가 눈에 띄어 찍었습니다.

가지가 직선이 아니라 곡선 형태로 무엇을 안으려고 하고 있습니다. 그리고 자세히 보면 가장 굴곡이 큰 곳이 가장 심하게 찢어져 있었습니다. 곡선은 필연적으로 바깥 부분은 팽창하고 안쪽은 수축하는 힘의 불균형이 있어야 합니다. 그래서 곡선은 부드러우나 반드시 이런 상처를 가지기 쉽습니다. 요즈음 살아가는 기술을 가르쳐 주는 매체가 너무 많습니다. 그 중 많이 듣는 것이 '타인의 눈을 의식하지 마라'는 것입니다. 상처받지 말고 오직 자신만 생각하고 자신 있게 살라고 합니다. 저는 큰 틀에서 내용에 공감하지만 일정 부분은 공감하지 않습니다. 자신이 상처를 받지 않기 위하여 방어를 견고하게 하는 사람은 과연 아무런 상처를 받지 않을까요. 상처가 적으면 별 이야깃거리도 없는 그저 그런 삶이 될 수도 있습니다.

이 나무처럼 상처가 있어야 독특한 자신만의 곡선을 가질 수 있습니다. 그래서 아마추어 사진사의 카메라를 끌어들이고 글을 적는 소재가 될 수 있습니다. 〈사랑하라, 한 번도 상처받지 않은 것처럼〉 시집의 제목은 한 번도 상처받지 말라는 것이 아닙니다. 그러므로 당당하게 상처를 드러내고 자신을 북돋우면서 나무처럼 당당히 서 있었으면 좋겠습니다. 상처를 받더라도 최소한 자신 스스로에게 악플을 달지 맙시다. 툭툭 털고 일어납시다. 무릎이 깨어져야 직립보행이 가능합니다.

선 암 사   뒷 간

잠자는 아이들을 깨워 여행을 떠났습니다. 텔레비전에서 소개하는 남도의 모습이 좋아서 즉흥적으로 떠난 여행이었습니다. 그때 선암사를 만났습니다. 정갈한 절 분위기의 첫인상은 삼십 년이 다 되었는데도 기억에 또렷이 남아있습니다. 전반적인 절 풍경도 조화롭지만 이 절에서 유명한 곳은 '뒷간' 해우소입니다.

그래서 보는 것만으로 만족하지 않고 체험을 해보기로 마음을 먹었습니다. 사진을 보면 화장실의 입구가 참으로 유려합니다. 그리고 내부로 들어갔습니다. 요즈음은 잘 볼 수 없지만, 중국 시골 화장실에 들어가면 칸막이가 없어 일을 볼 때 서로가 보이는 화장실이 있었습니다. 매우 어색한 공간이었습니다. 그 정도는 아니지만 선암사 뒷간도 좀 그렇습니다. 그러나 누가 만들었는지 '멋과 해학'이 공존하는, 멋지고 재미있는 곳이었습니다. 먹을 때 생명이 들어가 나올 때 더럽다고 천대받는 공간을, 생각을 달리해 예술로 승화시킨 안목에 찬사를 보냅니다.

살아가면서 일 년 정도 시간을 화장실에서 보낸다고 합니다. 생각할 시간이 적은 현대인들에게 모든 관계를 차단하고 오롯이 혼자 있을 수 있는 공간이 화장실입니다. 그래서 이 자투리 시간을 잘 이용하면 깊고 단단한 사색의 공간이 될 수 있습니다. 이런 중요성을 간파하고 화장실을 이렇게 멋지게 만들지 않았느냐고 생각해 봅니다.

화장실 명언 중에서 제일 인상이 깊은 것은 "큰일을 먼저 하라. 작은 일은 저절로 처리될 것이다"라는 카네기의 말입니다. 너무 많은 정보가 난무하는 세상에서 중요한 일부터 묵묵히 해 나간다면 해우소처럼 걱정은 저절로 풀릴 것입니다.

시 간 의 수 수 께 끼

　시간은 과연 무엇인지 궁금한 것들이 너무 많습니다. 과연 지나간 시간은 되돌릴 수 없을까요. 시간 자체는 아무런 일도 하지 않는데 변화를 만들어내는 그 강력한 힘은 무엇일까요. 이처럼 시간에 대한 수수께끼는 끝이 없습니다.

　위의 사진은 미국 서부 엔텔로프 캐니언에서 찍은 사진입니다. 물결이 동굴을 지나가면서 만든 신기한 무늬와 곡선은 오직 시간의 신

만이 창조할 수 있는 기적입니다. 시간은 쌓여가면서 힘을 모아가는 마력이 있습니다. 아무리 작은 에너지도 시간이 더해지면 상상할 수 없는 결과를 만들어냅니다. 백 년에 한 번씩 내려오는 선녀의 치마자락에 바위가 닳아서 없어지는 시간을 영겁이라고 합니다. 이것은 영겁이라는 시간이 가능한지를 떠나서 시간은 축적의 습관이 있다는 특성을 잘 알려줍니다.

시간의 축적성은 저처럼 천재성이 없는 사람에게 위로를 줍니다. 시간은 공정성이 있어서 다른 사람보다 뛰어난 능력이 없어도 꾸준히만 하면 어느 수준에 도달할 수 있게 합니다. 게다가 시간은 하루 24시간 누구에게나 동일하게 주어집니다. 그래서 저는 무엇보다 시간이라는 친구의 힘을 믿습니다.

일을 하면서 단기간에 쉽게 해결되지 않는 문제가 많았습니다. 그럴 때면 저는 내용도 중요하지만 회의록에 반드시 회의의 차수를 기록하게 시킵니다. 왜냐하면 아무리 어려운 일이라도 30회 정도 꾸준히 모여 머리를 맞대면 대부분 문제가 해결 되었기 때문입니다. 위의 사진처럼 섬세한 무늬가 있으려면 시간과 함께 물과 바람이 수없이 반복해서 지나가야 한다고 엔텔로프 케니언의 동굴이 말해줍니다.

작은 차이가 쌓여
큰 차이를 만든다

언뜻 보면 마치 아직 해가 지지 않은 저녁 풍경 같습니다. 그런데 이 사진은 라스베가스 게임장의 실내입니다. 게임을 하면서 시간을 제대로 가늠할 수 없도록 만들었습니다. 고객들을 오래 잡아 놓기 위해 천장을 사진과 같이 꾸며 놓았습니다. 라스베가스 게임 중에서 '룰렛'이라는 게임은 38개의 번호 중에서 0과 00은 업소가 이기는 번

호이고 나머지 번호에 당첨이 되면 35배의 상금을 주므로 약 5%정도 업소가 승률이 높습니다. 그런데 이 작은 5%차이가 어마어마한 결과를 만들어 라스베가스를 사막에서 화려한 도시로 바꾸는 원동력이 되었습니다.

인생 한 방을 꿈꾸는 젊은이들이 너무 많습니다. 물방울이 바위를 뚫는다는 수적천석(水滴穿石)의 사자성어는 고리타분한 곰팡이 같은 단어로 치부합니다. 심지어 최근 영혼을 끌어내어 빚으로 투자를 한다는 '영끌빚투'라는 신조어가 생겼습니다. 5%정도는 잔돈도 안 된다는 생각으로 수십 배의 이익을 가지기 위해 아파트, 주식, 비트코인에 뛰어듭니다. 가끔 성공한 사례들이 땀으로 일한 젊은이들을 좌절로 몰아 놓고 노동의 대가를 무력화시킵니다.

저도 딸이 결혼할 때 집을 사도록 돈을 빌려 달라고 했는데 "두 사람이 노력해서 땀으로 일구어라"고 거절을 했습니다. 아내는 도와주자고 했습니다. 그런데 삼 년이 지나자 거의 두 배 넘게 집값이 오르자 나만 실없는, 세상물정 모르는 철부지가 되어 가장의 권위가 없어졌습니다. 작은 차이가 결국 큰 차이를 만들어 왔던, 몸으로 익혔던 지혜가 '당신처럼 살면 안 된다'는 아집이 되었습니다. 그래도 저는 외치고 싶습니다. "작은 것을 소중히 하라. 그 차이가 쌓여 큰 차이를 만들고 그래야 오래 갈 수 있다."

혁 신 은   어 제   내 린   눈

　과거의 실적에 매몰되어 변화의 흐름을 감지 못하고 도태되는 기업들이 부지기수입니다. 그래서 기업은 덧셈과 뺄셈으로 이루어진 연산이 아니고, 곱셈이 있어 곱하기 영이 되는 순간 모든 것이 사라지고 맙니다. 그래서 어떤 사장님께서는 "혁신은 어제 내린 눈이다"라고 수없이 말씀하셨습니다. 과거는 우리에게 교훈을 줄 뿐 그 성과로 현재의 잘못에 대해 어떤 면죄부나 기회를 주지는 않습니다.

　그래서 회사는 아무리 좋은 실적을 거둔다 하더라도 항상 위기를 강조했습니다. 그리고 스스로를 궁한 상태로 끊임없이 몰아넣는 자세를 가지도록 했습니다. 저도 "맨날 우리 회사는 위기라고 한다"고 자주 불평을 했습니다. 주역에 궁즉통(窮則通) 궁하면 통하고, 통즉변(通則變) 통하면 변하고, 변즉구(變則久) 변하면 오래간다는 말이 있습니다. 오래가기 위해서는 궁의 상태 즉 위기의식이 필요합니다. 그런데 궁한 상태는 스스로 만들어야 합니다. 막다른 골목에 막혀 변화가 될 수밖에 없는 궁의 상태가 자주 반복된다면 그야말로 인생은

피곤해집니다.

　과거의 성과를 어제 내린 눈으로 인식할 때 비로소 변화의 실마리를 풀 수 있습니다. 변화는 익숙한 것과 결별이 필요하고, 몹시 불편하고 거북합니다. 마치 오딧세이가 머리 다섯 달린 괴물 스킬라와 소용돌이 낭떠러지 카리브디스 사이를 항해하듯이 말로 할 수 없는 어려운 일입니다. 팀원들이 변화를 두려워할 때 저는 **"배는 항구에 있을 때 가장 안전하나 그것이 배를 만든 목적이 아니다."** 는 명언을 인용하고는 했습니다. 과거에 취해 변화를 두려워한다면 진화를 쟁취할 수 없습니다. 그러므로 위기의식은 아무리 강조해도 지나치지 않습니다.

삶은 흔적을 남기는가?

위의 사진은 부산 감전동 벽화마을 사진입니다. 산등성이에 빽빽이 들어선 집들이 다닥다닥 붙어 있습니다. 골목길은 한 사람이 지나가기도 어렵고 바람만이 빠르게 지나갈 수 있는 동네입니다. 톨스토이의 〈안나 카레니나〉에서 '행복한 집은 행복한 이유가 엇비슷하지만 불행한 가정은 불행한 이유가 제각기 다르다'는 첫 구절이 있습니다. 이 많은 집 속에 살고 있는 또 수많은 사람들은 행복과 불행 중에서 어떤 사연이 있을지 궁금합니다.

폴란드 대통령이었던 바웬샤가 길을 가다가 개미들이 움직이는 것을 보고 한참을 관찰을 하였습니다. 나름대로 질서를 가지고 작은 개미들이 싸움도 하고, 자기보다 큰 먹이를 옮기면서 분주하게 움직이고 있었습니다. 제가 발로 한 번 차면 어떻게 될까, 이들이 존재하는 이유는 무엇일까, 이런저런 생각이 스쳤다고 합니다. 그러다가 순간 우리보다 훨씬 큰 무한자가 우리를 개미처럼 내려다본다면 얼마나 하찮게 볼까 하는 생각이 들었다고 합니다.

약 3000년 전 이야기인 호메로스의 〈일리아스〉는 필멸할 수밖에 없는 인간이 추구해야 할 근본 문제에 질문을 던집니다. 이처럼 저도 아킬레우스와 같은 영웅들이 생각할 큰일이나 명예는 생각도 못할 한 마리 개미에 불과할지 모릅니다. 과연 장삼이사 같은 평범한 인간들의 삶도 흔적은 남을까요. 저 사진 아래 항구에 들어오는 뱃길의 흔적처럼 얼마나 지나지 않아 없어지는 포말은 아닐까요. 감전동 산복도로에서 보이는 집보다 많은 질문이 쏟아집니다. 빽빽한 집 속에 살고 있는 작은 생물로서 "WHO AM I"라는 질문을 깊이 생각해 봅니다.

새 벽 에 하 는 생 각

저는 여행을 가면 아침 일찍 일어나 새벽에 일출을 보러 갑니다. 위의 사진은 그랜드 캐니언에서 해가 뜨기 직전에 찍은 사진입니다. 가족 대부분 잠에 취해 있어 주로 혼자서 가는데 이날은 아들과 동행해서 그런지, 함께 본 기억이 뚜렷합니다.

회사생활을 하면서 중요한 판단을 할 때 두 가지 버릇이 있습니다. 하나는 360도 뻥 뚫린 산에 올라가 전체를 관망하면서 생각을 하였습니다. 부산에 있을 때는 금정산 고당봉이 좋았고, 천안에 근무할 때는 아산 설화산에 올랐습니다. 높지는 않지만 조용하게 전체를 조망할 수 있었습니다. 문제를 높은 곳에서 넓게 볼 수 있어 생각하기가 좋았습니다.

또 하나는 새벽에 목욕탕에 가서 찬물에 들어가 집중해서 생각을 하는 습관입니다. 그 순간만큼은 몰아의 경지에서 맑은 판단을 할 수 있었습니다. 모든 변화는 경계가 허물어지면서 생깁니다. 저녁에서 아침으로 변화하는 현상이 전등 스위치를 올리듯이 순간적으로 바뀌지 않습니다. 경계가 무너질 때 어떤 징조가 반드시 생기는 법이지요. 그것을 감지 못하는 사람은 변화를 우연이라고 치부하고 감지를 조금이라도 눈치를 챈 사람은 필연이라고 합니다. 새벽은 경계를 넘나드는 변화의 시간이라 문제에 대한 본질을 생각할 수 있는 좋은 시간입니다.

새벽의 여신 에오스가 받은 형벌은 신이 아닌 필멸하는 인간만을 사랑할 수밖에 없는 것입니다. 그래서 새벽은 짧습니다. 저의 판단도 새벽 이슬처럼 언젠가 없어집니다. 그러나 최대한 지금 내린 판단이 내일 신문에 나도 후회하지 않을 판단인지, 무엇보다 고객을 최우선으로 생각한 판단인지 돌아봅니다. 곧 밝아 올 아침을 생각하고 어두움에 치우치지 않으려고 새벽에 판단을 합니다.

공 존   그   至高至順의   가 치

위의 사진은 인도 뉴델리 출장 중에 찍은 사진입니다. 복잡한 거리에서 누런 소, 검은 소, 많은 비둘기가 인도를 점령하고 같이 있는 모습이 신기했습니다. 어느 하나가 자기 영역을 주장하지 않고 같이 공존하는 모습이 정말 신기한 광경이었습니다. 놀라웠습니다. 여기에는 화들짝 놀라는 긴박감이 없습니다.

정치는 정의와 공정을 외치고, 노조는 인간의 존엄을 외치고, 각종 시민단체는 부패의 소금이 되고자 최선을 다하고 있습니다. 그러나 몇 껍질 벗겨 들어가 보면 자신의 이익에 점착되어 탐욕이 자리잡고 있는 모습을 너무 자주 대합니다.

저 자신도 얼마를 더 가져야 이만하면 되었다고 만족할 수 있는지, 끝이 어디인지 잘 모르겠습니다. 얼마 전 친구를 먼저 보냈습니다. 그리고 그날 밤 꿈속에서 저를 위한 활동을 멈추고 타인을 위한 봉사하는 삶을 싶다는 생각이 들었습니다. 아침에 일어나 세상 구석에서 아픔을 안고 고민하는 사람을 상담하는 일을 하면서 힘이 되면 좋겠다는 마음을 먹었습니다. 그러자 "심리상담사는 아무나 할 수 없다. 그런 사람을 자주 만나면 스스로 기가 뺏기어 문제가 생긴다." 같은 많은 조언을 들었습니다.

위의 사진도 이상적으로 모두가 공존하는 사진은 아닙니다. 특히 소들은 영양이 부족하여 말라 있습니다. 하지만 평온하게 서로를 인정하며 공존하고 있습니다. 나 하나가 세상이 공존하는데 조그만 힘이 될 수는 없을까. 저 비둘기처럼 조용히 영역 안에서 살든지, 소처럼 힘이 있더라도 참견하지 않고 묵묵히 있으면 되는지, 제 2인생을 열며 생각해 봅니다.

이제 철들 때
그리고 플러스 알파 30년

　100세를 넘기신 김형석 교수님의 강의를 요즈음도 들을 수 있다는 사실이 너무 신기할 따름입니다. 갓 대학에 입학하여 강단 계단에 앉아 특별 강의를 들었습니다. 저는 김 교수님의 강연보다 안병욱 교수님의 강연이 더 와 닿아 '정성'을 인생의 좌우명으로 삼기도 했습니다. 그러나 이 슈퍼맨 같은 김 교수님은 지금도 흐트러짐없이 강연을 하시고 일을 하면서 우리에게 희망을 줍니다.

　김 교수님의 제자들이 정년 퇴직을 하면서 인사를 하러 온다고 합니다. 그러면 "이제 철이 좀 들겠구나"이라고 이야기하면 머리 허연 제자들이 반문을 합니다. "선생님 철이 든다는 뜻이 무엇입니까." 세상 살만큼 살았고 산전수전 공중전까지 치른 노교수가 의아해서 하는 질문이겠지요. 그때 김 교수께서 이야기합니다. **"철이 든다는 것은 다른 사람이 눈에 보이기 시작하는 것이다"** 정말 가슴을 울리는 한 마디입니다. 이 말 앞에 절로 겸손해질 수밖에 없었습니다.

　위의 사진은 서해로 떨어지는 해를 등지고 많은 실루엣들이 선명하게 드러납니다. 산등성이와 나무의 굴곡과 잎들의 형태가 더 선명해집니다. '밤이 깊을수록 별은 더 빛납니다 (夜深星逾輝)'. 이제 남은 생은 어두움을 잘 이용하여 빛을 밝혀야 할 시간입니다. 다른 별들과 어울려 은하수가 되어야 멋진 하늘을 더 아름답게 만들 수 있습니다. 제가 주체가 아니라 서로를 보완해 주는 사이가 되어 같이 하늘에 떠있는 작은 별이 되고 싶습니다.

　주여! 이제 철이 들 때가 되었습니다. 저에게 추가할 것은 또다른 능력이 아닙니다. 무엇보다 타인들과 잘 어울릴 수 있는 지혜를 주소서. 소풍 왔다 바람처럼 떠난 천상병 시인처럼 살 수는 없지만, 조금이라도 더 따뜻한 마음을 주소서.

집중, 실력 향상의 원리

천국과 지옥이 동시에 수없이 공존하는 곳이 골프장이라고 합니다. 그만큼 뜻대로 안 되기 때문입니다. 자식처럼 골프도 자기 마음대로 안 되기 때문에 인간의 도전 욕구를 끝없이 자극하기도 합니다. 저는 골프를 취미로 하면서 시간과 돈을 많이 갖다 바쳤습니다. 하지만 만족한 경지에 가기는 아직도 요원합니다.

위의 사진은 제가 벙커 샷을 하는 장면입니다. 골프를 모르시는 분들은 모래와 공이 폭발적으로 나가는 모습이 멋지다고 생각할 것입니다. 그렇지만 골프 전문가가 본다면 저의 시선이 날아가는 공을 보고 있어 초보 실력이라고 단박에 알아 낼 수 있습니다. 이처럼 골프에서는 날아가는 공을 보고 싶어하는 본능을 이겨내야 합니다. 그 힘이 골프에서 가장 중요한 실력 차이를 가져옵니다. 그러므로 끝까지 머리를 들지 않고 공에 집중해야 합니다. 판도라의 상자를 열고 싶어하는 유혹을 참아 내는 자제력이 있어야 합니다.

저는 이십 년을 넘게 골프를 쳤습니다 그러나 그동안 제대로 배우지 않고 제 머리로만 생각하고 쳤습니다. '그냥 즐기기만 하자' 이런 생각으로 쉽게 대했습니다. 하지만 최근 골프를 진지하게 생각하고 집중적으로 공부를 하면서 다시 배우고 있습니다. 그랬더니 실력이 나날이 향상되고 있습니다. '역시 무엇을 한 시간'이 아니라 '무엇에 집중한 시간'이 실력을 판가름합니다.

요즈음 너무 쉽게 생각하고 행동하는 사회현상의 풍조가 만연합니다. 대놓고 너무 어렵게 살지 말라고 합니다. 사자는 토끼 한 마리를 잡을 때도 혼신의 힘을 다합니다. 이렇듯 무슨 일을 하던 대충해서 되는 일이 없습니다. 그래서 골프채 잡는 기본부터 신중을 기합니다. 집중할 때 집중해야 이완의 휴식시간이 더 달콤합니다.

울렁 울렁 울릉도에서

이 사진은 울릉도 도동항의 밤 풍경입니다. 방파제 건너편에서 항구를 보면서 느낌이 너무 좋아 찍었습니다. "울렁울렁 울렁대는 가슴 안고"로 시작되는 〈울릉도 트위스트〉 가사가 사진에 배어 있어 뱃머리처럼 춤을 추고 싶게 만듭니다.

노인이 되면 시간의 속도가 점점 가속도가 붙어 순식간에 지나간다고 합니다. 가장 큰 요인은 가슴 설레는 일들이 없기 때문이라고 과학적으로도 증명이 되었습니다. 초등학교 입학 전날, 대학 합격 발표, 신입사원 면접, 다방에서 연인을 기다리는 일처럼 수없이 많은 기대로 기다리는 일은 가슴을 뛰게 합니다. 그러나 경험이 쌓일수록 모든 일이 정형화되고 무의식적으로 대처가 가능하면서 시간이 그냥 흘러갑니다.

황지우 시인의 〈너를 기다리는 동안〉 시에 아래와 같은 시구가 있습니다. "내가 미리 가 너를 기다리는 동안/ 다가오는 모든 발자국은/ 내 가슴에 쿵쿵거린다" "세상에서 기다리는 일처럼/ 가슴 애리는 일이 있을까" 꼭 사랑이 아니더라도 이렇게 시처럼 가슴이 쿵쿵거리는 일을 종종하고 싶습니다.

코로나로 실행이 어렵지만 버킷리스트 25항목을 만들었습니다. 주요 내용은 첫 번째 낯선 곳에 살면서 국내와 세계 여행하기, 두 번째로 시간에 쫓기어 하지 못했던 명화 보기, 음악 듣기. 세 번째로 신학과 철학, 심리학, 어학 공부하기. 네 번째로 건강을 위한 탁구, 당구, 수영, 헬스 하기. 다섯 번째로 내 이름으로 책 출간하기. 여섯 번째로 취미에 심취하기 (사진, 골프장 순례, 국악기 배우기)등입니다. 이렇게 남은 시간은 배움을 통해 가슴 설레는 도전을 하였으면 합니다. 가슴이 울렁거리고, 쿵쿵거리는 날들을 저의 심장을 통해 가끔씩 느끼며 살아갔으면 좋겠습니다.

봉변 (逢變) 을   당하다

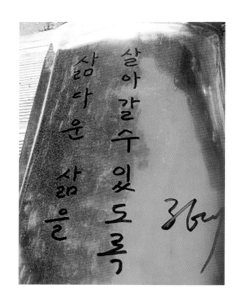

우리는 아주 잘못된 일을 만나는 것을 봉변을 당한다고 합니다. 봉변(逢變)이라는 단어는 만날 봉과 변할 변이라는 한자로 구성이 되어 있습니다. 요약하면 변화를 만난다는 의미입니다. 우리는 변화를 부정적인 의미의 '당하다'라는 피동적인 의미로 사용합니다. 실제 변화는 기존의 시스템에서 벗어나기에 매우 귀찮은 일이기도 합니다. 그러나 영어로 CHANGE와 CHANCE가 단어가 비슷하듯이 변화는 항상 위기와 기회를 동반하고 있습니다.

돌아보니 IMF, 금융위기, 코로나, 모두 기회의 시기였습니다. 급변하는 위기에 압도당하지 않고 이면을 볼 수 있는 침착함이 있었다면 도약의 기회가 되었을 것입니다. 그러므로 변화를 '당하지' 않고, 이용할 수 있는 지혜가 필요합니다.

위의 사진은 정직을 당하고 혼자 월출산에 올라가다가 작은 절에서 구리 기와에 적은 글입니다. **"삶다운 삶을 살아 갈 수 있도록"** 다시 말해 그때까지의 삶은 제가 보기에도 삶답지 않는 삶이었다는 방증이겠지요. 그리고 다행히 복직을 하여 십 년을 더 다닐 수 있어 이 문제를 좀 더 깊이 생각하지는 못했습니다. 이제 33년 직장을 떠나는 변화를 맞이하게 되었습니다. 그렇기 때문에 봉변을 당하지 않고 주체적으로 사진의 글처럼 살고 싶습니다.

지금까지는 저의 의지보다 성실을 바탕으로 주어진 책임을 다하는 삶을 살았습니다. 이제부터는 시간을 포함하여 저의 의지대로 살 수 있는 환경입니다. 그러기에 차근차근 계획을 세우고 변화의 패러다임을 잘 이해하여 건강, 돈 같은 문제에 휘둘리지 않아야 하겠습니다. 마지막 순간에 봉변을 잘 이용하여 좀 더 인간다운 삶을 살았다는 순간을 봉(逢) 했으면 합니다.

직 장 생 활 ,
마 음 이 평 화 로 워 지 는 방 법

영화나 드라마가 박진감 있고 흥미가 있으려면 악인의 역할이 너무나 중요합니다. 악인이 철저히 악인이 되어야 완성도가 높아지고 몰입이 됩니다. 세상이 좋아졌다고 하나 직장생활을 하면 반드시 이런 악인을 만납니다. 이럴 때는 참 곤혹스럽고 견디기가 힘이 듭니다.

저는 책을 읽다가 '연기자처럼' 회사생활을 하라는 조언을 들은 적이 있었습니다. 연기자들이 연기를 하면서 나이가 어린 아역배우가

"네 이놈!" 야단을 친다고 대본을 던지고 화를 내지 않습니다. 왜냐하면 각자의 역할이 있기 때문입니다. 연기를 하면서 상대에게 조롱당하고 배신을 당해도 집에까지 문제를 가지고 와서 가슴앓이를 하지 않습니다. 왜냐하면 연기이기 때문입니다. 이처럼 회사도 어쩌면 연기의 장과 같습니다. 사장은 사장의 역할이 있고 악인은 흥행을 위해 꼭 있어야 하는 사람이라고 생각합시다. 그리고 오직 연기에만 충실하면 우리를 괴롭히는 자들도 어느새 떠날 때 떠납니다.

그리고 뭔가 잘 안 풀릴 때 이런 나쁜 상황도 '종합적으로 보면 나에게 좋은 일이 될 거야'라는 긍정적인 마인드를 가져봅시다. 마음이 편안해집니다. 승진이 유력한 자리로 발령이 나기로 되어 있었으나 하루 밤사이 바뀐 적이 있었습니다. 그런데 결과적으로 그 자리에 가지 않아 살아남을 수 있었습니다. 저에게 이런 예는 헤아릴 수 없이 많습니다. 그러므로 일이 잘 안 풀릴 때 분노하지 않고 오히려 마음을 다스리는 연습이 필요합니다.

위의 사진은 뉴질랜드 호수에서 노니는 흑조를 찍은 사진입니다. 흑조가 참 평온해 보입니다. 그렇지만 '물 아래 발은 쉴 새없이 젓는다'는 이야기가 있습니다. 혼자만 힘들지 않습니다. 힘들 때마다 연기라 생각하고, 나중에 더 좋은 일이 생길 징조라 생각하면서 월급쟁이 서러움을 이겨갔으면 합니다.

어느 老 하피스트의 교훈

　연말이나 신년에 해외 출장을 갈 때가 있습니다. 그러면 저녁시간을 이용하여 뮤지컬이나 음악회를 가는 경우가 종종 있었습니다. 한번은 너무 일찍 가서 공연을 기다리는데 무대에서 하프를 조율하면서 공연을 준비하는 나이 지긋한 하피스트를 발견하였습니다. 아무도 나오지 않은 무대에서 시작될 공연을 기다리며 46개 줄을 조율하는 모습이 천사처럼 보였습니다. 외모에서 나오는 경륜을 추정해 보면 연습을 하지 않아도 충분히 좋은 연주를 할 수 있을 것 같았습니다. 그러나 순간에 만족하지 않고 자신의 일에 최선을 다하는 모습은 경이롭기까지 했습니다.

피아니스트 루빈스타인이 **"하루를 연습하지 않으면 내가 알고, 이틀을 연습하지 않으면 평론가가 알고, 사흘을 연습하지 않으면 관객들이 안다"**는 말은 실로 엄청난 문장입니다. 자신을 날마다 날 선 작두날에 올려 놓는 울림이 너무 큰 문장입니다. 오직 '지겨운 반복의 연습'만이 명장의 반열에 올라설 수 있습니다.

맹자는 "목공이 사람에게 곡자 사용방법 같은 기술은 가르칠 수 있으나, 그 사람의 솜씨를 능숙하게는 어떤 명인도 할 수 없다."고 했습니다. 그러기에 결국 반복과 반복이 쌓이면서 몸이 저절로 익히는 수준이 되어야 훌륭한 명인이 될 수 있습니다. 그러므로 체득(體得)이란 말이 얼마나 무거운 말인지 생각하면서 저 老하피스트의 자세를 배워가겠습니다. 혼자서 연습하는 그녀를 본 후에 공연을 기다리는 시간이 하나도 지겹지 않았습니다. 세상 구석구석에서 자기의 일에 최선을 다하는 사람들이 있어 세상이 조금 더 밝고 아름답습니다.

외 통 수 를   피 하 는   법

　혼자 차를 몰고 떠나는 여행은 자유를 그대로 만끽하는 즐거움이 있습니다. 그래서 저의 드렁크에는 돗자리와 담요가 항상 비치되어 있습니다. 저는 길을 가다 정자나 나무 그늘이 좋은 곳이 있으면 자리를 펴고 책을 읽다가 잠을 잡니다. 양말 벗고 드러누우면 세상에서 가장 편안한 사람이 됩니다. 특히 소낙비 내리는 날, 가던 길을 멈추고 정자 아래서 빗소리를 들으면 단조로운 소리가 마음을 다독여 기분을 좋게 만듭니다. 안빈낙도의 삶이 그대로 구현됩니다.

사람이 어떤 좋지 않은 환경으로 몰릴 때 판단의 회로가 망가집니다. 정상적인 판단이 불가하지요. 이러한 현상을 한마디로 '패닉'에 빠졌다고 합니다. 얼마 전 저하고 친한 친구가 잘못된 판단을 하고 세상을 떠났습니다. 사고가 나기 전 뭔가 분위기가 좋지 않아 그 친구를 만났는데, 첫마디가 "내가 외통수에 빠졌다"고 했습니다. 나중에 알고 보니 충분히 극복할 수 있는 문제였는데 스스로 외통수라 단정을 하였습니다. 나중에 안 이야기만 그는 하루도 쉬지 않고 치열하게 살았다고 했습니다. 미망인이 "사람이 사용할 수 있는 에너지가 같다면 벌써 소진이 되는 게 정상이다"라고 했습니다. 이처럼 제대로 된 휴식은 살아가는데 너무 중요합니다. 어쩌면 일을 하는 것보다 더 중요합니다.

배터리도 충전의 과정이 필요하듯이 사람에게도 이 과정이 있어야 합니다. 길을 가다가 좋은 풍경이 있으면 언제든지 멈추고 자연과 이야기할 여유가 있어야 합니다. 이런 여유를 가진다면 번 아웃이 되기 전에 생각의 회로를 병렬로 만들어 외통수를 피할 수 있습니다. 요즈음 '차박'이라는 간편한 캠핑이 인기가 있습니다. 차량 후면을 잠을 잘 수 있도록 개조하면 어디든지 쉽게 움직일 수 있습니다. 저도 이번에는 돗자리를 탈피하여 '차박'에 한번 도전을 해보려고 합니다.

꽃잎 하나하나 형태가 정교하고 아름답습니다. 또한 꽃잎 하나하나 색깔도 신비롭고 아름답습니다. 이 꽃 하나가 또 하나의 세계입니다. 신이 깃들여 계신 곳이 바로 여기입니다. 어느 시인이 일출을 시

로 남기면서 감탄사 '아!'만 사용한 것은 우연이 아닙니다. 자연을 보면 창조자의 위대하고 따뜻한 손길을 느낍니다.

과학 만능주의가 팽배해 생명에 관련된 수수께끼도 풀어내고 곧 우리에게 구원을 줄 것 같습니다. 그러나 인간이 만든 모든 것은 변형이지 창조가 아닙니다. 과학이나 철학이나 세상 돌아가는 규칙을 찾은 것이지 만든 것이 아닙니다. 인간이 다섯 손가락을 가진 것은 열대에 살든지 어디에 살든지 같습니다. 다만 주어진 다섯 손가락 내에서 환경에 적응하면서 조금씩 변화가 되어 왔습니다. 기린의 목 뼈가 일곱이고 인간의 목뼈도 같은 수인 일곱인 것은 단순한 우연이 아닙니다.

우리는 무척 이성적이라 생각하지만 전쟁이 일어나는 원인이나 정치에서 주장하는 목소리를 들으면 이해하지 못할 일을 스스럼없이 합니다. 그러므로 좀 더 자연을 깊게 자세히 바라보고 겸손하게 목소리를 낮추어야 합니다.

비록 우리가 자유롭게 달나라를 갔다 오더라도 찻잔 속에 태풍일 뿐입니다. 마치 모든 세상사를 다 해결해 줄 것처럼 외치는 연설보다 이 꽃잎 하나가 더 많은 이야기를 들려줍니다. 이 꽃을 보세요. 시간이 가면서 결국 창조자의 설계 안에서 움직인다는 것을 강하게 느낍니다. 세상 어떤 일보다 이 꽃이 더 큰 기적이라 신비로울 뿐입니다.

한 사람까지 정성을 기울인다면

중국 법인장 발령을 받고 머리를 쉴 겸 혼자 아산에 있는 코미디 홀을 찾았습니다. 아산은 남성남, 최양락, 이영자 씨 같은 많은 코미디언을 배출한 곳이라 이런 멋진 공연장을 만들었습니다. 공연까지 한시간 반정도 시간이 남아 차를 마시며 기다렸습니다. 시간이 다 되어 입장을 한 뒤 공연 시작을 기다리면서 무대 사진을 찍었습니다. 그런데 시간이 다 되어가는데 관객은 저 혼자 뿐이었습니다. 한참을 있다가 관계자가 다가와서 미안하지만 관객이 너무 적어서 공연을 할 수 없다고 하면서 근처 온천 할인권을 주었습니다. 하지만 그런 보상이 무슨 위로가 되겠습니까. 공연을 보고자 먼 길을 온 기대감이 아쉬움으로 사라졌습니다.

저는 만약 그분들이 한 사람이라도 귀히 여기고 혼신의 힘을 다해 연기를 했다면 어땠을까 가정을 해보았습니다. 그 가치는 아마 값으로 매길 수 없는 힘이 되어 그분들을 단련시켰을 것입니다. 한 사람을 앞에 두고 연기를 하면서 싸늘한 공기를 이겨내는 훈련을 한다면, 이 분야 최고의 희극인이 되지 않았을까요?

일본에 오코노미야끼 장사를 하는 사람이 손님이 없더라도 자전거를 타고 동네를 다니며 신나게 배달하는 흉내를 냈습니다. 그러자 많은 사람들 궁금해서 가게에 모여들고 장사가 성공하였다는 이야기를 들은 적이 있습니다. 신문을 보다가 손님이 오면 그제서야 주방으로 들어가는 요리사에게 기대할 것은 배를 채우는 것 이외는 없습니다.

작은 것에도 혼을 불어넣는 태도만이 피그말리온의 기적을 일으킵니다. 사소한 모든 것에 관심을 가져 영혼을 소진할 필요는 없습니다. 그렇지만 작은 것을 소외시키면 큰 것을 얻을 기회는 멀어집니다. 아산 코미디 홀을 나오며 그분들의 팍팍한 삶을 인정하면서도 아쉬움을 지울 수 없었습니다.

자 리 에   걸 맞 게   일 하 라

　많은 인사 관련 전문가들이 이런 이야기를 합니다. "과장 때 잘하던 친구가 부장이 되면 문제가 생기거나, 부장 때 실무에 대해 날고기던 친구가 임원이 되면 존재감이 없어지는 사람이 너무나 많다. 자신의 자리에 맞는 역할을 하지 못하면 도태되는 것이 직장생활이다." 왜 그럴까요? 이런 이유는 어떤 자리든지 자리에 맞는 역할이 있고 그 역할로 변신이 필요하기 때문입니다. 그러나 그때까지 경험만 더 강화하여 새로운 일을 하면 이런 일들이 생깁니다. 그래서 부하들이 이런 사람을 직급이 높아도 '아무개代理'라고 비아냥거립니다.

　많은 사람들이 千부장 중에서 싸움을 할 때마다 제일 앞장을 서고, 충성심도 좋은 부하를 萬부장으로 추천을 하자 징기스칸이 의외로 반대 의사를 밝힙니다. 징기스칸도 추천을 받은 부하의 능력이 출중한 것은 알았습니다. 그렇지만 그는 자기와 같은 능력을 부하들에게도 강요하여 자칫 잘못하면 모두를 죽음으로 몰아넣을 수 있었습니다. 이처럼 그의 사람을 보는 혜안이 세계를 호령한 용맹성보다 더

감명을 줍니다.

직장생활은 마치 어릴 적에 의자를 한 자리를 없애면서 자리를 끝까지 차지하는 치열한 게임과 같습니다. 그렇지만 자리에만 연연하는 사람은 주위 사람들이 압니다. 자리의 위치에 눌려 앞에서 대놓고 말을 못할 뿐입니다. 하지만 자리 다툼의 당사자인 자신은 대부분 감지하지 못하는 것이 아이러니하지요.

승진을 하여 높은 자리가 된다는 것은 나무를 보는 실무는 물론이고 넓게 멀리 보고 물길을 움직이는 사명을 가집니다. 진급을 하여도 계속 나무만 더 자세히 보는 것을 자랑하면 끝입니다. 높이 나는 갈매기는 멀리도 볼 수 있어야 합니다.

늦은 밤, 일하는 이들에게

대학생 때 기업 설명회를 하러 삼성 인사팀에서 왔습니다. 설명을 마치고 어떤 학생이 질문을 하였습니다. "퇴근 시간은 언제인가요?" 인사 담당자가 "여러분이 앞산 공원에 올라가 야경을 보며 아름답다고 하지요. 그 불이 켜진 곳이 여러분이 일할 곳입니다"라고 대답을 하였습니다. 요즈음 같으면 상상도 못할 답변이지만 실제로 입사하고 밤을 세운 적이 너무나 많았습니다. 때로는 박스를 깔고 바닥에서 잘 때도 있었고, 집에서 자다가 수없이 불려 가기도 했습니다. 분명히 이런 열정들이 한국이 경제대국이 되는데 기여를 하였습니다. 하지만 쓸데없는 비효율과 눈치 문화가 녹아져 있기도 합니다.

팀을 운영해 보면 미리 공지한 회식인데 약속시간 보다 늦게 참석하는 직원이 "갑자기 일이 생겨 늦었습니다"하고 들어옵니다. 그런데 잘 관찰하여 보면 늦는 사람이 계속 늦을 확률이 매우 높습니다. 그래서 "실험에 실패한 사람은 용서할 수 있어도 회식에 실패한 사람은 용서할 수 없다"고 팀 구호를 정하고 회식 시간에 가능한 맞추도록 독려하였습니다. 이것은 평소에 시간을 잘 분배하는 습관을 가져서 갑자기 일이 생기는 상황을 줄이기 위해서입니다. 저는 갑자기 일이 생기는 상황을 줄이기 위해 평소에 시간을 잘 분배하는 습관을 들이려고 노력을 했습니다. 사실 늦게까지 일하는 것도 대부분 습관인 경우가 많습니다.

주 52시간 법이 시행되고 있습니다. 법은 어느 정도 테두리만 정해주고 그 밖을 벗어나지 않도록 하면 족합니다. 위의 사진처럼 늦은 밤을 잊고 사무실에서 혼신을 다하는 샐러리맨들에게 진심으로 경의를 표합니다. 그리고 오늘의 열정이 습관이 아니라 소중한 시간이었기를 바래봅니다. 그래야 휴식이 너무나 달콤하기 때문입니다.

안전과 품질은
모든 일의 최우선

　사진을 자세히 보세요. 공사하는 현장이 아닙니다. 불에 지붕이 다 타버렸고 기둥만 앙상히 남은 공장을 위에서 찍은 사진입니다. 화재가 난 뒤 어느 정도 정리가 되었지만 참으로 처참합니다. 이렇듯 한마디로 망연자실한 상황이 의외로 많이 발생합니다. 이 공장 사례는 아니지만 용접을 하다가 용접 불똥이 튀어 아주 작은 파이프 구멍을 타고 내려가서 천정 위에서 불이 난 적도 있습니다. 이것을 확률로 설명하면 불가능한 일이지만, 현실에서는 엄연히 존재하고 있습니다.

지금부터 약 100년 전에 하인리히 법칙이 발표되었습니다. 작은 잠재적인 문제가 300건정도 모이면 경미한 사고 29건이 발생이 되고, 이쯤 되면 중·대형참사 1건의 확률로 안전사고가 난다는 이론입니다. 대부분 관리자는 눈 앞의 실적에 사로 잡혀 안전은 간과하기 쉽습니다. 절대 자신에게 일어나지 않는다고 생각을 하며 다른 일에 집중을 합니다. 그러나 블랙스완 이론이 이 현상을 잘 설명하여 줍니다. 원래 블랙스완은 '실제로 존재하지 않는 것'을 뜻하는 말이었습니다. 그런데 존라삼은 다른 각도로 이 문제를 바라보았습니다. '일어나기 불가능한 상황이 실제로 일어난 것'이라는 의미로 해석한 것입니다.

천안 공장에서 제조를 할 때 우리 팀 슬로건 중에서 '편집광적인 문제 바라보기'가 있었습니다. 사실 안전사고는 아무리 노력해도 일어날 일이 일어났을 수가 있습니다. 하지만 그것은 문제를 피하는 방어기제의 발동이라고 해도 과언이 아닙니다. 그러므로 안전만큼은 편집광적으로 관리하고 교육을 해야합니다. 그렇게 할 때 블랙스완은 동화책 속에서만 존재하는 이야기가 될 것입니다.

'배터리'라는 신기한 제품

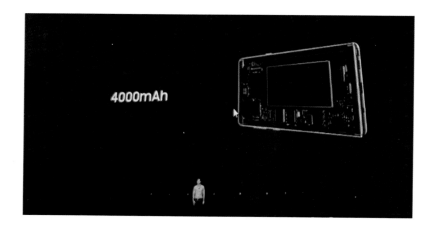

현대인에게 휴대폰을 빼앗는 것은 상상하기 어렵습니다. 유목민이 게르를 가지고 이동하듯이 현대인은 휴대폰이 필요합니다. 휴대폰의 배터리는 모바일을 가능하게 하는 핵심 기술로 너무나 중요합니다. 그러나 배터리 용량과 안전성을 올리면서 휴대하기 좋게 만드는 기술을 확보하는 것은 매우 어렵습니다.

배터리는 특성은 사용시간이 길어야 하고, 빨리 충전이 되어야 하고, 부피가 작아야 하며, 수명이 길어야 합니다. 하지만 실제 2차전지를 분해하여 보면 단순하고 별 것이 없어 기술을 올리는 것이 쉽지가 않습니다. 그러면 베터리는 어떻게 만들어질까요. 배터리는 제조 시간도 길고 많은 검사공정을 통과하여 만듭니다. 대부분 부품도 얇고 1마이크로를 줄이기 위해 많은 노력이 있어야 합니다. 그래서 배터리 업무를 하면서 하루도 편한 날이 없었습니다.

왜냐하면 배터리가 제일 어려운 것은 잘못 만들면 안전성의 위험이 있기 때문입니다. 실제로 많은 사람들이 기억하듯이 '노트7'이라는 제품이 품질문제가 발생하여 수조 원의 손실을 가져온 뉴스를 접해 보았을 겁니다. 그때 개발팀장으로 참으로 험난한 시간을 보냈습니다. 배터리의 안전성은 6시그마 수준의 확률도 용납하지 않습니다. 그래서 돌 다리도 두들기고 또 두드려보고 건너라는 속담이 딱 들어맞습니다. 어릴 적에 모래를 손으로 쌓아 올리고 중간에 나무 젓가락을 꼽고 모래를 조금씩 빼내는 놀이를 하였습니다. 최종적으로 모래를 빼내다 나무 젓가락이 쓰러지면 지는 게임이었습니다. 배터리를 설계하는 것도 이 놀이와 유사한 점이 있습니다. 용량을 좀 더 확보하기 위해 과하게 빼면 안전성이라는 나무 젓가락이 무너집니다. 그래서 배터리 설계는 항상 여유율을 두고 차근차근해야 합니다. 그리고 매번 '正道가 지름길'이라는 사실을 되뇌어야 합니다.

'이상없음'이라는
이상한 말

〈인간 두뇌의 놀라운 능력〉

어떤 순서로 배열되어 있는가 하것는은 중하요지 않고, 첫째번와 마지막 글자가 올바른 위치에 있것는이 중하요다고 한다. 나머지 글들자은 완전히 엉진창망의 순서로 되어 있지을라도 당신은 아무 문없제이 이것을 읽을 수 있다. 왜하냐면 인간의 두뇌는 모든 글자를 하나 하나 읽것는이 아니라 단어 하나를 전체로 인하식기 때이문다.

위의 글을 처음에 무의식적으로 읽으면 아무런 불편이 없이 읽을 수가 있습니다. 그러나 생각을 가지고 소리를 내어 읽으면 도저히 읽을 수가 없는 문장이 됩니다. 말 그대로 '엉망진창'으로 이 짧은 문장에 틀린 군데가 열 군데가 훨씬 넘습니다. 일을 하다 보면 의외로 이런 경우가 많습니다. 말도 안되는 일이 관습으로 굳어서 전혀 불편하지 않게 됩니다.

루이 16세가 바스티유 감옥 습격이 일어난 날 '별일 없음'이라는 일기를 적었습니다. 그러나 이 사건은 프랑스 대혁명의 신호탄이자 세계 역사에 지대한 영향을 주는 대사건이었습니다. 이 사건은 무엇보다 그를 단두대의 이슬로 사라지게 했습니다. 결국 '별일 없음'은 별일이 나타난다는 경고의 말입니다.

위의 사진같이 꽃만 자세히 보아야 예쁜 것이 아닙니다. 무슨 일이든 세밀하게 자세히 보면 볼수록 재미가 있고 할 일이 있습니다. 훌륭한 기술자나 선각자들은 "99%의 노이즈와 1%의 시그널을 구분할 수 있는 者"라고 했습니다. 이렇게 시그널과 노이즈를 구분하려고 하면 '별일 없음'이라는 습관에서 탈피하여, 1%의 시그널, 즉 징조에 세심하게 귀를 기울이는 습관을 가져야 합니다.

3 현주의는 경영의 기본

위의 사진은 지금 보아도 등골에 땀이 납니다. 중국에 있을 때 공장에 화재가 났습니다. 그래서 휴대폰 신제품을 출시를 하는데 큰 영향을 주게 생겼습니다. 긴급 복구를 하는데 할 수 있는 모든 것을 동원하면, 겨우 납기를 맞출 수 있으리라 판단을 했습니다. 재점검을 하는 중에 물건을 옮기는 트레이도 타버린 것을 알았습니다. 다행히 중국에 금형도 있어 일주일이면 해결되리라 생각했습니다. 그런데 제작하는데 최소 한 달 정도 걸린다는 것이었습니다. 업체 사장님한 테 돈은 생각하지 말고 도와 달라고 해도 물리적으로 어렵다는 말만 돌아 왔습니다. 정신이 아득해 바로 현장으로 달려갔습니다. 하지만 실무자들도 공장이 어디 있는지도 몰랐습니다. 정말 작은 것에 무너 지는 것이 제국이라는 말이 실감이 났습니다.

현장에 도착해서 보니 작업자들은 방진복을 입고 있으나, 차마 공 장이라 할 수 없는 환경에서 작업을 하고 있었습니다. 사진처럼 열악 한 공간에서 개인의 손끝 기술로 일일이 제품을 손으로 깎아내고 다 듬는 정밀한 작업이었습니다. 다행히 최첨단 제품에 직접 들어가지 는 않는 부품이었지만 이런 작업을 하다니 믿기가 싫었습니다. 운 좋 게도 세상에서 할 수 있는 모든 아이디어를 동원하여 문제없이 출하 를 시킬 수 있었지만 돌아보면 씁쓸합니다.

3現주의라는 말이 있습니다. '현장에서 현물을 보고 현실을 직시 하여 원리, 원칙에 입각하여 대책'을 만드는 것입니다. 저는 현장을 Patrol 간다는 말을 좋아하지 않습니다. 목적없이 현장을 돌아본다 는 의미가 있는 것 같아서 그렇습니다. 그러므로 꼭 전하고 싶습니 다. "정말! 잊지 맙시다. 모든 문제와 답은 현장에 있습니다. 직접 현 장을 보아야 합니다."

살은 죽으면 썩는다

 안성 난실리에 있는 조병화 시인이 생전에 사시던 문학관에 갔습니다. 어렵지 않은 시어를 사용하여 인간 본질에 질문을 던진 단아한 시들과 겹쳐 파이프를 물고 있는 시인의 모습이 떠올랐습니다. 무엇보다 다른 문학관과 달리 정원 곳곳이 어머니를 그리워하는 마음으로 가득 차 있었습니다. 아기를 업고 있는 여인의 조각상 아래 "살은 죽으면 썩는다"는 말이 적혀져 있었습니다. 참으로 많은 생각을 할 수 있는 무게가 있는 말입니다.

그러면 어떤 것이 죽어도 썩지 않는지, 그런 가치 있는 것은 무엇인지, 많은 질문들이 봄빛 정원을 맴돌았습니다. 조 시인의 〈해마다 봄이 오면〉을 보면 어머니께서 "항상 봄처럼 새로워라"고 어릴 적 하신 말씀이 반복적으로 등장합니다. 정말 '죽지 않고 붙들어야 할 봄'처럼 새로운 것이 무엇인지 궁금합니다.

요즈음 옛날 하늘 같았던 선배들과 한 달에 한 번 골프모임을 합니다. 한참 때는 불굴의 의지로 어떤 문제도 냉철히 풀어가서 마치 神으로 불리던 분들이었습니다. 그러나 요즈음 만나보면 그들도 평범하게 사는 착한 이웃일 뿐입니다. 그래서 DNA (동네 아저씨)라고 부릅니다.

저보다 열 살 정도 많은 선배께서 저에게 "요즈음 '죽음'이라는 단어가 멀리만 있는 이야기가 아니라는 생각이 든다"고 하셨습니다. 세상 누구보다 강인하고 냉정하게 일을 헤쳐 나가신 분이 이런 말을 하실 때 가슴이 찡했습니다. 아무리 강해도 결국 사라질 것들에 매여 사는 인생입니다. "살은 죽으면 썩는다"는 말을 한 번씩 되새김질할 수 있다면 과욕 때문에 생기는 실수를 줄일 수 있을 것입니다.

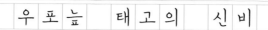 우 포 늪 태 고 의 신 비

아래의 사진은 SDI에서 근무하셨던 전병복 부사장님의 우포를 담은 풍경 사진입니다. 저의 ID는 wupo62@gmail.com입니다. 다른 사이트도 wupo라는 ID를 사용하고 있습니다. 우포의 지명을 따서 영어로 만들었는데, 실제 우포늪의 공식 영어명칭은 저의 ID와는 다른

'UPO'라고 사용하고 있습니다. 아무튼 30여 년 전 얼마나 감동을 받았는지 그때 ID를 만들어 지금까지 사용하고 있습니다. 이제 우포는 너무 잘 알려져 사진을 좀 한다는 사람들이 꼭 찾아가는 성지가 되었습니다.

처음 우포에 간 날은 흙바람이 날리는 봄날이었습니다. 천천히 길을 걸어서 들어갔습니다. 마치 어머니의 품속으로 들어가는 듯한 포근한 느낌이 저의 살갗을 어루만졌습니다. 1억 4천 년 전 태고에 만들어진 습지에서 들려 오는 갖가지 소리는 그야말로 색다른 황홀경이었습니다. 여름에 찾아가면 마름과 자라풀 같은 수생식물이 물위를 채우고 그 속으로 떨어지는 빗방울을 바라보는 재미도 좋았습니다. 아직 모든 계절을 가보지 않아 잘 모르겠지만 나중에 시간적 여유가 있으면 일 년을 살면서 순간 순간을 마음과 사진으로 남기고 싶습니다.

'끌림'이라는 불가사이한 단어가 있습니다. 제가 의식하지 않았는데 발길을 당기는 '끌림'이 있는 지역이 있습니다. 오랜 세월 쌓은 기운의 힘이겠지요. 우포늪은 오랜 연륜으로 갈 때마다 설익은 저를 넉넉하게 품어 주었습니다. 변화를 갈망하고 끊임없이 몸부림치는 저에게 천천히 가도 문제없다고 눈짓을 합니다. 그 우포가 그립습니다. 시간이 되면 눈을 감고 조용히 오직 태고의 소리를 들으러 우포에 가야겠습니다.

벼락을 품은 나무

광화문에 있는 교보문고 본사 벽에 매년 그해 가장 기억될 만한 문장을 뽑아 걸어 놓습니다. 2009년에 장석주 시인의 〈대추 한 알〉이라는 시가 걸려 많은 사람에게 위로를 주었다고 합니다. "저게 저절로 붉어질 리는 없다/ 저 안에 태풍 몇 개/ 저 안에 천둥 몇 개/ 저 안에 벼락 몇 개" 시의 1연만 읽어도 마음속에서 천둥에 이어 벼락이 떨어집니다.

위의 사진은 에버랜드 옆에 있는 그렌로스라는 골프장에 있는 수

령 사백 년이 되는 향나무로 제목대로 벼락을 맞은 나무입니다. 한눈에 보아도 세상의 모든 것에 굴복하지 않는 위엄이 느껴지지 않나요. 같이 간 동반자는 벼락을 두 번이나 맞았다고 하는데 근거는 없어 보입니다. 그러나 벼락을 품고 당당히 자태를 뽐내고 있는 것만은 누구도 인정할 수밖에 없습니다.

돌아보면 저도 회사를 떠나올 때 후배들이 "참 파란만장하셨다"는 이야기를 들었습니다. 너무나 견디기 힘이 들어 고속도로 분리대를 스스로 박고 싶은 충동을 느낄 때도 있었습니다. 대추 한 알 익는데도 온갖 일들이 생기는데 우리네 인생이야 오죽하겠습니까? 그러므로 그 아픔에 휘둘리지 않고 굳건히 이겨낼 때 새로운 마디가 생기고 이야깃거리가 생깁니다. 돌아보면 그때가 제가 성장하는 순간이었습니다.

"신은 인간에게 선물을 줄 때마다, 시련이라는 포장지에 싸서 준다"는 말은 순간이 힘들 때 되뇌어야 할 명언입니다. 글렌로스 골프장의 향나무처럼 사실을 받아들이고 당당하게 벼락 몇 개 품고 있는 나무가 되고 싶습니다.

진	화	하	는		삶		grit	

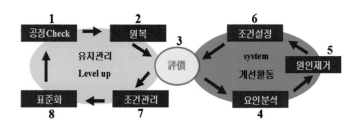

　일을 하면서 가장 중요한 것은 태도라고 합니다. 심지어 스킬은 가르칠 수 있으나 태도는 아예 불가능하다고 신입사원을 뽑을 때부터 경계하라고 합니다. 저는 이 태도를 정의한 말 중에 강건한 의지라고 불리는 'Grit'이라는 단어가 핵심이라고 봅니다. 그릿은 자신이 세운 목표를 위해 열정을 갖고 온갖 어려움을 극복하며 지속적인 노력을 기울일 수 있는 마음의 힘을 말합니다.

　'Grit'은 두가지 개념으로 나눌 수 있습니다. 첫 번째는 자발심(自

發心)입니다. 누가 강제적으로 시키기 전에 스스로 동기유발을 하고 에너지를 끌어 올리는 태도입니다. 일을 할 때 누가 시켜서 하면 그 야말로 힘이 들고 어렵습니다. 자발심은 매일 스스로 진화하고 그 속에서 기쁨을 찾아 줍니다. 결과적으로 다른 삶과 차별화하는 선순환 조직을 구축할 수 있습니다. 두 번째는 끈기 있고 꾸준하게 하는 지속성(持續性)입니다. 누구나 잠시 자발성을 가지고 있을 수 있으나 지속하기가 힘이 듭니다. 지속성은 모든 일을 할 때 너무 중요한 덕목입니다.

왼쪽의 도표는 일의 루틴을 나타내고 모든 개선과 유지는 위의 패턴으로 돌아가면 결국 해결이 됩니다. 그래서 무엇보다 얼마나 '자발적'으로 '지속적'으로 하느냐가 승패를 좌우합니다. 우리는 우공이산이라는 고사를 너무 잘 압니다. 우공이 친구에게 이런 말을 하였습니다. "내 걱정은 말게. 나는 늙어 죽겠지만 아들이 그 일을 하고 또 손자가 하고 그 자식이 자식을 낳아 한없이 하다 보면, 산은 더 이상 불어 나지 않으니 결국 평평하지 않겠는가" 이렇게 자발적으로 지속적으로 하다 보면 루틴으로 돌아갑니다. 그래서 내공이 생기면 힘이 들지 않고 저절로 굴러 갑니다. 따라서 눈앞에 산을 두려워 말고 한 번 옮겨 봅시다.

비 울 때 비 우 자

　우리나라 서해 최북단에 있는 백령도와 대청도로 불쑥 여행을 떠났습니다. 생각보다 400km 먼 거리로 약 4시간이나 걸렸습니다. 2박 3일 일정으로 급하게 떠났습니다. 그런데 돌아오는 날, 바람이 많이 불어 배가 들어오지 않습니다. 졸지에 대청도에서 하루를 더 머물게 되어 시간적 여유가 생겼습니다. 그래서 섬 구석구석을 보고 서풍 바위 둘레길을 두 번이나 돌았습니다. 그러면서 좀 의아했습니다. 큰 강풍이 부는 느낌도 아닌데 왜 배가 운행하지 않을까? 신기했습니다.

그런데 마지막 날 삼각산을 오르다 보니 바람의 위력을 몸이 아니라 눈으로 느낄 수 있었습니다. 바람을 이겨내고자 모든 나무들이 매우 얇고 낮게 자라고 있었습니다. 사진처럼 조금 굵고 가지가 많은 나무는 예외 없이 부러져 땅에 쓰러져 있었습니다. 산을 올라가며 곳곳에 가지가 너무 많아서 바람에 부러진 나무들을 보며 이런저런 생각이 났습니다. 세상을 살아가는데 '비움'이라는 단어를 많이 듣습니다. 왜냐하면 그것은 그렇게 하기 어렵기 때문입니다. 인간의 욕망은 얼만큼 소유를 해야 멈출 수 있는지 측량할 수 있는 능력이 없습니다. '조금만 더'를 수없이 외치며 정말 소중한 것들을 완전히 소진하여 돌이킬 수 없을 때, 비로소 후회를 하고 멈춥니다.

아프리카 원숭이를 잡는 방법으로 입구가 좁은 항아리에 먹이를 두면, 원숭이가 먹이를 움켜쥐고 손을 빼지 못해 잡힌다고 합니다. 이처럼 놓을 때 좀 놓을 줄 아는 여유가 있어야 자신이 삽니다. 이것을 한마디로 '숨통'을 틔운다고 합니다. 꼭 필요한 것 이외는 '잉여의 부작용'이 독소가 됩니다. 그러기에 부러지지 전에 섬마을 나무처럼 얇게 낮게 욕심을 버려야 합니다. 그러므로 비울 때 비웁시다. 대청도 나무에게 듣습니다.

브라운관,
나의 젊음을 심다

과천에 있는 국립 현대미술관에 갔습니다. 중앙에 있는 홀에 백남준 작가님의 〈다다익선〉이라는 작품이 웅장하게 자리를 잡고 있었습니다. 높이만 18.5m이고 브라운관 숫자가 1003개나 사용되었다고 하니 어마어마한 규모가 아닐 수 없습니다.

이 작품은 제가 삼성전관이라는 회사에 입사를 한 1988년에 만들어졌습니다. 2017년 이후 지금은 브라운관 수명이 다해 수리를 하고 있다고 합니다. 저는 대학을 졸업하고 입사하여 약 20년을 이 브라운관을 만드는데 젊음을 바쳤습니다. 그래서인지 처음 이 작품을 만났을 때, 마치 고압선을 만졌을 때 오는 충격을 받았습니다. 실제 브라운관에 걸리는 고압은 30KV 정도로 만지면 그 충격이 대단합니다.

브라운관은 일본에서 기술을 배워 결국 일본을 넘어서 대한민국 기술이 세계를 제패하는데 선봉장 역할을 한 제품입니다. 수많은 날을 공장 바닥에서 자며 문제를 해결했던 추억이, 등목할 때 뿌리던 한 바가지 물처럼 정신을 번쩍 깨웁니다. 같이 고생했던 동지들 얼굴도 모두 현상관에 비치는 것 같습니다.

이제 브라운관도 신기술에 밀려 사라진지 오래되었습니다. 다른 미술작품과 달리 브라운관으로 만든 제품은 '수명'이라는 굴레에서 자유로울 수 없습니다. 무한정 수리가 불가능한 제품으로, 인간처럼 언젠가는 사라질 작품이기에 더욱 애정이 갑니다. 다시 복구가 되면 반드시 가서 보아야겠습니다.

선 각 자 , 이 건 희 회 장

저는 33년을 삼성에서 일하다 퇴직을 하였습니다. 제가 삼성을 떠나면서 모든 것을 잊을 수는 있겠지만 이건희 회장님의 앞날을 내다보는 혜안은 잊을 수가 없습니다. 세상 사람들은 쉽게 타인의 과오를 논합니다. 그러나 돌아보니 그분은 제가 감히 논할 수 있는 경지가 아니었습니다. 그분에게는 문제를 대하는 집중력과 깊은 통찰력이 있었습니다. 천재 한 명이 수천 명을 먹여 살릴 수 있다는 그분의 말씀대로라면 회장께서 진정 천재 중 천재였습니다. 그리고 무엇보다 그것을 실현하신 선각자였습니다.

해외 출장 갔다 비행기가 활주로를 내리면 모든 승객들이 박수를 치던 시절, 임원들을 모두 독일로 불러 구성원들과 마음을 맞춘 스케일은 지금 보아도 대범하기 그지없습니다. 디자인이라는 단어도 생소할 때 디자인 경영을 부르짖고, 품질이라는 개념을 단번에 모두에게 확실히 각인했습니다. 또한 사회공헌과 자원봉사라는 생소한 개념을 도입하고, 사원들을 현지에 장기간 교육을 보내 인재를 육성하는 등등 끝없이 나열해도 모자랍니다. 그 모든 일들을 이건희 회장은 호들갑 떨지 않고 천천히 성과로 이루어 내셨습니다.

이 회장께서 취임하실 때 제가 입사를 하였습니다. 사실 회장 수락 연설을 할 때 어눌한 말투에 별로 신뢰가 가지 않았습니다. 저는 단순히 부잣집에 태어나 큰 기업을 물려 받았구나 생각했습니다. 그러나 돌아보니 당신은 누구보다 고뇌하는 선각자였습니다. 무엇보다 20년 전 말씀하신 테이프를 지금 보아도 시대를 앞선 혜안이 정말 놀랍습니다.

등에 식은 땀이 난다는 말씀이 '선지자만 가지는 고통'으로 이제 공감이 갑니다. 당신의 고민 덕분에 우리는 행복하게 일할 수 있었습니다. 부디 평안히 영면하십시오. 시간은 지나면 지날수록 우리는 당신을 더욱 존경할 것입니다.

작은 차이가 주는 행복

　아산 맹사성 고택의 은행나무를 거쳐 올라가면 설화산이 있습니다. 이 산을 중심으로 마을에서 재상들과 장군이 많이 나왔다고 합니다. 그래서 산의 정상 이름도 문필봉이라 불립니다. 가끔 생각할 일이 있으면 이 산을 자주 올랐습니다. 하루는 산을 내려와서 콩국수를 먹으러 식당에 들어갔습니다. 맛깔스러운 콩국수에 꽃잎을 하나

띄워 놓았습니다. 붉은 빛깔이 너무도 강렬하여 먹지 않아도 여름 더위가 물러갑니다. 순간 이 꽃이 마음에 '확' 들어왔습니다. 사진을 절로 찍을 수밖에 없었습니다. 이처럼 작은 정성 하나가 사람을 기분 좋게 만들었습니다.

"인간 최대의 무기는 精誠(정성)이다." 젊었을 때 저의 좌우명이었습니다. 정성은 전파처럼 이심전심으로 마음을 통해 서로에게 전달이 됩니다. 꽃잎을 올린 주인장의 마음씨가 고스란히 밀려와 제 마음의 동심원을 만들 듯이 변화를 가져옵니다. 중용에 정성의 작동원리를 정말 잘 설명한 글이 있습니다. "작은 일도 무시하지 않고 최선을 다해야 한다. 작은 일에도 최선을 다하면 정성스럽게 된다. 정성스럽게 되면 겉에서 배어 나오고, 겉에서 배어 나오면, 드러나게 되고, 드러나면 밝아지고, 밝아지면 남을 감동시키고 감동시키면 이내 변하게 되고, 변하면 생육하게 된다. 그러니 오직 이 세상에서 지극히 정성을 다하는 사람만이 나와 세상을 변하게 할 수 있는 것이다."

결국 정성은 남을 위한 것이 아니라 생육하고 번성하기 위한 콩국수의 꽃 같은 것입니다. 그러므로 자신의 혼을 불어넣는 장인 정신까지는 아니더라도 모든 일을 건성으로 대하지 말아야 합니다. 정성이 없으면 사진으로도 남지 못하는, 그냥 세상에 흔한 콩국수일 뿐입니다. 意味라는 단어는 오직 정성으로 생육이 할 수 있습니다.

손녀가 찾아준 웃음

중국 천진에 있는 수석 박물관에서 진흙으로 빚은 할아버지와 손자의 점토 조각품을 보았습니다. 세상에 이런 환한 웃음을 본 것이 참 오래된 일처럼 느껴져 마음이 끌려 사진을 찍었습니다. 그런데 요즈음 제가 손녀를 키워보니 이런 웃음이 가능한 일이구나 하는 것을 느끼고 있습니다. 고등학교 때 아무 일도 아닌 일로 웃기 시작해 웃음을 멈추지 못해 뒹굴었던 일이 있었습니다. 하지만 나이를 들어가면서 웃음을 점점 잃어 요즈음은 웃을 일이 거의 없습니다. 그 잃어버린 웃음을 아장아장 걸어 다니는 손녀가 찾아주고 있습니다.

자식을 키울 때는 잘 몰랐습니다. 그때는 무엇이 그리 바빴는지 어떻게 키웠는지 잘 생각이 나지 않습니다. 그렇지만 지금 여유를 가지고 한 걸음 떨어져 손녀를 보니 생명의 신비가 느껴집니다. 한 달 한 달 생명이 변화하는 모습을 보면 경이롭기만 합니다. 대부분 할아버지, 할머니들이 모바일 폰에 손자, 손녀의 사진을 올립니다. 이전에는 볼썽사납다고 했는데 이제는 이해가 되고, 오히려 제가 더 극성이 되어갑니다.

꼭 교육으로 아이들이 무엇을 습득하는 것만 아니고 생득적 지식이 피 속에 흐르고 있다는 사실을 느낍니다. 한두 해 축적된 경험이 아니라 수없이 긴 시간동안 선조에게 물려받은 DNA가 차곡이 쌓여, 오늘 아이의 한걸음을 걷게 만듭니다. 자본주의는 자기 자식에게 무엇을 물려주고자 하는 인간의 본성을 가장 잘 이용한 시스템입니다. 핏줄이 끌린다는 말이 얼마나 살아 있는 문장인지요! 그래서 오늘도 사랑하는 손녀에게 마음의 말을 전합니다. "아윤아! 사는 동안 우리 모두 좋은 추억을 만들자.

평 상 시　인 연 을　소 중 히　하 라

　삼성 SDI에서 근무를 할 때 문제가 생기면 자주 삼성전자에 갔습니다. 이날도 밤늦게까지 회의를 하고 나오니 눈이 하염없이 내리고 있었습니다. 특히 전자 연구소는 불빛이 환희 밝혀져 있었는데 그 모습이 몽환적이라 사진을 남겼습니다.

　저는 신입사원부터 약 30년을 삼성전자에 불려 다니며 전자가 드라마틱하게 성장하는 모습을 함께 보았습니다. 그런데 2017년에 갑자기 삼성전자로 발령을 받아 퇴직할 때까지 4년간 근무를 했습니다. 제가 사진을 찍을 때만해도 이곳에서 근무를 한다는 생각은 요즈음 말로 1도 없었습니다. 어떻든지 제가 그분들에게 큰 문제없이 대응하였기 때문에 전자로 옮겨서 일할 수 있었다고 생각합니다. 이렇듯 세상일은 한치 앞을 볼 수가 없습니다. 특히 사람이 만나고 헤어지는 일은 더 그렇습니다. 이익 관계를 초월하여 평상심으로 행동할 때 그것이 쌓여 힘이 됩니다.

사람이 제일 경계하는 것은 아무런 업무가 없다가 갑자기 연락이 오는 일이라고 합니다. 이런 경우 연락이 오면 "이 사람이 왜 갑자기 연락을 하지?" 많은 생각을 합니다. 그래서 인간관계의 가장 중요한 일은 "지나가다 그냥 들렸어, 갑자기 생각이나 전화했어."하고 평상시 연락을 취하는 것입니다.

제 아들은 미국에서 직장을 다니는데 2,3년에 한 번씩 이직을 합니다. 그래서 저는 직장을 떠나더라도 너를 가르치고 고마운 사람에게 꼭 가끔씩 연락을 하라도 합니다. 이런 일은 동, 서양을 구분하는 상황이 아닙니다. 긴 시간 근무를 하면서 작은 선물 한 번 없어도 가끔 잊지 않고 안부를 물어주는 사람이 요즈음 제일 귀합니다. "우찌 지내는지 연락 한 번 해 봤어예" 참 힘이 되는 한마디입니다.

언제가 茶道를 배우고 싶다

　　중학교 1학년 때 삼국지를 빌려 읽는데 얼마나 재미있었는지 아직
도 그 기분 좋은 느낌이 몸에 선연히 남아 있습니다. 삼국지는 유비
가 어머님께 드리려고 차를 사는 이야기로 시작이 됩니다. 2년 동안
돗자리를 만들어 번 돈으로 몇 번이나 마실지 모르는 차 잎을 사오는

장면은 중국인들이 얼마나 차를 귀히 여기는지 알 수 있습니다. 평생을 두고 좋은 차 한 번 마시는 수고를 마다하지 않는 사람도 많습니다. 제가 2000년 초에 중국에 부임하여 가니 이빨이 검은 사람이 많아서 이유를 물어보았습니다. 그랬더니 차를 많이 마셨다고 대답했습니다. 아닌 것이 아니라 중국 어느 공장을 가도 작업장 입구에는 개인이 차를 먹는 컵을 둘 수 있게 되어 있습니다.

차를 마시는 행위를 '茶道'(차도)라고 부르고 있습니다. 이것은 취미를 넘어 자신을 수양하는 경지에 다다르게 하는 일종의 '의식'입니다. 저는 차를 마시는 많은 방식 중에서 대만의 '무아차회'(無我茶會)라는 방식이 호감이 갑니다. 격식이 없이 침묵 속에서 소통하는 방식도 좋지만, '자아'라는 존재를 없애고 '겉치레'라는 굴레에서 탈피하는 '무아'라는 의미가 좋았습니다.

나이가 들면서 동적인 활동도 꾸준히 필요하지만 차를 마시는 취미를 가지고 싶습니다. 차를 우리기 전에 찻잎 향기만 맡아도 머리가 벌써 맑아집니다. 와인의 아로마 향은 상대가 되지 않습니다. 녹차, 흑차, 우롱차, 홍차, 백차, 황차 등 많은 종류의 차를 갖가지 방법으로 만든 미묘한 차이를 알아가고 싶습니다. 무엇보다 지인들과 서로를 배려하는 향기로 시간을 나누고 싶습니다. 차를 우려내는 침묵의 시간 속에서 더 깊은 대화가 오고 가는 파격을 경험하고 싶습니다.

교육은
가지치기와 같은 원리

요즈음 주 52시
간 근무가 인간의
삶을 높인다고 시
행하고 있습니다.
그러나 제가 보기에 전반적으로 행복의 질이 높아졌다고 보기가 어
렵습니다. 오히려 퇴행하는 형태를 보입니다. 직장생활을 할 때 성
장한다고 느끼는 순간에 만족감을 느꼈습니다. 그리고 그런 성장은
교육을 통하여 이루어집니다. 그럼에도 불구하고 많은 회사들은 종

업원을 언제든 떠날 수 있는, 교체 부품 대상 정도로 생각하는 경향이 있습니다.

제가 신입사원 1년차 일 때 L부장님께서 저를 불러 품질 기사 양성 과정에 들어가라고 하셨습니다. 회사를 6개월 동안 나오지 않는 위탁교육을 받았고, 또 6개월을 업무를 하지 않고 시험 준비를 하도록 배려를 해 주셨습니다. 결국 합격을 하였고 회사생활을 하는데 큰 도움이 되었습니다. 그리고 입사 5년차에 Y부장님이 또 불러, 일본어 교육을 가라고 해서 외국어를 배웠습니다. 그때는 퇴사를 생각하고 교사 시험을 준비하려던 갈등의 시기였습니다. 교육이 결국 삼성에서 33년을 다닌 터닝포인터가 되었습니다. 아무리 시간이 지나도 그 고마움은 잊을 수 없습니다. 따라서 교육 후 성과는 투자를 훨씬 넘었다고 이제 감히 말할 수 있습니다.

하지만 요즈음 교육을 낭비로 생각하는 경영자들이 많아 참 안타깝습니다. 경영자들이 참으로 인간을 존중하는 경영을 한다면, '교육'이라는 축을 놓치면 안 됩니다. 교육은 위의 사진처럼 가지를 쳐서 나무를 곧게 하는 역할을 합니다. 가지치기로 나무가 쭉쭉 성장하고 그 밑에 부하들도 커가는 새로운 생태계가 만들어집니다. 보세요, 녹색의 푸르름이 멋지지 않나요? 교육은 우리에게 진정한 희망을 주고, 결국 나무처럼 성장을 도와주는 뒷받침이 됩니다.

피가 거꾸로
솟구쳐 본 적이 있는가

　피가 꺼꾸로 쏟는 경험을 해보신 적이 있는지요? 저는 이 말은 화가 몹시 날 때를 표현하는, 사전 속에 있는 말인 줄 알았습니다. 어느 날 회의를 하다가 "당신 말을 믿다가 우리가 망하게 되었다"는 말을 들었습니다. 순간 피가 머리 위로 확 올라오는 기이한 경험을 했습니다. 곧 손이 부들부들 떨렸습니다. 상대가 장풍을 쏘은 것도 아니고, 물리적 충격을 가한 것도 아니었습니다. 그런데도 충격은 그 이상으로 핵폭탄이 몇 개 터진 느낌과 같았습니다. 도무지 몸이 통제가 되지 않았습니다. 사진처럼 온몸이 뜨겁게 반응을 하였습니다.

　억울했습니다. 공법이 무엇 하나 제대로 정립되지 않은 시기에 팀을 맡아 동분서주 발로 뛰며 정보를 구하여 정상화 초입까지 겨우 만들었습니다. 중국에 가서 현지인 사장과 담판을 해서 새로운 설비를 중간에서 가로채다시피 하여 도입하였습니다. 하지만 누구 하나 제대로 도와주지 않다가 어려워지니 책임을 저에게 넘겼습니다. 억울

사진제공 / 윤여창

한 감정은 분노의 단추를 눌렀습니다. 저는 그저 벽에 눈을 고정하고 던지는 질문에 대답을 하지 않았습니다. 오히려 미동도 않고 앉아있었습니다. 그러나 몸은 굳었어도 내면의 세계는 마치 비바람이 몰아치듯 요동쳤습니다.

 '장자'의 〈빈 배〉라는 시가 있습니다. 배를 타고 가다 부딪히면 배 안에 사람이 있다면 욕을 하고 분노를 하지만, 빈 배라면 화를 내지 않는다는 시입니다. 미국 정신과 의사협회는 '화병'을 '한국인 특유의 증후군'으로 정의하고 있습니다. 사회적으로 표출하지 못하고 억누르기 때문에 쉽게 생기는 병이라고 합니다. 결국 '화병'은 사람 사이에 생기는 현상입니다. 그러므로 상대방을 깊이 이해하고, 따뜻하게 배려하고 그래도 문제가 생기면 해가 지기 전에 바로 푸는 마음이 중요합니다.

쌓아간다는 의미

일이나 취미나 전문가의 수준에 도달하려면 반드시 누적이라는 개념이 있어야합니다. 그런 지루한 과정을 이겨내고 tipping point에 도달하면, 어느 순간 저절로 굴러가는 순간이 옵니다. 그때까지는 경험의 누적, 데이터의 누적, 소통의 누적 등을 꾸준히 쌓아야 합니다.

종자돈도 처음 모으는 것은 힘이 들지만 어

느 순간이 되면 돈이 돈을 법니다. 어떤 예보다 가벼운 눈이 쌓여 나뭇가지를 부러뜨리는 힘을 발휘하는 것을 보면 '쌓인다'는 위력을 느낍니다. '72의 법칙'이라는 복리의 마법을 잘 설명하는 공식이 있습니다. 72를 이자율로 나누면 총액이 2배가 되는데 걸리는 기간이 나옵니다. 즉 이자율이 10% 라면 72/10 = 7.2년 후에 2배의 금액을 받을 수 있습니다. 본래 공식은 복잡한데 아인슈타인이 쉽게 알 수 있도록 고쳤다고 합니다.

대한민국 대부분의 산은 높아도 두 시간정도 올라가다 보면 정상에 다다릅니다. 처음에는 도저히 오르기 어렵게 보이지만, 천천히 오르다 돌아보면 밑이 아득하게 느껴집니다. 사진처럼 하나씩 쌓다 보면 어마어마한 높이를 만들 수 있습니다. 인간의 어떤 소질보다 하나씩 쌓는 사람의 능력을 이길 수 없습니다.

베이브 루스가 "1루, 2루, 3루를 거치지 않고 홈에 들어올 수 없다"고 했습니다. 사진의 절경같이 쌓는다는 일은 벼락치기로 되지 않습니다. 지루한 반복이 정신과 근육 곳곳에 스며 들어야 비로소 긍정적 변화를 이끌어 낼 수 있습니다. 능력을 탓하지 말고 도전할 일을 정한 후에 천천히 쌓아가면 언젠가 달성이 됩니다.

평생, 공부를 하자

　제가 사진을 공부하고 처음으로 혼자서 삼각대를 가지고 궁평항에 가서 일몰 풍경을 찍었습니다. 참으로 가슴 설레는 일이었습니다. 순간 순간을 관찰하고 포착하는 일은, 시간의 변화를 몸으로 느끼는 즐거움이 있었습니다. 사실 이날은 점심을 먹고 하늘을 보니 일몰이 아름답겠다 생각하고 회사 일을 빨리 끝내고 무작정 서해로 달려갔습니다. 그리고 위의 사진을 얻었습니다. 사진의 좋고 나쁨을 떠나 이 사진에는 저의 이야기가 숨어 있습니다.

나이가 들어가면서, 끊임없이 배우는 자기 개발이 무엇보다 중요합니다. 그렇게 기대에 대한 충족감을 느끼며 자신을 나이테처럼 단단하게 만들어가야 합니다. 이제 눈치를 볼 필요가 없습니다. 스스로가 하고 싶은 테마를 정하고 조급하지 않고 도전을 해 나가다 보면 생각지도 않은 결실을 얻을 수 있습니다. 못한다고 쭈볏거릴 시간도 이유도 없습니다.

버킷 리스트를 만들고 하나씩 지워 나가고 싶습니다. 시간이 갈수록 피부는 노화를 해도, 인생은 더욱 쫄깃쫄깃해 질 수 있도록 끊임없는 도전을 하고 싶습니다. 70살 정도에 시인으로 등단을 하고, 격렬한 탱고 춤을 배우고 싶고, '문사철 100' 강의를 듣고도 싶습니다. 그러므로 나이는 숫자에 불과하다는 것을 증명하신 선배님들의 길을 천천히 따라가며 공부를 쉬지 않고 하겠습니다. "배우고 익히면 또한 즐겁지 아니한가?" 공자의 말씀을 오늘부터 60대 저의 좌우명으로 삼겠습니다.

아 미 그 달 라   달 래 기

　황제가 좋을 때 교만하지 않고 슬플 때 좌절하지 않을 좌우명을 이
야기하여 달라고 철학자에게 말하니 "이 또한 지나가리라"라는 명언
을 알려주었습니다. 걱정의 대부분은 일어나지 않을 일이고 일어나
더라도 대부분은 시간이 해결해 주는 것이라고 합니다. 그러나 우리
는 어떤 일이 닥치면 자신의 통제 범위를 넘어 분노하고 좌절하여 결
과를 더 나쁜 방향으로 만드는 경우가 많습니다.

　위의 사진은 뉴질랜드 횡단을 하며 여행할 때 사고 장면을 찍은 사진입니다. 운전석이 우리와 반대로 되어 있어 운전하기가 불편하였습니다. 결국 바퀴가 다리 난간에 빠져 오도가도 못하는 참 당황할 수밖에 없는 순간이었습니다. 그러나 아내가 차에서 내리면서 서로 비난하거나 화를 내지 말자는 취지의 말을 먼저 하였습니다. 그러자 우리 가족은 침착하게 대응할 수 있었습니다. 결과적으로 큰 문제없이 여러 사람의 도움을 받아 해결하였습니다.

뇌의 안쪽에 '아미그달라'라는 감정의 폭발을 유발하는 트리거가 있습니다. 생존을 위협 받거나 체면을 상하거나 하면 순간적으로 반응을 한다고 합니다. 그런데 무엇보다 중요한 것은 불안의 스위치가 켜지면 반드시 꺼야 해결이 된다고 합니다. 이럴 때 감정에 휘둘리지 않도록 바로 스위치를 꺼야 합니다. 자신 스스로에게는 깊은 숨을 들어 쉬고 내쉬는 것만으로도 다시 평화를 가져올 수 있습니다. 그리고 타인에게는 '너가 힘들었구나' 하고 공감을 해 주는 것입니다.

저 자신도 딸이 손녀 밥 먹이는 문제로 힘든 것을 토로하면 "그런 일은 나중 되면 쓸데없는 고민이다"라는 등 조언을 합니다. 딸에게 "밥 먹이는 것이 정말 힘들지" 하고 공감하기보다 먼저 팩트로 폭격을 가합니다. 상대방이 말하는 그대로를 들어주는 마음이 소통의 핵심입니다. 아내가 현장에서 당황하지 않고 바로 '스위치를 끈 것'이 좋은 대책을 제시하는 것보다 정말 지혜로운 대처였습니다.

여행은 길 위의 학교

여행은 1막, 2막, 3막처럼 문단을 나누듯 지친 나를 항상 새롭게 하며 힘을 주는 일종의 의식 같은 일이었습니다. 사진처럼 마을 아래 강물을 지그시 바라보면 시시각각 변하는 풍경은 마음의 평화를 주었습니다. 여행은 잘 먹고, 잘 걷고, 잘 자는 육체적인 활동은 물론이

고, 자연을 보고 감동을 받아 영적으로 성숙하게 만들었습니다. 그리고 무엇보다 돌아와서 내 주위에서 행복이 지천으로 존재하고 있다는 사실을 깨닫게 해 줍니다. 그래서 〈조지무어〉는 "인간은 자신이 필요로 하는 것을 찾아 세계를 여행하지만 집에 돌아와 그것을 발견한다"고 하였습니다"

돌아보니 바쁜 시간속에서도 가족과 쉼없이 여행을 다닌 일은 제가 인생에 잘한 일 중에서 다섯 손가락에 꼽을, 칭찬받을 일입니다. 요즈음 아이들은 조금만 커도 부모와 같이 있기를 싫어하는데 여행은 나에게 '가족의 결속'을 선물로 주었습니다. 아이들이 어릴 때부터 가족들과 여행을 하였기에 커서도 같이 여행 다니는 것이 전혀 어색하지 않습니다. 나이아가라 폭포 하나를 보기 위하여 수십 시간을 가는 여정도 이제는 전혀 지겹지 않습니다. 여행의 과정을 즐기며 목적지보다 창 밖의 풍경을 담을 여유가 생겼기 때문입니다.

료칸에서 조용히 누워 있어도 좋고, 장시간을 운전하면서 가도 좋고, 복잡한 도심 속에 외국인들과 섞여 있어도 좋습니다. 선술집에 앉아 음악을 들으며 맥주 한잔을 해도 그 자체로 너무 좋습니다. 언젠가 저는 지금까지는 예행연습이라 생각하고, 많은 스승에게 배우기 위해 '길 위의 학교'로 떠나려고 합니다. '세계는 한 권의 책'이라 합니다. 이제는 그 책을 마음먹고 제대로 정독을 하고 싶습니다.

간절함을
이길 수 있는 것은 없다

위의 사진은 서울 사진전에서 사진을 감상하다가 너무 독특한 느낌이라 찍었습니다. 어머니의 간절히 기도하는 표정은 동해 푸른 바다보다 깊습니다. 그래서 죄송하지만 어깨를 툭 치면서 어떤 기도를 하시느냐고 묻고 싶습니다. 그리고 물끄러미 바라보는 여자아이의 표정은 세상 모든 감정을 없앤 무심 그 자체입니다.

두 표정이 극명히 대비가 된 이 사진은 생명력이 있습니다. 그래서 요즘 같은 칼라 시대에도 살아서 사람의 마음을 움직입니다.

제가 생각하기에는 사진 속의 어머님은 지금은 생의 끝자락에 도달했거나 이미 세상을 떠나셨는지 모릅니다. 그러나 이 간절한 기운은 낡은 사진에서 빠져나와서 현재의 저를 움직입니다. '간절함'은 파동으로 변화하여 상대를 움직이는 마술을 부립니다. 마치 전파가 공기를 통해 움직여 라디오의 스피커를 진동하듯이 상대를 감동시키는 힘이 있습니다. 그래서 간절함은 장애물을 낮추거나 없앤다는 말이 있습니다. 그렇기 때문에 이 여인의 기도가 이루어졌다고 저는 믿습니다.

신달자 시인의 〈간절함〉이라는 시에 "그 무엇 하나에 간절할 때는/등뼈에서 피리 소리가 난다. 열 손가락 열 발가락 끝에/푸른 불꽃이 어른거린다."는 구절이 있습니다. 간절히 원하는 상황을 너무나 잘 표현하였습니다. 나이가 들면서 지금처럼 점점 세상에 무디어져서, 여유를 가지는 방법을 터득하며 사는 것도 나쁘지는 않습니다. 그러나 무엇인가 원하며 도전하고, 가끔씩 마음을 졸이는 일도 있어 푸른 불꽃이 일어났으면 합니다. 무엇보다 사람의 마음을 읽고 자연의 섭리를 읽어내는 시인의 섬세한 경계에 저도 언젠가 발을 딛도록 간절히 원해 봅니다.

지나고 보니 무엇이 중요한고 !

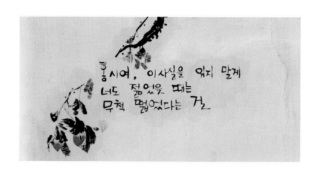

  담양 죽녹원에 여행을 가서 벽화를 사진으로 찍었습니다. 바로 위의 사진입니다. UN에서는 청년을 65세까지, 중년을 79세까지로 정의하였습니다. 신체적으로 사람들이 많이 건강해진 결과입니다. 그러나 나이는 신체적 나이만 있는 것이 아닙니다. 정신적인 나이도 있습니다. 그런데 정신적으로 무척 젊은 나이가 있습니다. 세상을 조금 살고 보니 중학교 1학년 때 배운 맹자의 '인의예지신'(仁義禮智信)이 살아가는 중요한 덕목이라는 사실을 깨닫습니다.

  '인'은 불쌍한 것을 가엽게 여기는 측은지심과 연결이 되고, '의'는 의롭지 못한 일에 대해서 부끄러워하고 악한 것을 미워하는 '수오지심'과 연결이 되고, '예'는 남을 공경하고 사양할 줄 아는 겸손한 '사양지심'과 연결이 되고, '지'는 옳고 그름을 가릴 줄 아는 '시비지심' 과 연결이 되고, '신'은 중심을 잡고 밝은 빛을 내어 믿음을 주는 '광명지심' 과 연결이 됩니다. 이렇게 연결된 설명을 보면 살아가면서 '인의예지신'이 얼마나 중요한 덕목인지 단박에 알 수 있습니다.

그러나 '측은지심'이 과하면 이용당하기 십상이고, '수오지심'이 과하면 모든 사람을 적으로 만들고, '사양지심'이 과하면 격식만 차리고 실속이 없게 보이고, '시비지심'이 과하면 타인의 경계 대상이 되기 쉽고 '광명지심'이 넘치면 사기꾼들이 득실거리는 세상에 살아남기가 힘이 됩니다. 이래도 어렵고 저래도 어려운 것이 인생입니다. 그러므로 이 다섯 가지 항목을 잊고 살지 않았는지, 어느 쪽으로 기울지는 않았는지 살펴보아야 합니다. 이렇게 살아야 홍시처럼 잘 익어갑니다.

요즈음 나이 많은 배우들이 얼굴 주름을 너무 펴서 부자연스럽게 웃는 모습을 보면 조금 불편합니다. 나이가 들면 주름도 있어야 합니다. 마찬가지로 젊을 때는 무척 떫어도 좋습니다. 그것이 통통 튀는 삶을 만들어줍니다. 그렇기 때문에 항상 자신 있게 살면서 '인의예지신'을 옛것으로만 치부하지 않았으면 합니다.

이 동물상은
원래 어떻게 생겼을까?

국보 11호인 익산 미륵사지 석탑이 다시 복원되어 우리 앞에 나타 났습니다. 탑을 복원하는 현장도 가 보았고 복원된 후에도 가 보았

습니다. 규모가 어마하고 목탑에서 석탑으로 변화하는 과정을 가장 잘 보여준다고 합니다. 그런데 복원이 되고 나니 석탑보다 옆에 있는 기물이 더 눈에 먼저 들어왔습니다. 새로 만든 탑은 요즈음 재료를 이용해서 그런지 뭔가 때문은 정이 가지 않습니다. 하지만 기단 앞 동물 모양의 기물은 다릅니다. 세월의 모든 어리광을 다 받아준 특이한 모양으로 서있습니다. 돌 중에 제일 무르더라도 그래도 돌인데 이렇게 동글동글하게 세월과 같이 한 모습이 경이롭기까지 합니다.

河海不擇細流(하해불택세류)라는 한자 명구가 있습니다. "큰 강과 바다는 작은 시내라도 가리지 않는다."는 뜻입니다. 바다는 모든 것을 포용한 결과 결국 〈노인과 바다〉에서 "바다는 비에 젖지 않는다"는 말을 만들었습니다. 바람과 햇빛과 비를 다 받아들여 모난 구석 하나 없는 기단 옆 동물상은 마치 바다를 닮았습니다. 원작이 어떤 모양인지 궁금하지 않을 정도로 자체로 예술작품이 되었습니다.

단단한 것도 결국은 부드럽게 변하는 것이 자연의 이치로, 언젠가는 이 동물상도 나누고 나누어져 미립자가 될 것입니다. 그러면서 더 많은 이야기를 담고 담은 이야기만큼 또 나누어질 것입니다. 아직도 미스터리인 백제 무왕과 신라 선화공주의 이야기도 아마 이 동물상은 알고 있을 것입니다. 밤마다 무왕이 동물상에서 나와 〈서동요〉를 부르는 상상을 해 봅니다.

세상에 바람이 없다면

'바람'이 세상에 없다면 얼마나 무미건조할지 상상하기가 싫습니다. 사전은 "두 지점간의 기압 차이에 의한 공기의 흐름"으로 바람을 정의하고 있습니다. 그러나 바람을 이렇게 사전 속에 가두어 둘 수 있는 나약한 단어로 생각하는 사람은 없습니다. 나비의 날갯짓 때문에 생긴 바람이 지구를 돌고 돌아 폭풍이 된다는 이야기처럼 바람은 아무도 종잡을 수 없는 힘이 있습니다. 박재삼 시인은 〈천년의 바람〉에서 천년 전에 하던 장난을 아직도 하고 있다"라고 했습니다. 바람이 가진 천진난만한 장난기가 많은 시인들의 가슴에도 기압 차이를 만들어 시를 쏟아내는가 봅니다.

바람은 시인들에게는 친구이자 원동력입니다. 저는 바람에 관한 수 없는 詩들 중에서 나이 90이 넘어 첫 시집 〈약해지지마〉를 발간하신 "시바다 도요"의 시를 좋아합니다. 이 시집의 〈약해지지마〉 전문은 나에게 삶에 지쳤을 때 불어오는 시원한 바람 같은 힘을 주었습니다. "있잖아/ 불행하다고/ 한숨짓지 마/ 햇살과 산들바람은/ 한쪽 편만 들지 않아/ 꿈은/ 평등하게 꿀 수 있는 거야/ 나도 괴로운 일/ 많았지만/ 살아 있어 좋았어/ 너도 약해지지 마." 마치 산들바람이 속삭이듯 이야기하며 저의 아픈 부분을 도닥이며 위로를 줍니다.

그리고 〈살아갈 힘〉에서 뺨을 어루만지는 바람에서 힘을 얻어 "나이 아흔을 넘기며 맞는 하루하루 너무나도 사랑스러워"하며 교감하는 모습은 저절로 고개가 숙여집니다. 바람의 본질은 머무르지 않는 데 있습니다. 오늘도 스쳐가지만, 상대의 땀을 식혀주는 바람, 보이지 않고 메이지도 않는 바람, 그 바람을 사랑합니다.

날마다 해가 비치면 사막이 된다

　대청도에 여행을 갔다가 바람이 불어 하루를 더 묵었습니다. 물이 빠져 나가자 바다 밑바닥 모래가 드러났고, 어느 정도 물기가 마르자 모래 바람이 불기 시작했습니다. 참으로 기묘한 풍경이었습니다. 신기루 같은 모래 바람이 광활한 바닥을 훑으며 지나갔습니다.

순간 정호승 시인의 〈내 인생에 힘이 되어준 한마디〉가 생각이 났습니다. "우리는 날마다 햇빛이 비치기를 바라지만, 매일 햇빛이 비추면 사막이 된다." 처음 이 글을 읽고 받은 느낌은 너무 강했습니다. 저는 햇빛이 항상 옳다고 생각했지만 세상은 그렇게 단순하게 돌아가지 않았습니다.

중국 모택동의 대약진 시절에 새들이 겨우 지어 놓은 식량을 먹어 없앤다고 새를 잡아 없앴다고 하지요. 그 결과 메뚜기 같은 벌레들이 번성하여 오히려 기근이 생겨 많은 삼천만 인구가 굶어 죽었다는 믿기 어려운 이야기가 있습니다. 그런데 지금 이 시대도 이런 일들이 부지기수로 벌어지고 있습니다. 이러한 일들은 꽤 그럴싸한 말로 포장되어 잘 드러나지 않아 문제가 있습니다. 새를 없애 식량을 지키자는 명제 앞에 반대를 하기가 쉽지 않습니다.

옳다고 확신하는 내 생각이 많은 사람에게 피해를 줄 수 있습니다. 그래서 최소한 '집단지성'의 토론 위에서 리더가 직관적으로 판단하는 이중 장치가 필요합니다. 따라서 모두 햇빛으로 가자고 할 때는 일부러도 딴지를 거는 질문을 던져야 합니다. 제 인생을 돌아보면, 많은 굴곡들이 인생을 재미있고, 드라마틱하게 이끌어 왔다는 것을 알 수 있습니다. 사막이 되지 않으려면 비도 때때로 내리고 바람도 불어야 합니다.

선물을 받으면
또 다른 사람에게 선물하라

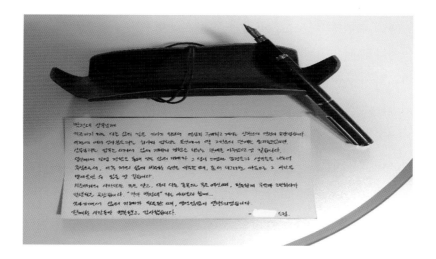

　삼성에서 퇴직하는 마지막 날, 후배로부터 받은 편지와 만년필입니다. "지금까지의 사진관은 문을 닫고, 다시 다른 종목으로 문을 여실 때 필요한 것이 무얼까 고민하다가 만년필을 골랐습니다. "작가 박정대"라는 이니셜과 함께…… 살아가면서 삶의 지혜가 필요할 때, 망설임없이 연락 드리겠습니다. 함께한 시간 동안 행복했고 감사했습니다" 저는 퇴직 후, 개인적인 사정으로 조금 더 일을 하고 있습니다. 그래서 아직도 만년필에 잉크를 묻히지는 못했지요. 그렇지만 언젠가 이 후배의 바람처럼 글을 적고 있겠지요? 정말 잊지 못할 선물입니다.

저에게 무엇보다 잊혀지지 않는 선물은 '이종한 장학재단'에서 주신 장학금입니다. 그때 저는 대기업 부장이라도, 당시 월급으로는 어마어마한 아들의 유학비용을 감당하기 어려운 상황이라 힘들었습니다. 그런데 장학재단에서 길을 열어 주셔서 다행히 아들을 졸업을 시킬 수 있었습니다. 자신의 재산 95%를 내어 놓으시고 "이 세상에 태어나 만수유(滿手有) 하였으니 공수거(空手去)하리라"는 말씀은 참으로 아무나 할 수 없는 거인의 말씀으로 기억될 것입니다. 저도 받은 삼분의 일이라도 갚기 위해 노력을 하고 있습니다. 나머지는 아들이 돈을 벌어 갚으리라 생각합니다.

관정 이종한 선생님처럼 통 큰 기부나 "오 헨리"의 〈크리스마스 선물〉처럼 드라마틱한 선물이 아니더라도 '선물의 의외성'은 기쁨을 키워줍니다. 그래서 선물을 받고 기분이 좋으면, 그런 선물을 다른 사람에게 또 하면 좋으리라 생각합니다. 그렇게 쉬지 않고 서로에게 고마움을 표현한다면 세상은 정말 재미있겠지요. 오늘 미역을 보내준 후배에게 고맙고, 그 마음을 다른 분에게도 전할까 합니다.

사람에게 섭섭할 때마다
예수의 리더십을

저는 예수님의 생애와 같은 33년을 삼성에서 근무를 하였습니다. 정말 많고 많은 사람을 만났고, 돌아보면 감사한 일들로 넘쳤습니다. 그러나 때때로 저를 손톱 밑 가시처럼 괴롭히는 사람들도 만났습니다. 그럴 때마다 저는 예수님과 제자를 떠올렸습니다. 예수님은 열두 제자를 직접 뽑았습니다. 작은 어촌의 어부부터 돈을 만지는 세리 같은 사람들을 한 사람 한 사람 직접 면접하였습니다. 그리고 그들을 받아들여 함께 숙식을 하며 3년을 가르쳤습니다. 때로는 기적을 보여주고 때로는 책망도 하면서 알기 쉽게 비유로 그들과 눈높이를 맞추었습니다.

예수님의 공생애 3년을 돌아보면, 한마디로 제자들을 교육하는 일에 모든 열정을 쏟아 부은 시간이었습니다. 마지막 임종하시기 전 겟세마네 동산에서 제자들과 기도하시는 모습은 정말 감동적입니다. 산에 올라 제자들에게 "내가 저기 가서 기도할 동안 너희는 여기 앉아 있으라"하시고 가장 아끼는 제자 세 명만 데리고 올라 갔습니다. 그리고 그들에게 속마음을 말합니다. "내가 매우 고민하여 죽게 되었으니 너희는 여기 머물러 나와 함께 깨어 있으라" 하시고 간절히 기도하고 돌아왔지만 그들은 자고 있었습니다. 저 같으면 화를 내고 섭섭한 마음을 표했을 것입니다. 그렇지만 "마음에는 원이로되 육신이 약하도다" 이해하여 주시고 세 번째는 "자고 쉬라"고 이야기 하셨습니다. 그분은 제자들의 약한 곳을 정확하게 알고 공감해 주셨습니다.

하지만 돌아가신 후 수제자부터 스승을 모른다고 부인을 하는 등 예수의 제자들은 마치 오합지졸 같았습니다. "예수"라는 위대한 분도 이렇게 배신과 부인을 당하는 데 저 같은 평범한 사람이야 오죽하겠습니까? 그러므로 저는 인간 관계에 어려움을 느낄 때마다 예수라는 위대한 스승의 마음을 헤아려 봅니다. 결국 늦게나마 제자들이 뜻을 다시 되새겨 목숨 바쳐 사명을 이룬 힘이 되었을 것입니다.

빛과 그림자

여행을 하다가 바다 물결이 드러난 백사장에 비친 그림자가 분명 저인데 무언가 낯설어 보여 사진을 찍었습니다. 마치 주름진 모래 바닥이 살아온 날들의 형상과 제가 닮았습니다. 산이 높으면 골이 깊다는 옛말은 그만한 뜻이 있습니다. 세상에 어둠이 없는 밝음은 없습니다. 심지어 남극이나 북극에 발생하는 해가 지지 않는 백야라는 현상도 그 이면에는 밝은 시간만큼 어둠이 있습니다.

저는 부장 때부터 자주 조직을 옮겼습니다. 그러면 전임자가 업무를 인수인계하여 줍니다. 그런 과정에서 조직

구성원에 대하여 여러가지 인적사항을 전해줍니다. 좋은 이야기도 있었으나 부정적인 이야기도 있었습니다. 그런데 제가 그들과 같이 일해보면 대부분 만들어진 이미지였습니다. 그래서 임원이 되고부터는 전임자에게 업무 외에는 전달을 받지 않았습니다. 사람은 누구나 빛과 그림자가 있습니다. 그 한계를 인정해야 인간관계에서 높은 기대 때문에 발생하는 실망이 줄어듭니다. 그림자만 부각하면 누구에게나 실망할 면만 보입니다.

고정희 시인의 〈사랑법 첫째〉에서 "그대 향한 내 기대 높으면 그 기대보다 더 큰 돌덩이를 매달아 놓습니다." 라는 첫 구절이 있습니다. 사람을 사랑하기 위해서는 기대를 내려 놓고, 같은 눈높이에서 이야기를 할 수 있어야 합니다. 특히 제가 잘하는 부분을 잘하는 후배보다, 나의 부족함을 메워주는 상호 보완의 관계가 필요합니다.

우리 사회는 영웅이 없습니다. 조금만 생각이 다르면 그 사람의 그림자만 부각시켜 어떻게든 매장을 시킵니다. '만델라' 같은 위대한 분이 나와서 찢어진 사회를 묶어 서로를 존중하는 그런 사회가 오기를 바라 봅니다. 하늘은 의인과 악인에게 골고루 비를 뿌립니다. 우리도 그림자와 빛을 동시에 보되 가능한 빛을 뽑아내어 노래했으면 합니다. 골이 깊어야 산이 높을 수 있습니다.

언제가 친구들과
만한전석을!

저는 음식을 가리지는 않고 모든 음식을 잘 먹는 편입니다. 그러나 맛집이라는 맛집은 꼭 가봐야 하는 일명 미식가에 속합니다. 위의 음식은 중국에 있을 때 먹었던 요리입니다. 바다 가재로 요리한 수프로 맛도 맛이지만 가격이 꽤 비쌉니다. 그래서 중국 현지인들은 싱싱한 바다 가재를 수조에서 선택한 후에 더듬이 부분을 부러뜨려 가져옵니다. 음식이 나오면 더듬이를 맞추어 요리를 맡긴 재료와 같은지 확인을 합니다. 바꿔치기를 방지하는 중국인다운 발상이었습니다.

확실히 중국음식은 재료와 만드는 방법이 세계 어느 나라보다 다양합니다. 맛있는 음식이 너무나 많아 글로 서술하기도 어렵습니다. 그중에 '모기 눈알 수프'라는 메뉴도 있습니다. 처음에는 어떻게 1mm의 눈알을 그렇게 많이 뽑아 만들었는지 궁금했습니다. 나중에 알고 보니 박쥐 배설물에서 소화가 되지 않은 눈알을 채취하여 만들었다고 합니다. 중국 요리는 재료를 구하는 한계가 없다는 것을 알 수 있습니다. 중국에서는 살아 움직이는 것은 오직 사람을 제외하고 모두 요리의 대상이 될 수 있습니다. 게다가 중국 역사에는 '역아'라는 요리사가 자기 친아들을 요리하여 제환공에게 바친 이야기까지 등장하니 어떻게 설명할지 난감합니다.

요즈음 미디어는 '요리 프로'가 점령을 하고 있습니다. 극소수 특권층을 제외하면 인류가 배고픔을 잊고 식탐을 추구한 시간은 점 같이 짧습니다. 지구상 어느 동물도 생존 외에 목적으로 먹는 일에 유혹 받지는 않습니다. 그러나 저는 사치 하나를 꿈꾸고 있습니다. 인생의 마지막이 보일 무렵, 친구들을 초대하여 원탁에 둘러 앉아 '만한전석'을 먹으며 그동안 살아왔던 이야기를 하고 싶습니다. 하지만 이 글을 적는 동안 어릴 적 여름날 쉰 밥을 찬물에 씻어 먹었던 독특한 냄새가 밀려오는 이유는 무엇일까요.

외로우니까 사람이다

전북 익산에 가면 보물 46호 고도리 석불 입상이 있습니다. 높이가 4m를 넘고 각 부위 형상이 생략에 생략을 더하여 단순함의 극치를 보여주고 있습니다. 이 단순한 석상이 그동안 보았던 많은 국보와 보물보다 시간이 지나도 저의 기억에서 드러났다 잠기기를 반복합니다. 그 이유를 생각해 보았습니다. 그 맞은 편에 비슷한 또 하나의 석불이 무려 200m 거리를 두고 마주보고 있었습니다. 그러나 그날은 폭염이 너무 심해서 반대편 석불은 보지 못하고 왔습니다. 석상이 왜 서로 200m나 떨어져 세워야 했는지, 보지 못한 아쉬움과 맞물려 제 마음 속에 신화처럼 남았습니다.

옥룡천을 두고 섣달 그믐날 밤 하루를 만나고 새벽에 닭이 울면 돌아간다는 이야기는 누구로부터 시작되었는지 거슬러 올라가보고 싶습니다. 왜 천 년 전에 이런 물리적 거리를 두고 두 남녀의 불상을 세워야만 했었는지 그 의도가 궁금해집니다. 역사적 자료도 거의 없어 오직 저의 상상 속에서 이야기가 커져갑니다. 아마도 언젠가 시로 걸어 나오지 않을까 기대합니다.

코로나 시대 '격리'라는 말이 너무 간편한 인스턴트처럼 언어로 통용되고 있습니다. 옆 좌석 사람이 기침소리 내는 것만으로도 날 선 반응이 터집니다. 이런 시간이 길어지고 고착화되면, 앞으로 고도리 석상처럼 최소 200m 정도는 떨어져야 마음이 편한 시대가 되지 않을까 걱정입니다. 그래서 소망합니다. 서로 안아주고 위로해 주는, 멋진 해학적 역사적 유물이 우리 땅속에서 나왔으면 합니다. 산 그림자도 외로움에 겨워 한 번씩은 마을로 향한다는데, 고도리 석상도 우리가 보지 않을 때 서로 만나서 이야기하는 상상을 해 봅니다.

고수는 한 발 앞선 생각으로부터

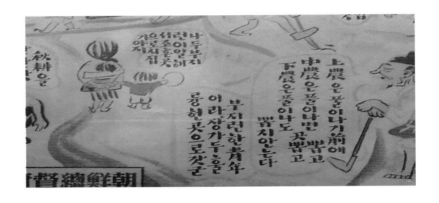

대부분 사람들은 긴급하고 중요한 일을 최우선으로 해야 한다고 생각합니다. 그러나 〈성공하는 사람들의 7가지 습관〉에서는 가장 먼저 해야할 일은 긴급 하지는 않지만 중요한 일을 꼽습니다. 예를 들면 건강이나 취업준비를 할 때 공부 같은 것이 있습니다. 이런 일은 닥쳐서 급작스럽게 한다고 해서 금방 좋아지지 않는다는 공통점이 있습니다. 평상시에 꾸준하게 자신을 이겨내면서 실력을 쌓아야 합니다. 위의 사진은 일제 강점기 조선총독부에서 만든 "상농은 풀이 나기 전에 뽑고, 중농은 풀이 나면 뽑고, 하농은 풀이 나도 뽑지 않는다" 계몽포스터입니다.었습니다. 착취의 의도는 씁쓸했지만 내용에 의미가 있어 사진을 찍었습니다.

직장생활하면서 "바쁘다 바빠"를 외치는 사람들의 특징이 평소에 할 일을 등한시하고 날마다 발등에 불만 끄려고 하는 공통점이 있습니다. 대부분 일시적인 현상이 아니고 평생 바쁩니다. 그러니 날마다 입에 단내가 나도록 일해도 결과는 없고 과정은 고달프기만 합니다. 특히 이런 리더를 만나면 부하들이 무척 힘이 듭니다. 세상이나 제품의 트렌드가 어떻게 바뀌는지 아무런 생각없이 그때 그때 대응을 하면 불 보듯 결과가 뻔합니다.

어느 며느리는 비가 오기 전에 조용히 장독대를 닫고 빨래를 걷었습니다. 그러나 앞집 며느리는 매번 비가 내리면 급하게 뛰어다니면서 장독을 닫다가 깨고, 빨래를 떨어뜨려 더럽히고 한바탕 난리를 칩니다. 시어머니가 궁금해 물었습니다. 앞집 며느리가 "평소 제비가 낮게 날면 비가 오기에 대비를 하였습니다." 그렇습니다. 비가 오기 전에는 습기 때문에 벌레가 낮게 날고 그 벌레를 잡아 먹기 위해 새들도 낮게 납니다. 이처럼 이런 남다른 통찰과 혜안이 있어야 상농이 될 수 있습니다. 비가 오면 잽싸게 장독을 닫으러 뛰어다니는 사람을 上農으로 대우하는 조직은 영원히 下農이 될 수 밖에 없습니다.

앞이 보이지 않을 때
기본으로 돌아가라

저는 대한민국 곳곳을 돌아다니며 여행을 했습니다. 그런데 유독 진도만 쏙 빼놓아 어느 해 여름 휴가를 진도로 갔습니다. 정말 더운 날이었습니다. 멀리 바다를 보니 마치 신선이 살 것 같은 묘한 풍경이 보여 사진을 찍었습니다. 옅은 안개가 바다를 은근히 가리며, 소근소근 말을 붙여오는 듯 기분 좋은 경치를 보았습니다. 〈어렴풋이 옛 생각이 나겠지요〉 "노고지리" 노래가 생각났습니다.

안개에 가려진 풍경을 보니 아리스토텔레스의 "일어나기 힘든 일은 항상 일어날 가능성이 있다"라는 말이 생각났습니다. 라는 상수가 이런 경우를 잘 설명하여 줍니다. 우리가 이미 알고 있듯이 파이라는 상수는 3.1415926325 같이 같은 수가 반복하지 않고 나옵니다. 그러나 710,155번째가 되면 3이라는 수가 무려 7번 연속적으로 나타납니다. 절대 같은 수가 안 나올 것 같은 상황에서 파이처럼 한 번 나오면 몰려서 나올 수도 있습니다. 그러므로 불확실할 때 포기하지 않고 끈기있게 추진하는 정신이 필요합니다.

그리고 상황이 불확실해지면 조급하여 잘못된 악수를 두는 경우가 많습니다. 잠언 21장을 보면 "부지런한 자의 경영은 풍부함에 이를 것이나 조급한 자는 궁핍함에 이를 것이다"라는 말씀이 있습니다. 이처럼 부지런한 자의 반대말은 게으른 자가 아니고 조급한 자입니다. 그렇기 때문에 앞이 보이지 않을 때는 당황하지 말고, 기본으로 돌아가서 찬찬히 생각하는 여유가 있어야 합니다.

한치 앞이 보이지 않을 때 보통 더 열심히 일을 합니다. 그러나 이럴 때일수록 일에서 좀 더 떨어져 관망해야 합니다. 자기가 다 해결하려고 하지 말고 멀리 보고 원칙에 맞게 움직여야 최악을 넘기고 다시 일어서 갈 수 있습니다.

아버지, 너무 그리운 이름

제가 초등학교 6학년 때 어머니가 아는 분에게 돈을 빌려주고 받지 못하는 일이 생겼습니다. 지금 돈으로 집 한두 채는 족히 되는 거금이었습니다. 아버지와 어머니가 말할 수 없이 어렵게 번 돈이 허무하게 없어져 버렸습니다. 아버지는 그 일이 생기고 홧김에 어머니에게 손찌검을 한 번 하셨습니다. 그리고 난 뒤 평생, 다시는 이 일에 대하여 가타부타 말씀을 안 하셨다고 합니다. 어머니는 아직도 다시는 그 문제를 언급하지 않은 이 일을 무척 고마워

하십니다. 참으로 존경할 만한 남자다운 행동입니다.

　제가 고3 때 여름방학이 다 되어 가던 때의 일입니다. 밖에서 놀고 있는데 동생이 급히 저를 찾아 왔습니다. 집에 들어가 보니 마당에 책이 타고 있었습니다. 아버지가 제가 대학에 가지 않고 취업을 했다고 우쭐대며 돌아다니는 모습이 보기 싫어 그렇게 하셨습니다. 그러나 어린 마음에 저도 상처를 너무 받아 큰 방에 불이 꺼지기만 기다렸습니다. 그때 아버지께서 건너오셨습니다. 그리고 당신께서 살아오신 삶을 이야기 해 주셨습니다. 다섯 살 무렵 부모님이 돌아가시고 신발도 제대로 없이 수십 리 길을 공부하러 겨울에 걸어 다닌 일부터 이야기 하셨습니다. 역에 들어가 심부름을 하면서 공무원 시험에 합격하여 철도 공무원이 되신 이야기까지 하셨습니다. 그리고 공부를 다 못한 恨과 장남에 대한 기대를 이야기하셨습니다. 그래서 저는 "시간은 없지만 지금부터 준비하여 대학 시험을 보겠습니다"라고 대답하고 공부를 시작하였습니다. 그날 제 손을 잡고 손등에 떨구신 눈물의 뜨거움은 지금도 손등 위에 뜨겁게 남아있습니다. 그리고 아버지께서 방을 나가시면서 동생들이 있는데 꾸지람을 해서 미안하다는 말도 남기셨습니다. 장남을 위한 자존심을 세워 주셨지요.

　그리고 곧바로 학원 종합반에 수강 신청을 하였는데 군부 정권이 등장하면서 2주일도 안 되어 강의가 폐지 되었습니다. 그래서 혼자 독서실에서 때로 코피를 쏟으며 공부를 하였습니다. 그 이후 정말 운 좋게 대학에 들어갔습니다. 그러나 원치 않은 대학생활이라 많은 갈등이 있었고 정신적 방황도 했습니다. 하지만 결국 졸업을 하고 아버지의 뜻대로 삼성에 입사를 하였습니다. 그런데 아버지께서 젊은 날 저의 진로를 아버지 의지대로 너무 강요한 것이 마음에 걸리셨나봅니다. 제가 부장 때 "아비야 네가 하고 싶었던 일들은 나이가 들어도 할 수 있다구나"고 하셨습니다. 그때 제가 "아닙니다. 아버지 덕분에 인정받고 열심히 잘 살고 있습니다"라는 말을 했던 기억이 어렴풋이 납니다. 봄 햇살이 거실까지 깊숙이 들어왔던 그날이 지금도 또렷이 기억납니다. 꼭 하고 싶었던 이야기를 어렵사리 꺼내신 아버지의 마음이, 제 목구멍으로 들어옵니다. 그날의 햇살처럼 제 온몸에 퍼집니다.

제가 군에 가는 날 부산역을 출발하여 대전까지 갔습니다. 그때 아버지는 삼랑진역 역장이었습니다. 플랫폼에 내려서 다녀오겠다고 인사를 드리니 별 말씀을 안하셨습니다. 그러나 기차가 보이지 않을 무렵 멀리 쳐다보니, 아버지는 끝까지 손을 흔들고 계셨습니다. 가물가물 보이지 않을 때까지 손을 흔드시던 모습에 참 많이 울었던 생각도 납니다.

그리고 아버지와 단둘이 여행을 다니며 테이프를 준비하여 아버지께서 좋아하시던 〈나그네 설움〉을 들려 드렸던 기억이 납니다. " 오늘도 걷는다마는 정처 없는 이 발길/ 지나온 자욱마다 눈물 고였네/ 선창가 고동 소리 옛 님이 그리워도/ 나그네 흐를 길은 한이 없어라" 그런데 뉴질랜드 가족 여행을 하면서 아이가 제 시대의 노래를 미리 준비하여 들려주는 것이었습니다. 너무 고마웠습니다. 아마 아버지도 그랬을 겁니다.

　부모와 자식의 끈이란 무엇일까요. 아버지께서 세상을 떠나신지 10년이 넘었습니다. 돌아가신 이후로 저나 손자나 가족 모두가 잘 되어 행복한 생활을 하고 있습니다. 이 모든 것은 당신께서 지켜주셨기 때문입니다. 큰 딸이 손녀가 생길 때도 꿈에서 할아버지를 만났습니다. 그래서 저희들은 좋은 일이 생길 때마다 아버지께서 주신 선물이라고 생각하고 있습니다. 아버지, 항상 우리 곁에서 지켜 주시는 든든한 수호자로 여기고 감사하며 살겠습니다. 평생 불효자이지만 그래도 당신께서 주신 모든 마음은 깊이 간직하고 있습니다. 감사합니다. 사랑합니다. 아버지!

어 머 니 , 나 의   어 머 니 !

직장생활을 하면서 무척 힘이 들 때가 있었습니다. 그럴 때면 어머니께 전화를 드렸습니다. 이런 저런 이야기를 하다가 어머니께서 회사생활에 대해서 물었습니다. 그때 "요즈음 좀 힘듭니다"라고 무의식적으로 대답을 했습니다. 그랬더니 어머니께서 "애비가 힘들다고 이야기하면 보통 힘든 것이 아닌데 하셨습니다." 그리고 "얼마나 힘들겠는지 알겠다"고 공감하여 주셨습니다. 어떻게 자식의 어려움을 정확히 간파하실까 생각하며, 미안하기도 하고 감사하기도 하였습니다.

어머니 삶의 모든 힘은 '신앙'에서 나옵니다. 그래서 어떤 상황에서도 흔들리지 않고 항상 분별력 있게 행동하십니다. 그렇게 세상 무엇에도 매이지 않고 주어진 환경에 쉽게 휘둘리지 않고 사시는 모습은 연세가 드실수록 멋지게 보입니다. 아버지가 뇌출혈로 쓰러져 병원에 계실 때 혼자서 극진히 간호를 하신 일은 칠십 나이에 감당하기 어려웠습니다. 하지만 우리에게 단 한 번도 불평이나 공치사를 하지 않고, 묵묵하게 감당하셨습니다.

요즈음 "너가 한참 자라날 때 맛있는 것, 좋은 옷 한 번 제대로 사주지 못했다"고 저에게 미안해 하십니다. 그리고 집사람과 서로 자기 자식이 낫다고 이야기 하시기도 합니다. 하지만 저는 어머님께 이렇게 말씀드리고 싶습니다. 부족한 저를 항상 믿어 주시고 사랑해 주셔서 너무나 감사합니다. 새벽마다 자식들의 이름을 붙잡고 간절히 기도하셨던 수십 년의 은공 덕에 제가 잘 살아갑니다. 김남주 시인의 〈어머니〉 시처럼 "나의 피이고 나의 살이고 나의 뼈였던 사람" 세상에서 만난 가장 아름다운 이름, 어머니! 사랑합니다

아 내 를   처 음   만 난   일 청 담

아내를 만난지도 40년이 다 되어갑니다. 아내가 대학교 일 학년 때 경북대학교 본관 앞의 분수대에서 처음 만났습니다. 그 시절은 동문회별로 페스티벌이라는 행사를 했는데 파트너를 데리고 가야 했습니다. 그때 저는 파트너가 없어 친구에게 소개를 받았습니다. 아내는 그때 보라색 체육복을 입고 나왔는데 참 순수하게 보였습니다. 그런데 페스티벌이 취소가 되어 아내를 만날 일이 없어졌습니다. 하지만 그 뒤에도 자주 보지는 못하더라도 꾸준하게 가끔씩 만났습니다. 휴대폰이 없는 시절이라 연락하기도 만만치 않았는데 긴 시간 인연을 이어갔습니다.

　무엇보다 비오는 날에 유독 많이 만났습니다. 그러면 이런 저런 이야기를 듣고 서로를 이해하였습니다. 그리고 군에 갔다 오고 제가 대학교 4학년 때 양가 집안 인사를 하고 졸업하자마자 결혼을 하였습니다. 아내는 중학교 교사를 하면서 가정에 헌신을 하였습니다. 가족이라는 울타리 속에서 남편과 자식들에게 모든 것을 쏟아부었습니다. 지금 돌아보면 참으로 대견하고 고마운 마음이 듭니다.

　자식들 잘 키워내고 남편 내조를 잘한 것만으로도 현모양처의 반열에 올라갈 만합니다. 그리고 어떤 일에 집중하고, 건강식을 챙겨먹고, 꾸준하게 운동하는 등 이렇게 자기 관리를 잘 하는 모습은 철두철미라는 단어로도 부족합니다. 취미로 하는 골프도 수준급입니다. 그러면 이제 그만하면 쉬엄쉬엄해도 충분한데 아직도 꾸준하게 연습합니다. 그래서 인간적으로도 '바른 생활' 자체인 삶을 삽니다.

　대학교 시절 언젠가 영화를 보기로 약속했습니다. 하지만 약속을 못 지켜 편지로 "다음에 만나 당신은 영화 보고 나는 당신 보고 하자"라는 글을 보냈습니다. 요즈음 집에서 제가 TV만 자주 보자 아내는 이 말을 가끔 이야기합니다. 남편으로 미안한 점이 너무 많습니다. 그러나 인생 2막은 좀 더 여유 있게, 즐겁고 재미있게 삽시다. 고마워요, 당신!

　꽃이 천지인 고흥 쑥섬은 오랜 여운이 남아 다시 가 보고 싶습니다. 그런데 정상 해발이 83m 밖에 안됩니다. 이런 낮은 해발에도 불구하고 남한과 북한과 세계에서 제일 높은 봉우리를 적어 놓고 자기와 "별 차이가 없군요"라는 푯말을 세워 놓았습니다. 참 위풍당당한 모습으로 뇌리에 꽉 박혔습니다.

　돌아보니 제가 살아온 자신감도 '이 세상에 별 사람이 없다' 데에서 출발합니다. 뛰어난 예술가를 보면 전구 하나 갈 줄 모르는 기계치들이 많습니다. 자세히 보면 뛰어난 장점이 치명적인 단점을 가리고 있을 뿐입니다.

　세상은 점점 개인의 차이가 줄고 있습니다. 힘이 센 사람이나 힘이 약한 사람이나 지게를 지지 않는 한 비슷한 무게를 들 수 있습니다. 기억력이 좋은 사람도 컴퓨터의 도움을 받으면 별 차이가 없어집니다. 창조성을 제외하고 개인간 점점 더 차이가 없는 세상으로 바뀔 것입니다. 그러므로 에베레스트 같은 사람이 쑥섬 같은 사람을 무시하지 않고, 쑥섬 같은 사람이 에베레스트 같은 사람에게 주눅 당하지 않고, 당당히 서로의 강점을 인정해 주며 공존하고 살아갔으면 합니다.

박물관에 가면 깨진 기와를 볼 수 있습니다.

완벽하지 않지만 세월의 이야기가 묻어 있는 조각들

그동안 자식과 직원들과 주고 받은 글들을 모아 추억을 맞추어 봅니다.

제 2막

삶의 파편
같은 글

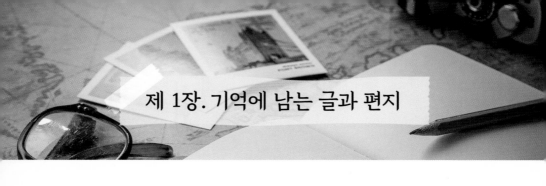

제 1장. 기억에 남는 글과 편지

아들 미국대학 유학 보내는 날

어제 너를 혼자 미지의 낯선 곳으로 보내면서 걱정도 되었지만 그동안 혼자서 많은 난관을 돌파한 너를 믿는 믿음이 오히려 아빠를 평온하게 했다. 부족한 아비지만 직장 생활하면서 사원들에게 자주 하던 이야기를 정리해서 꼭 들려주고 싶어 펜을 들었다.

첫 번째는 지속의 힘, 수적천석이다.

너를 보내고 엄마가 집으로 돌아와 너의 남은 옷을 정리하면서 하도 울어서 산으로 데리고 올라갔다. 올라가면서 "한 걸음 한 걸음 천천히 올라가지만 이 한걸음이 정말 무섭다"라는 말을 하더구나. 산을 올라갈 때마다 느끼지만 한걸음이 있어야지 정상을 올라가는 기쁨을 느낄 수 있다. 도저히 못 올라 갈 것 같은 산도 한걸음 한걸음 내딛다 보면 어느새 정상이다. 힘들면 쉬고, 때로 넘어져 좀 늦게 일어나도 절대 멈추지 마라. 한걸음 포기하지 않고 옮기다 보면 언젠가는 결국 너의 시대가 오리라 믿는다. 그러니 무엇을 하던 '지속의 힘'을 잊지 마라. 결국 물방울이 바위를 뚫는다.

두 번째는 선택(選擇)과 집중(集中)이다.

세상은 20대 80 파레트 법칙이 지배하고 있다. 무조건 열심이만 해도 예외없이 목적지에 도달할 수 있지만 무엇을 선택하여 어떻게 집중하느냐가 효율의 큰 차이를 가져온다. 그래서 세상은 생각이 필요한 재미있는 세상이다. 너도 공부하는 시간에 비해 좋은 결과를 가져오는 걸 보면 이 법칙을 어느 정도 이해하고 있는 것 같다. 20% 노력으로 80% 결실을 가져오려면 평범한 사람보다 깊고 다르게 생각해야 한다. 그것이 '통찰력'이다. 이러한 것은 평상시 훈련을 하지 않으면 갑자기 생기지 않으므로 '독서'가 무엇보다 필수조건이다. 어떤 일을 하던지 바로 뛰어 들지 말고 큰 그림을 머리에 그려라. 전략을 수립하고 전광석화 같이 움직여라. 그리고 선택이란 CHOICE가 아니라 SEPARATION이다. 버릴 것을 분리해 내야 한다. 그래야 네가 집중할 시간을 가질 수 있다.

세 번째로 상선약수(上善若水)의 유연성이다.

세상은 효율로만 따지지 못하는 그 무엇이 있다. 경직되지 않고 고정 관념에 사로 잡히지 않고 마음을 움직이는 창의성이 없으면, 일정 이상의 장벽에 막혀 움직이지 못하고 고여서 썩고 만다. 어릴 때 천재가 커서 평범해지는 이유가 여기에 있다. 이 벽을 허물어야 아니 꼭 허물어야 된다는 것도 고정 관념이다. 이 벽을 지나야만 평범에서 벗어나 한 단계 높은 경지로 나아 갈 수 있다. 지나가는 방법은 '억수'로 많다

물은 그릇에 따라 모양을 바꾼다. 하늘도 담아 내고 무엇이든 받아들인다. 높은 곳에서 낮은 곳으로 몸을 낮추어 흐르고, 막히면 머무르고 트이면 지체없이 떠날 줄 안다. 이처럼 물에는 유연성과 포용성과 겸손함과 과단성이 있다. 물의 정신을 잊지 마라. 때로 타인이 주장이 다르다고 틀렸다고 쉽게 단정하지 말고 누구와도 소통하고 무슨 이론이라도 받아들이며 너만의 그릇에 담아라.

네 번째는 무한책임(無限責任)이다.

모든 일의 결과는 제가 만드는 것이다. 모든 일은 문제와 해결 두 가지 밖에 없어 누구나 매달리면 문제를 해결할 수밖에 없다. 그렇지만 대부분 주저 앉고 마는 이유는 핑계를 끼워 넣기 때문이라고 한다. 문제에 부딪히면 절대 타인에게 핑계를 대지 마라. 억울하다 할 정도로 책임을 져라. 그만큼 책임이 중요하다.

심지어 세상의 행운이나 불행도 자기가 끌어들인다고 한다. (Attraction법칙) 핑계는 문제를 가장 쉽게 문제를 피하는 방법 같지만 사람을 녹슬게 하는 설탕과 같다. 핑계를 생각할 시간에 문제와 맞서 싸워라. 책임을 지면 손해인 것 같지만 결국 모든 것을 얻는 긍정의 열쇠다. 그것은 거친 세상에 자신감을 잃지 않고 자긍심을 유지하는 마법이다. '숫타니타파'에 글처럼 소리에 놀라지 않는 사자같이, 그물에 걸리지 않는 바람같이, 흙탕물에 더럽히지 않는 연꽃같이 환경에 핑계 대지 말고 책임 있고 의연하게 살자.

마지막으로 일체유심조(一切唯心造)를 이야기하고 싶다.

세상은 정말 마음먹기 나름이다. '오늘 우리가 살고 있는 날은 어제 죽어간 사람이 그토록 살고 싶었던 내일이다' 말과 같이 오늘 하루 살아가는 것이 기적이다. 그러므로 생각하면서 감사하며 즐기자. 방송매체를 보면 어릴 때부터 불행할 수밖에 없는 사람들이 얼마나 많은 지 모른다. 나에게 이렇게 좋은 육체와 정신을 주신 신께 감사하자. 이런 모든 것도 나누어야 한다는 것을 알고 어떤 어려움 속에서도 실망하지 않고 희망을 볼 수 있는 올곧은 정신을 가지자. 우리 마음속에 긍정의 개와 부정의 개가 날마다 쉬지 않고 싸우는데 부처는 "네가 먹이를 주는 개가 이긴다"고 했다. 결국 일체유심조다. 모든 일은 마음에서부터 나온다.

　단지 이제껏 네가 이룬 성과는 성공의 확률을 좀 더 올린 것에 불과하다. 그러므로 초심을 잃지 말고 하나씩 인격체를 만들어 가자. 우리는 네가 열심히 살아주는 것만으로 충분히 행복하니, 모든 판단은 전적으로 너에게 맡긴다. 진로나 배우자를 결정하는 일에 있어 너의 마음이 이야기하는 대로 따른다면 나는 항상 너를 지지한다. 너를 믿는 믿음으로 걱정은 하지 않지만 혹시 어려움이 있으면 항상 연락해라. 곁에서 도와주마. 두려워 말고 한걸음을 내딛자! 사랑한다, 아들아.

이제 학업을 다시 하러 가는 아들에게

　내가 군을 제대했을 때는 스스로 어른이 되었다고 느꼈었다. 그러나 너도 군대를 제대했지만 내 눈에는 아이 같은 모습이 아직 문득문득 보인다. 아이가 아무리 성장해도 아이로 볼 수밖에 없는 천륜으로 엮어진 이들이 가진 예외 없는 숙명인가 보다. 하나님께서 이렇게 좋은 자식들을 선물로 주셔서 항상 감사하다.

　오늘은 간단하게 한마디만 하려고 한다. 금번에 복학하기 전에 바텐더 자격 시험을 준비한 경험을 잊지 말아라. 나는 네가 자격증을 따지 못한 것이 정말 다행스럽다. 책을 보면서 새로운 칵테일 만드는 방법을 외우면 필기시험까지는 가능하겠지만, 눈으로 익혀 배운 실기는 제조방법을 전부 암기하고 있을지라도 술병을 찾는데 주어진 시간을 다 소비하듯이 세상은 머리만으로 되지 않는다.

말콤 드레드웰이 지은 '아웃라이어'에서 '1만 시간 법칙'을 이야기 하면서 비틀즈, 빌게이츠 등이 최소한 1만 시간을 집중해야 자기 분야에서 달인이 될 수 있다는 것을 강조했다. 뛰어난 재능을 갖고 있어도 많은 시간 몸으로 익혀야 자기 것이 될 수 있다는 사실을 잊지 말았으면 한다.

신영복의 '처음처럼'에서 나오는 이야기는 항상 내 가슴에 있다. "인생의 가장 먼 여행은 머리에서 가슴까지의 여행입니다. 냉철한 머리보다 따뜻한 가슴이 더 어렵기 때문입니다. 그러나 또 하나의 가장 먼 여행은 가슴에서 발까지의 여행입니다. 발은 실천입니다" 내가 직장생활 하면서 머리는 뛰어나나 가슴을 열지 못해서 상처를 주고받는 사람을 많이 보았다. 그리고 가슴까지 따뜻한데 실행이 없어 공허한 껍데기 같은 사람도 많이 보곤 하였다.

위의 이야기가 얼마나 어렵기에 가장 먼 여행이라고 하였을까? 사자는 토끼 한마리를 잡을 때도 똑같이 전력을 다한다고 했다. 그러므로 바텐더 시험 하나를 해프닝이라고 생각하지 말고 인생의 정말 큰 교훈을 얻었다고 생각하자. 작은 일이든 큰일이든 너의 전심을 다하는 자세가 있었으면 한다.

세상 누구를 만나든지 기죽지 말자. 알고 보면 별 사람 없다. 항상 자신을 존중하면서 당당하게 나아가지만 타인도 존중하는 자세로 산다면 네가 속해 살아가는 어떤 공동체 속의 일원으로 가치가 있으리라 믿는다.

언젠가 너의 집사람과 같이 내기 골프 게임을 하는 날이 왔으면 한다. 눈 내리는 산속에 페치카에 불을 피우고 이런저런 이야기하는 행복한 상상을 해 본다. 이런 상상이 나를 좋은 곳으로 항상 이끌어 왔듯이 어려울 때마다 좋은 생각을 떠올리자. 당분간 보지 못하지만 각자의 자리에서 의미 있는 삶을 살자.

사랑한다, 아들아.

중국 주재원 시절, 보낸 설날 편지

중국에 대해 아무 것도 모를 때도 공자, 맹자는 알고 있는 것이 한국인의 기본입니다. 그러기에 우리가 딛고 있는 중국 땅에서 시차만 달리 살다 간 사람 사는 고민을 많이 하신 선인들의 이야기를 곱씹어 보는 것으로 새해를 맞이하고자 합니다.

"위대한 인간은 어린아이의 심성을 잃지않는 것이다"라는 성선설을 주장하신 맹자님의 말씀은 올해 한 살을 더 먹는 저로서는 지키기 어려운 글이 될 것 같습니다. 공자가 제자인 자로로부터 "사람이 평생토록 실천해야 할만한 한마디 좌우명이 있습니까?"라고 물었을 때 "그것은 사람들과 마음을 함께하는 것이다. 자신에게 행해지기 원하지 않은 일을 타인에게 행하지 마라" 라고 대답했습니다. 이것은 참 어려운 일입니다. 특히 외국인과 일하는 우리 주재원들에게 중요한 글인 것 같습니다.

"다른 사람의 잘못을 판단할 때는 그 잘못한 행위만 보지 말고 의도가 무엇인지 생각하라, 다른 사람의 훌륭한 예를 따를 때는 그 동기가 무엇이었는지 따지지 말고 그 좋은 행동만 본받아라" 채근담에서 '수평 전개' 벤치마킹의 기본 원리를 완벽하게 풀이해 놓았습니다. 정보를 얻기 힘든 외국에서 이런 태도로 정보를 받아들이면 반드시 성공할 수 있습니다. 시간이 아무리 흘러도 참 원리는 변하지 않는가 봅니다.

"행운은 바란다고 얻어지는 것이 아니다. 그러나 즐거움은 행운을 키운다. 불운은 피할 수 없지만 사악한 것을 없애면 비극은 피할 수 있다." 세상을 운명론자 시각으로 모든 문제를 팔자 소관으로 돌리는 이들을 향해 운명에 약한 인간의 실상을 흔쾌히 인정하지만, 그

운명을 움직일 수 있는 여지를 남겨 희망을 주는 너무 좋은 글입니다

"그릇된 일을 하고서 그것이 세상에 알려지는 것을 두려워하는 사람은 아직 가능성이 남아 있지만 옳은 일을 하고서 그것이 세상에 알려지기를 원하는 사람은 이미 그릇된 길을 가고 있는 사람이다." 살아가면서 인정받고 튀어 나가려는 관성이 있는 우리의 내면을 다스리는데 적합한 글입니다.

바람의 땅 중국에 발을 정착한지도 벌써 2년 반이 다 되어 갑니다. 중국 역사에서 헤아릴 수 없는 지혜를 가진 인물들이 바로 우리 공장 내에서 실존하는 것 같은 느낌이 듭니다. 그것은 목표의식, 실용주의, 공동체의식 등 사원들의 태도와 삼성 문화가 어울려 하루도 쉬지 않고 분출하는 활화산 같은 열정일 것입니다.

작년 한 해도 행복하였고 감사하였습니다. 올해도 한계를 시험하는 일들이 가끔씩 올 수 있습니다. 그렇지만 아무일 아닌 듯이 호들갑 떨지 말고 가뿐하게 해결할 수 있도록 준비를 다했으면 합니다. 상대적 비교로 기분이 바뀌는 유아적 사고에 탈피하여 공자님 말씀대로 마음을 함께하면서 서로를 어우르는 보다 성숙한 우리가 되었으면 합니다. 새해 복 많이 받으세요!

전지 제조기술을 떠나 개발팀으로 떠날 때

이미 들어 알고 계시겠지만 5월 15일 배터리개발로 발령을 받아 새로운 일에 도전하게 되었습니다. 어제는 저녁 늦게 영인산에 올라 석양이 지는 들판과 사람 사는 세상을 바라보며 많은 생각을 하였습니다. 단풍나무 아래 벤치에 앉아 눈을 감고 바람소리를 모든 감각을 동원하여 듣다 보니 어둠이 성큼 다가왔습니다.

누구나 변화를 이야기하지만 두려워하고 귀찮아하는 것이 사람의 본성입니다. 이번 발령에 대하여 저뿐 아니라 퇴사하신 선배님들도 깊은 걱정과 우려를 해 주었습니다. 하지만 "배는 항구에 있을 때 가장 안전하나 그것이 배가 만들어진 목적이 아니다" 말이 있듯이 태풍의 소용돌이와 거친 파도가 눈 앞에 빤히 보이지만 새로운 바다로 거침없이 나가겠습니다. 여러분들께서 나침반이 되어 주시고 지속적인 도움을 주시면 큰 힘이 되겠습니다.

임원이 되고 불과 일 년밖에 안 된 시점에서 품질 문제로 책임을 지고 물러난 뒤, 혼자 여행을 다니며 마음을 추스리고 있었습니다. 8월 말 영암 월출산에 비를 부슬부슬 맞고 올라가는데, 기술로 바로 복귀하라는 믿지 못 할 일이 생겼습니다. 돌아와서 여러분들과 처리한 굵직한 문제들만 해도 열 손가락이 모자랄 듯합니다. 항상 당당하게 일해 왔지만 공법이 바뀌는 과정이라 가슴 졸이는 일들이 유독 많았습니다. 어렵지만 방향만 확실히 잡고 간다면 좀 더딜지 몰라도 반드시 희망을 만날 거라고 자신을 격려하면서 작은 일에 휩쓸리지 않고 물줄기를 바꾸는 작업을 꾸준히 하여 왔습니다. 그래서 무엇보다 자의적 패배의식에 머물지 않고 긍정적인 에너지를 팀원에게 전파하기 위해 노력했던 진정성으로 떠나는 아쉬움을 위안으로 삼습니다.

기술자로서 기술자적 자긍심과 당당함을 잃지 않았으면, 하고 부탁드립니다. 각 나라 세계지도가 자기 나라를 중심으로 그려져 있는 이유도 크기나 부에 관계없이 자신의 나라가 제일 소중하기 때문입니다. 우리 모두 소형 전지의 중심이 기술이다 정의하고 생각하는 방식과 일하는 방법을 바꾸어 새로운 공법을 완성하였으면 합니다.

해외공장을 빌드업하고 신기종을 안정화하고, 원가경쟁력을 확보하기 위해 희생을 묵묵히 감내하시며 책임을 완수하여서 다시 한 번 감사드립니다. 데레사 수녀님의 "당신을 만나는 모든 사람이 당신과 헤어질 때는 더 나아지고 행복해질 수 있도록 하라. (Let no one come to you without leaving better and happier.) 이 말을 제대로 실천하지 못하고 떠나게 되어 정말 죄송합니다.

그렇지만 멀리 떠나지 않고 앞으로도 자주 만날 기회가 있으므로 빚을 갚아 나가겠습니다. 여러분의 가정의 평안을 기원합니다.

'입사 30주년, I did it my way'

강산이 세 번이나 바뀌었는데 시간은 마치 구운몽 같습니다. 입사 30주년 아침은 나무 아래에서 긴 꿈을 꾸다 일어난 느낌으로 다가왔습니다.

아침에 평상시 하던 운동은 생략하고 목욕탕에서 냉탕과 온탕을 오가며 이런저런 생각을 했습니다. 추신수 선수가 메이저리그가 되기 전에 마이너리그에서 무려 7년을 있었다고 합니다. 꿈에 그리던 메이저리그에 입성 했을 때 신문에서 "마이너리그를 거쳐 드디어 메이저리그의 옷을 입다"라는 기사가 났습니다. '마이너리그를 거쳐', 단순하고 무심한 여덟 글자에 얼마나 많은 이야기를 내포되어 있는지 추신수 자신만 알 것 입니다. '입사 30주년' 의미도 저에게는 그렇습니다.

윤동주 시인의 '별을 헤는 밤'에서 별 같이 많은 이름이 나열되듯이 지금 이 순간 나와 함께했던 소중한 이름들이 주마등같이 흘러갑니다. 입사 30년의 이야기는 결국 사람과 그 속에 쌓인 인연의 이야기로 귀결되고, 그 속에는 고마움이 온전히 녹아 있습니다. 항상 감사합니다.

오늘은 몇 편의 시와 글로서 감회와 각오를 표현하고자 합니다.

첫 번째는 "세상은 가도가도 부끄럽기만 하더라" 입니다.

"스물세 해 동안 나를 키운 건 팔할이 바람이다. 세상은 가도가도 부끄럽기만 하더라" 서정주님의 '자화상'에 나오는 시입니다. 6년 전 제가 품질 문제로 책임을 지고 회사를 그만 두고 여행을 떠날 때, 꼭 가고 싶은 곳이 미당의 고향인 고창 질마재 고개를 넘어 보는 것이 었습니다.

일제강점기나 군사정권에서 자신의 문장 능력을 발휘하여 협조했 기 때문에 여론의 질타를 받는 상황이라, 초등학교를 개조한 전시관 은 한국 최고의 시인에 걸맞지 않게 관리되고 있었습니다. 하지만 그 가 빚어낸 시는 어느 시인도 범접하기 어렵습니다. 그래서 참으로 아 쉽습니다. 무엇보다 '세상은 가도가도 부끄럽기만 하더라'는 너무나 인간적인 글을 자화상이라는 제목을 당당히 붙이는 젊은 미당의 모 습에 자꾸 마음이 갑니다. 주역에 "하늘은 꽉찬 것을 일그러 부족한 것'을 채운다고 했습니다. 저의 부족한 것을 채우기 위해 여러분의 꽉찬 것을 아낌없이 주어 30년동안 어려운 일들을 잘 감당할 수 있었 습니다. 다시 감사드립니다.

두 번째는 일을 어정쩡하게 하면 끝장이 나는 겁니다.

"말도 어정쩡하게 하고 선행도 어정쩡하게 하는 것, 세상이 이 모양 이 꼴이 된건 다 그 어정쩡한 것 때문입니다. 할 때는 화끈하게 하는 겁니다. 못 하나 박을 때도 우리는 승리 해 나가는 겁니다. 하나님은 악마보다 반거충이를 더 미워하십니다." 〈그리스인 조르바〉에 나오는 말입니다. 명문이 줄지어 있는 소설에서 이 글을 딱 집어 낸 이유가 있습니다. 회사 일을 하다가 심사숙고 할 수도 있습니다. 그러나 생각이 너무 많아 어정쩡한 자세를 취할 때가 더 큰 문제가 되었습니다.

'일을 끌고 다녀라. 그렇지 않으면 일이 너를 끌고 다닐 것이다.' 제가 입사 후 판단의 주도권을 환경과 여건에 펑계를 넘기지 않고 虎視 牛行 할 수 있는 힘이었습니다. 못 하나 박는 일에도 어정쩡하게 하지 않는다면, 회사에서 제대로 인정을 받지 못하고 진급이 늦어진다 해도, 자신만의 영역을 구축하면서 스스로에게 인정받는 최고의 경지에 오를 수 있습니다.

얼마 전에 임원 진급을 하지 못한 고참부장을 모시고 식사를 대접하면서 제가 해 준 말은 위로가 아니라 〈노인과 바다〉에 나오는 '파멸 당할지언정 자멸하지는 마라'였습니다. 자멸의 다른 이름이 '어정쩡'입니다. 자멸만 하지 않으면 1막에서 인정을 받지 못해도 2막에서 자기가 원하는 것을 얻을 수 있습니다.

세 번째는 '너는 누구에게 한 번이라도 뜨거운 사람이었느냐' 입니다.

"연탄재 함부로 차지 마라. 너는 누구에게 한 번이라도 뜨거운 사람이었느냐?" 안도현 시인의 시 전문으로 제목이 "너에게 묻는다" 입니다. 참으로 타인을 향해 연탄재 차듯 욕구불만을 표출하는 시대입니다. 특히 익명의 SNS 시대는 소심한 인간들이 마치 참호 속에 숨어서 총구만 밖에 내고 무차별로 쏘듯이 독설을 쏟아내고 있습니다. '역지사지'의 입장에서 이 시를 되뇌면 최소한 남에게 상처를 주는 일은 없을 겁니다.

항상 칼끝은 자신을 가누고 작두에 올라 설 각오가 있다면 온갖 상처를 주는 세상에서 무중력으로 힘으로 이겨 낼 수가 있습니다. '너에게 묻는다'는 질문을 다른 사람으로부터 받지 않고, 자신으로부터 끊임없이 받는다면 실수를 대폭 줄일 수 있을 것입니다. 우리도 한 번 정도는 뜨거운 사람이 되어야 하지 않겠습니까?

네 번째는 "봄비 값까지 이천 원이면 너무 싸네요."입니다

김해화 시인의 '아내의 봄비'에 나오는 글입니다. 사는 것이 무엇일까요. 나에게도 꿈이 있었습니다. 그러나 요즈음은 모든 일을 '효율 우선주의'라는 당의정을 입혀 깊은 성찰없이 살아왔습니다. 단 돈

천 원에도 시처럼 봄비에 촉촉히 젖을 수 있는데 여유 있게 살지 못한 것 같습니다. 이제라도 감성의 숨통을 틔울 연습을 아기 걸음마 걷듯 배워야겠습니다.

"생물학적 성장이 분명히 끝났는데 의식 안에서 호기심, 상상력, 장난치기, 새로운 것에 대한 배움의 욕구 같은 초기 성장단계를 여전히 밟아 나가며 어린시절의 감성과 환상을 그대로 간직한 어른"을 니오타니(neoteny)라고 한다고 합니다. 이제 나도 생물학적 성장은 멈추고 오히려 퇴화하겠지만 '니오타니'로 성숙해 갔으면 합니다. 좌판에서 채소의 양과 신선함과 가격을 보고 구매의 판단으로 삼을 것이 아니라, 파시는 분들의 내면과 묻어 있는 봄비까지 볼 수 있는 안목을 가졌으면 합니다.

시장 벗어나 버스 정류장 지나쳐
길가에 쭈그리고 앉아 비닐 조각 뒤집어 쓴 할머니
몇 걸음 지나쳐서 돌아보고 서 있던 아내
손짓해 나를 부릅니다
냉이 감자 한 바구니씩
이천 원에 떨이미 해가시오 아줌씨
할머니 전부 담아 주세요

빗방울 맺힌 냉이가 너무 싱그러운데
봄비 값까지 이천 원이면 너무 싸네요
마다하는 할머니 손에 삼천원을 꼭꼭 쥐어 주는 아내

횡단보도 건너와 돌아보았더니
꾸부정한 허리로 할머니
아직도 아내를 바라보고 서 있습니다
꽃 피겠습니다

(김해화 시인 '아내의 봄비' 중에서)

다섯 번째로 "세월은 흐른다. 그렇다고 서두르고 싶진 않다" 입니다.

눈 앞의 파도가 금방 나를 삼킬 것 같고, 일에 치여 녹초가 반복되던 시절도 결국 세월이 흐르고 나면 잠잠하고 무디어집니다. 신동엽 시인의 '서둘고 싶지 않다"는 말은 결국 서둘러도 아무 소용이 없더라는 경험의 잠언 같은 시입니다. 어려운 일 만나면 부산 떨고 호들갑 떠는 소인배의 시선에서 탈피하여, 대국의 다스림은 총동원의 대책이 아니라 오히려 조용히 다스리는 원숙함이 더 중요하다는 것을 몸으로 배웠으면 합니다. 긴 직장 생활이 바람처럼 흘러가듯이 지나갔습니다. 다음 옷을 벗을 시간도 또 그렇게 빨리 다가올 것이지만 서두르지 않고 천천히 생선을 구우리라 생각합니다. 부지런함의 반대말은 게으름이 아니라 조급함입니다. 시와 사랑과 혁명을 노래하던 젊은 시절은 갔습니다. 이제 천천히 흐르며 대지의 마른 곳을 빠짐없이 적시주며 바다로 흘러가는 강물이 되고 싶습니다.

조그만 생선을 지지면서 젓가락, 수저 등을 총동원하여
이리 부치고 저리 부치고 뒤집고 젖히고 하다보면
부서져서 가뜩이나 작은 생선살이 하나도
남아나지 않을 것은 물론이다.
그러므로 수선피지 말고 살짝 구우라는 것이다.

나도 내 인생만은 조용히 다스려 보고 싶다.
큰 소리 떠든다고 세상 정치가 잘 되는 것이 아니듯이
바삐 서둔다고 내 인생에 큰 덕이 돌아오진 않을 것이다.
그 날이 와서 이 옷을 벗을 때까지 산과 들을 바람결처럼
흘러가는 것이다.

〈신동엽 '서둘고 싶진 않다.' 中에서〉

대학 졸업을 축하하며 보낸 글

이제 대학을 졸업하고 동시에 자식 두 명이 같은 해 바로 취업까지 하니 아비의 감회가 말로 표현할 수 없이 깊다. 나는 할아버지가 나에게 바랐던 기대를 제대로 부응하지 못했다. 그러나 너희들은 항상 자기 자리를 알고 최선을 다해 주니 너무 고맙다. 나이가 많아지면 잔소리를 줄여야 한다고 하지만 졸업을 축하하며 나누고 싶은 이야기가 있어 몇 자 적는다.

첫째는 '성공은 시작하고 친하다. 먼저 활을 쏘아라.'이다.

먼저 생각하기 전에 몸으로 익혀 반복을 통해 배워라. 이것이 신입사원 때 할 일이다. 신입사원 3년 간 배운 것이 너의 평생을 이끈다.

그러므로 네가 묻고, 뛰고, 배운다면 모든 선배들이 환영할 것이다.

일전에 해주었던 신영복 선생의 '처음처럼'을 다시 강조하고 싶다. 그 글에 "인생의 가장 먼 여행은 머리에서 가슴까지의 여행입니다. 냉철한 가슴보다 따뜻한 가슴이 더 어렵기 때문입니다. 그러나 또 하나의 가장 먼 여행은 가슴에서 발까지의 여행입니다. 발은 실천입니다."라는 문구가 있었다. 실제 내가 직장생활을 하면서 머리가 뛰어나면서도 실천이 없어 공허한 껍데기 같은 후배들을 많이 보아 안타까웠다.

성공은 시작하고 친하다. 모든 것을 검토하고 조사하여 확률이 높을 때 움직이면 그때는 이미 늦다. 직장상사 중에서 가장 최악의 상사는 결정을 미루는 상사이다. 그러므로 머뭇거리지 마라, 주저하지 마라. 마음이 이끌리면 질풍노도 같이 움직여라. 영화 '활'의 대사에 "바람은 계산하는 것이 아니라 극복하는 것이다"라는 명대사가 있다. 비슷한 이야기로 어느 산에 백발 명사수가 있다고 하여 찾아가서 어떻게 하면 신궁이 될 수 있냐고 물었더니 "먼저 활을 쏘아라, 그 다음 과녁을 그려놓으면 된다"고 하였다. 뼈를 때리는 멋진 말이다. "우물쭈물하다가 내 이럴 줄 알았지"가 버나드 쇼의 묘지명이니 우리 같은 범인들은 말할 것도 없다. 그러니 젊을 때는 너무 재지 말고 먼저 활을 쏘아라.

둘째는 '너의 생각을 가지고 문제를 단순화할 줄 알아야 한다'는 것이다.

오늘 졸업선물로 "지적 대화를 위한 넓고 얕은 지식"이라는 책을 선물로 준 이유도 '자기 생각의 단순화' 때문이다. 이 책이 베스트 셀러가 된 것은 새로운 이론이나 형식이 아니라, 복잡한 인문학을 나름 자기의 생각을 가지고 간략하고 알기 쉽게 정리했을 뿐이다. 하늘 아래 새것은 없다. 이미 있는 것을 자기 생각으로 체계를 만들고 간략히 하여 '자기의 流'를 만드는 것이 바로 다른 사람과 차별화하는 핵심이다.

생각을 정리하는 기법은 너무 많다. 그러나 나는 특별히 '나는 아마존에서 미래를 다녔다'는 박정준씨의 문제를 시각화하여 답을 찾는 법을 배울 것을 권한다. 무엇보다 항상 문제의 이면을 보고 한 단어나 문구로 요약하여 표현하는 습관을 가져라. 촌철살인의 달인이 될 것이다.

맹자는 "넓게 배우고 깊이 공부하는 것은 반대로 간략히 설명하기 위해서다."(博學而詳說之 將以反說約也)라고 했다. 직장생활을 하다 보면 말을 할수록 문제를 더 복잡하게 만드는 사람을 많이 보았다. 잘 모르는 사람은 설명이 길다. 문제를 직시하지 못해 생기는 현상이다. 따라서 복잡한 문제를 단순화하여 쾌도난마하는 지혜는 정보가 넘쳐나는 시대에 반드시 갖추어야 할 중요한 덕목이다.

셋째는 '자기의 관점을 가지고 현재의 관점에서 벗어난 질문을 던질 줄 알아야 한다'는 것이다.

영화 한 편을 보고도 느낌이 다른 카카오톡 김범수 의장의 이야기를 들려주고 싶다. "영화 올드보이를 보면 최민식을 15년 동안이나 가두는데 '어떤 놈이 대체 날 가두었나' 고민하고 관객들도 같이 그 느낌을 쫓아가죠. 하나씩 비밀이 풀리면서 '저래서 가뒀구나'하죠. 그리고 영화가 끝나나 싶었는데 유지태가 한마디합니다. '당신이 틀린 질문을 하니까 틀린 답만 찾을 수밖에 없다. 왜 가두었나가 아니라 왜 풀어 주었나가 올바른 질문이다는 순간 '땅'때리는 느낌을 받았어요." 같은 영화를 보고서도 '땅'때리는 느낌을 받지 못하는 나도 평범한 사람이었다. 이것처럼 자기 관점에서만 문제를 보는 우를 범하지 않도록 항상 다른 질문을 던져보는 습관을 가져야 한다. 특히 리더는 팀원들과 다르게 일부러 다른 질문을 던지는 것도 좋은 방법이다. 아침에 일을 시작하면서 십 분만 생각하고 난 뒤에 일을 하면 문제를 푸는 차원이 달라진다.

그리고 위에 있는 사례처럼 현상을 다르게 보는 관점도 중요하지만 시간을 벗어나 생각하는 관점도 중요하다. 눈앞의 현재가 아니라 미래에 필요한 것이 무엇인지를 생각하는 습관이 평범한 사람과 확실히 다른 차별화를 가져온다. 자기 자원의 최소 20%는 미래의 가치를 확보하는데 집중해야 한다.

어디에 매이지 않고 시간과 공간과 상황의 관점을 강제적으로 달리하여 지속적으로 질문을 하다 보면, 나도 모르게 답을 만날 수 있을 것이다. '찾을 수 있다'가 아니라 답을 '만날 수 있다'고 표현한 나의 의도를 알아 주었으면 한다.

마지막으로 항상 긍정의 바이러스를 가지고 부정의 벽을 허물자.

"하루 종일 자신이 한 말을 빠짐없이 듣는 사람은 바로 자신이다. 인간은 자신의 말에 세뇌되는 동물이다. 긍정적, 전향적 희망찬 말을 하면 뇌도 그런 방향으로 움직인다. 자꾸 반복하면 무의식 깊이 그 말이 각인되며 뇌의 자동 유도 장치에 따라 그 방향으로 가게 된다." 정신분석학자인 이시형 박사의 '인생내공'에서 나오는 말이다. 그러므로 시작 단계부터 이미 이룬 것 같이 대답하고 생각하자. 어렵기는 모든 사람이 마찬가지다. 긍정적 자기 암시, 자기 최면을 걸면서 당당하게 나아가자. 이 세상 경쟁자는 바로 너 자신이다. 부정의 영역에 너를 던지지 말자. 내가 족히 삼십 번을 보았을 베스트셀러 "Secret"을 영화화한 내용을 보아라. 그리고 내 것으로 만들면 세상 사는 것이 그렇게 어렵지만 않다.

긴 인생, 천상천하 유아독존의 자존감을 가지고 스스로의 운명을 개척하자. 무엇보다 세상 사람들과 어울려서 살아가는 사람이 되길, 그런 인생이 되길 기대한다. 이제 자립의 길로 나가는 너희들에게 축복이 있기를 빈다.

제 2인생, 담대하고 거침없이

제가 태어나던 해, 남자는 오십 살이 되면 반은 죽어 별이 되었습니다. 그때는 '노후를 잘 준비해야 할 당위성'은 아예 필요가 없었습니다. 그러나 국어사전 구석에서 마치 삼엽충 같은 화석처럼 살던 '제2인생'이라는 단어가 갑자기 이 시대로 기어 나왔습니다. 여기저기서 평균적으로 예순을 넘어 아흔을 살아야 하는 세상이 축복인지 재앙인지 모르겠다는 이야기가 지면을 채웁니다. 그러면서 온갖 건강한 노후를 사는 비법을 나름 대안으로 제시하고 있습니다.

이제 저도 육십 입니다. 서정주 시인 '자화상'의 병든 수캐처럼 헐떡거리며 왔습니다. 시인의 이마에 맺힌 핏방울처럼 치열하게 살아온 내 삶 속에도 핏방울 몇 개는 맺혀 있다고 감히 말하고 싶습니다.

제가 직장에 다닐 때, 수십 개의 목을 가진 메두사 같은 괴물들을 거침없이 굴복시켰던 그리스 로마 신화에 나올 법한 영웅적 선배들이 있었습니다. 하지만 그들도 요즈음 가끔 만나보면 걸리버 여행기 거인국에서 갑자기 소인국으로 간 사람처럼 힘없는 동네 아저씨가 되어 있었습니다. 한국 경제와 가장으로 기여했다고 존경 받기는커녕 꼰대로 평가받고 풀이 죽은 모습을 보았습니다.

퇴직 이후의 제 2인생은 과거는 잊고 과감히 리셋버튼을 누르고 다시 시작해야 한다는 것을 알았습니다. 저의 이마에 아직 마르지 않은 핏방울에 대해 기억을 바라는 기대는 욕심입니다. 이제부터는 진정 제가 만족해야 할 저의 방식으로 또 다른 삶을 설계해야 할 시점입니다. 최근 저만의 공간을 꾸미기 시작했습니다. 음악을 듣고, 영화와 공연을 보고, 컴퓨터 작업을 하고, 사진을 편집하고, 인터넷 강의도 듣고, 간단한 와인도 마실 수 있도록 혼자만의 공간을 원시동굴처럼 만들었습니다. 두 달간 직접 각종 기기를 직접 설치하고 연결하면서 성취감도 느꼈습니다. 그리고 버킷 리스트도 의욕적으로 작성했습니다. 하지만 방향을 잡은 것 같으나 마음은 허전했습니다. 버킷 리스트가 최종목표가 아닙니다. 이것을 수행하는 과정에서 최종 제가 추구해야 할 정제된 일들이 또 생겨나리라 믿습니다.

또 '그리스인 조르바'를 다시 꺼내 읽었습니다. 이 시점에 자유 영혼 조르바가 무슨 이야기를 해줄 수 있을 것 같았습니다. 오래전 읽었던 글들이 밑줄 위에서 다시 반짝였습니다. "아뇨, 대장! 대장은 자유롭지 않수다. 대장이 매여 있는 줄은 다른 사람들 것보다 조금 긴 끈을 갖고 있어 왔다 갔다 하면서 자유롭다고 생각하지만 그 끈을 잘라내지는 못했수다." 현재까지 나의 살아온 모든 행동을 본 듯이 조르바가 정확히 지적을 했습니다. "대장, 그건 어렵수다. 아주 어려워요. 그러려면 미쳐야 한단 말이요. 모든 걸 걸어야 해요! 하지만 대장, 당신은 머리가 있어 그게 대장을 갉아먹고 있죠." 남보다 조금 더 긴 끈을 진정한 자유라 생각하여 안주하며 살아왔습니다. 끈을 좀 더 길게하는 것은 의미가 없습니다. 이제 끈을 끊어야 합니다. 아직 명확히 어떻게 살아야겠다는 구체적인 계획은 없습니다. 그러나 미치도록 세상을 다니면서 배우고, 사람을 만나면서 33년 직장생활의 규율에 맞추어 박제화된 사람에서 과감히 탈피하고 싶습니다.

최근 성경을 읽으면서 계집종에게 스승의 존재를 부인하던 나약한 예수님의 제자들이 오히려 스승이 죽고 난 뒤 강해지는 것을 알았습니다. 사도행전 마지막 장, 마지막 절처럼 스승과의 끈을 끊고 나서 오히려 '담대하고 거침없이' 사역을 완수했습니다. 이제 저도 저의 덜미를 잡고 있는 끈을 끊고 꼭두각시에서 벗어나, 남사당 놀이패로 들어가 북치고 장구 치며 세상을 향해 '담대하고 거침없이' 저 스스로 신명나게 놀아 보려고 합니다. 지금 저는 앞 세대가 살지 못한 생을 덤으로 받았습니다. 맛있는 캐모마일 차 같은 것을 연장하는 삶이 아니라 무언가를 뒤집어엎을 럼주가 되고 싶습니다.

탈무드에 "이 세상에서 너무 지나치게 쓰지 말아야 할 것이 빵의 이스트와 소금과 망설임"이라고 했습니다. 그리고 '지금 알고 있는 걸 그때 알았더라면'이라는 시도 있습니다. 돌아보면 몰라서 문제가 아니라 망설임이 지나쳐서 생긴 문제들 입니다..

"자, 눈을 똑바로 뜨고 죽음 속으로 들어갑시다." 라는 어느 황제의 말을 바꾸어 "자, 눈을 똑바로 뜨고 또 다른 삶 속으로 들어갑시다. 이제까지는 맛보기였습니다." 라고 외치면서 항구에 머물러 있지 않고 거친 바다로 나아가야겠습니다. 남을 위해 살다가 제가 행복해지든, 철저히 제 자신을 위해 살다 보니 타인에게 도움이 되든, 망설이지 않고 더 많은 이들의 이야기를 듣고 움직이겠습니다. 더 많이 세상과 마주하며 한 단계 성숙한 삶을 살기 위해 인생 2장을 서두르지 않고 준비해야겠습니다.

인간관계, 어렵고 복잡한 함수

사람을 만나고 관계를 맺고 알아가면 갈수록 상처를 서로 주고받는 것은 다반사로 자연스러운 현상입니다. 현대인은 그것이 싫어서 가능한 인간관계를 회피하고, 다른 사람의 일에 될수록 관여하지 않는 개인주의 성향으로 급속히 바뀌고 있습니다. 저는 이전에 수천 년 전 삼국지 영웅들의 이야기가 현대에도 고스란히 적용된다고 굳게 믿었습니다. 그렇지만 요즈음 나의 믿음은 흔들리고 있습니다.

직장 내 풍속도가 빠른 속도로 바뀌고 있습니다. 정보를 독점할 수 있어 절대 권력을 가진 상사와 미풍양속에 따라 장유유서의 이유로 대접을 받던 시대는 없어지고 있습니다. 상사의 능력은 개인을 일에만 몰두하도록 하고 조직에 헌신하도록 만드는 것으로 인정을 받았습니다. 그러나 강력한 리더십으로 포장되어 쉽게 개인의 인격을 말살하던 리더들은 이제 사라지고 있습니다. 개인에게 많은 여유 시간이 주어지고, 최대한 개인을 존중하는 방향으로 인사정책이 실시되고 있습니다. 그럼에도 불구하고 지금의 신입사원들이 과거의 신입사원들 보다 즐겁고 행복하지는 않는 것 같습니다.

한국 사회의 특징은 특히 관계지향적입니다. 면접을 보면서 보는 자기소개서도 관계 위주로 서술되어 있습니다. 개인주의를 추구하면서도 관계지향에서 탈피 할 수 없는 사슬로 묶여있습니다. 그래서 한국인의 인간관계는 더 피곤하고 풀기 어려운 수수께끼가 됩니다.

저는 직장생활하면서 다행히 좋은 상사를 만나서 좌절이 적었습니다. 하지만 긴 직장생활에서 항상 좋은 상사가 있었던 것은 아니었습니다. 부하들도 모두 저를 만족시키는 사람들로 채워졌던 것은 아니었습니다. 그렇지만 결과적으로 비교적 순탄하게 인간관계를 맺어왔다고 말할 수 있습니다. 이런 바탕에는 20대 시절부터 인간관계에 대한 나만의 확고한 생각이 있었기 때문이었습니다.

첫째, 주었던 것에 집착하지 말아라. 받고 있는 것이 훨씬 많다.

세상을 살면서 섭섭한 감정은 제가 아무것도 해 주지 않는 사람한테서 생기지 않습니다. 조금이라도 많이 베풀었는데 상대가 나보다 적은 반응이 있을 때 생깁니다. 그런데 이것은 일대일 관계에서 볼 때 생기는 착시현상에 불과합니다. 내 부모, 친구, 동료, 스승 등 모든 일대일 관계를 꼼꼼히 따져보면, 오히려 제가 주지 않고 받은 것이 압도적으로 많다는 것을 알 수 있습니다.

그리고 좀 더 시야를 넓혀보면 책을 통해 경험을 물려준 선인들, 인간의 행복을 위해 끊임없이 목숨을 걸고 투쟁하여 평등한 인권을 주신 투사들, 저에게 아낌없이 주는 위대한 자연처럼 헤아릴 수 없이 많습니다. 제가 세상에 나와 받은 것들 때문에 깔려 죽을 정도로 풍성한 은혜의 땅에서 살고 있습니다. 그러나 제가 좀 제공한 금전, 시간, 성의에 매여 감정이 휘둘리는 것은 정말 참을 수 없이 가벼운 실체 없는 괴물입니다. 애당초 제가 준 것은 없습니다. 태어날 때 빈

손이었다는 사실을 잊지 않으면 모든 관계에서 섭섭한 감정을 덜 수 있을 것입니다.

둘째, 인간은 피아노다. 치는 사람에 따라 차이가 난다.

대학시절 안병욱 교수님의 강의를 복도 계단에 앉아 들을 때 그분이 하셨던 이야기입니다. 물론 인간은 여러 부류의 사람이 있습니다. 하지만 일상생활에서 만나는 대부분의 사람들은 나의 실력이 부족하여 피아노가 소리를 제대로 내지 못하지 망가진 피아노가 아니었습니다. 가능한 그들의 이야기를 성심껏 듣고 공감만 제대로 해도 서로 울림이 있는 공명을 느낄 수 있습니다.

제가 직장생활 할 때, 사원들은 대부분 가정 형편이 어려워 일찍 산업현장에 뛰어든 젊은이였습니다. 그들에게 받은 감사 편지는 제가 많은 시간을 내어 헌신한 결과가 아니었습니다. "부장님과 식사 한번 하지 않았지만" 하면서 시작되는 글들이 많았습니다. 편지의 내용들은 서로 느낀 감정을 쑥스러워 하지 않고 꺼내 감사하는 것이었습니다. 그런 분위기가 조성되었다는 것만으로 성공이었습니다.

돌아보니 서로 교감할 수 있었던, 피아노를 잘 칠 수 있었던 이유가 있었습니다. 제일 중요한 것은 수백 명 개개인의 이름을 불러 주는 것이었습니다. 조직을 맡으면 제일 먼저 이름을 외우는 것이 실적을 파악하고 문제점을 분석하여 해야 할 일을 추출하는 것보다 항상 우선인 일이었습니다. 단순히 이름을 외우는 행위가 아니었습니다. 개개인을 부속품으로 생각하지 않고 진정으로 존중하려는 저의 의지였습니다.

'사람만이 희망이다.' 15년 전 우리 조직의 모토였고 실제 행동이었습니다. 그리고 칭찬은 정확하게 해 주는 것입니다. 많은 사람들이 〈칭찬은 돌고래도 춤추게 한다〉라는 책을 이야기합니다. 하지만 이 책의 제목은 '칭찬만 한다고 돌고래가 춤추지 않는다.'라는 제목이 더 정확합니다. 상대를 관심을 가지고 지켜보다가 좋은 일이 생겼을 때 정확한 타이밍에서 칭찬을 해야 효과가 극대화됩니다. 제가 조직을 옮길 때 한 젊은 친구가 헤어진다는 섭섭한 감정을 이야기했습니다. 그리고 그는 제가 예전에 그를 칭찬한 단 네 줄의 칭찬한 기억하고 그 것을 PC에 저장하고 있다가 보내어 주었습니다. 저는 칭찬을 하고 바로 잊었으나 받은 사람은 오래 간직하고 기억하고 있었던 것입니다.

피아노를 잘 치는 것은 마음으로만 되는 것이 아닙니다. 기술이 필요합니다. 그러기 위해서는 부단한 노력이 따라야 합니다. 그것은 한 마디로 타인에 대한 관심입니다. 요즈음 타인의 시선을 의식하지 말고 자기 뜻대로 사는 것이 상처 받지 않는 특효약으로 소개 되고 있습니다. 그렇지만 상처 받지 않기 위해 사랑하지 않는다면 얼마나 황량한 삶일까요? 희생과 헌신이 아니라, 공존의 입장에서 타인을 보는 기술을 익힌다면 인간관계가 훨씬 따뜻해질 수 있습니다.

셋째, 인생은 줄다리기다. 뒤로 물러가는 자가 이긴다.

좀 손해 보고 살다 보면 그 장점이 얼마나 큰지 모릅니다. 머리보다 가슴을 따라 판단하는 것이 순간 손해처럼 보이지만, 전체를 보면 좋을 때가 많았습니다. 〈부자아빠, 가난한 아빠〉의 말을 인용하면 "만일 내가 당신에게 오직 한가지 생각만을 가르쳐 줄 수 있다면 나는 이걸 가르치겠다. 무언가가 필요하거나 부족하다고 느껴진다면 먼저 당신이 원하는 것을 주라. 그러면 되로 주어도 말로 돌아올 것이다. 이는 돈과 미소, 사랑 그리고 우정에 있어서는 틀림없는 사실이다." 의심할 여지 없이 저는 이 글에 동감합니다. 그러므로 뒤로 물러서는 것을 패배로 생각하지 마세요. 조금 적게 가지려고 노력해 보세요. 이렇게 하면 인간 관계가 손상되지 않고 서로 시너지 효과가 나올 것입니다.

유튜브 시대에 모두 마이크를 잡고 인생은 이렇게 사는 것이 정답에 가깝다고 외칩니다. 물론 제가 인간관계 경험을 이야기한 것들도 그런 아류일 수 있습니다. 하지만 많은 실수투성이라도 20대 시절에 제가 이런 인간관계 방향이 있던 것을 스스로 대견하게 여기고 싶습니다. 배가 항구에 있을 때 가장 안전하지만 그것이 배가 만든 목적이 아니듯, 사람 관계도 상처 받지 않는 것이 목적이 아닙니다. 거친 바다로 나가 사람의 향기를 느껴보세요. 무릎에 상처가 있어야 직립보행이 가능합니다. 〈사랑하라 한번도 상처받지 않은 것처럼〉

천륜들과 사는 법

부모와 자식은 '천륜'이라는 너무 소중한 인연입니다. 그래서 다루기 어려운 이야기입니다. 일전에 어떤 분이 자기의 전 재산을 팔아 수년간 세계여행을 다녀온 이야기를 자랑스럽게 하였습니다. 그리고 지금처럼 생활에 얽매여 살지 마시고 결심했을 때 떠나라는 조언을 아끼지 않았습니다. 대한민국 모든 국민이 그분처럼 집 팔고 여행을 떠난다면 어떤 일이 일어날까요? 그래서 이 글은 무엇을 권장하는 글이 아니라 손녀를 천륜으로 만나서 할아버지가 된 저 자신에게 앞으로 실천해야 할 각오로 적습니다.

손녀가 네 살이 되면 초등학교 졸업할 때까지는 여행을 자주 데려가겠습니다. 어느 정도 성장하면 대략 여행의 범위만 간략히 제시하고 나머지 계획은 스스로 작성하도록 하겠습니다. 그리고 반드시 아주 어릴 때부터 사진을 가르쳐 기억을 기록하는 방법을 알려주겠습니다. 그리고 기록에 앞서 자연과 마음을 연결하는 사람으로서 느낌을 제대로 알 수 있도록 기회를 주고 싶습니다. 어떻게 찍어라, 이렇게 하는 것이 어떻겠느냐? 하는 말은 절대 이야기 하지 않겠습니다. 서로의 느낀 그대로를 존중하며 여행 그 자체를 즐기고 싶습니다.

여행은 제가 자식을 키우면서 유일하게 잘한 것입니다. 대개 철이 들면 친구들만 찾아 떠나 가족을 등한시하기 쉽습니다. 그런데 가족 여행은 우리를 끈으로 항상 연결 시켜 주었습니다. 여행은 대화의 공감대를 가지는 가장 중요한 소재입니다. 애들이 초등학교 저학년일 때 해남으로 여행을 갔다가 할머니가 차를 태워 달라고 하여 읍내까지 태워준 일이 있습니다. 할머니께서 내리시면서 "자손삼대까지 복을 받을 거여" 하며 몇 번이나 이야기 하신 일이 있었습니다. 이십 년이 지난 어느 날 밥을 먹다가 애가 이 이야기를 꺼내면서 "그래서 우리 집이 잘된 것 같다"라고 하였습니다. 아무리 돈이 많아도 만족하지 않는 집이 많은데 스스로 만족한다는 것에 정말 뿌듯했습니다.

애들이 중학교 들어갔을 때는 애들도 바빴습니다. 그래서 토요일 저녁 같이 외식을 하고 스타벅스에 가서 이야기를 들어주면서 자연스럽게 고민을 나눌 수 있었습니다. 그날은 그동안 수고하신 엄마에게는 집에서 자유로운 시간을 주고 저하고만 같이 갔습니다. 아버지하고 자식은 대화 단절이 정말 쉽게 일어납니다. 그래서 정기적인 모임이 꼭 필요합니다. 어느 날 갑자기 여유가 생기니 이야기 해보자. 이런 것은 말도 안 되는 이야기입니다. 일은 몰아서 해야 할 일이 있고 화초를 가꾸듯이 끊임없이 조금씩 물을 주어야지 갑자기 몰아서 준다고 화초가 소생하지 않습니다.

이야기를 마치고 아이스크림을 사서 들고 먹으면서 오는 길의 느낌은 수십 년이 지난 지금도 지나가는 바람처럼 상쾌합니다. 손녀와 같이 어떻게 하던지 대화의 시간을 만들어 보는 것이 희망사항이지만 쉽지는 않으리라 생각합니다. 하지만 커피점에 들어서서 커피향만 맡아도 그때의 즐거웠던 모습들을 세포들이 다 기억한다는 듯이 일어서는 것을 보면 포기할 수 없는 일입니다.

그리고 아이들에게 책을 읽는 습관을 길러주고 글쓰기 선생님을 만나 독후감을 쓰는 기회를 준다면, 통찰력을 길러주는 좋은 기회가 됩니다. 저는 현대의 교육제도에 불만이 많습니다. 제도권 교육 이외에 독서만 할 수 있도록 하여도 충분하다고 생각합니다. 특히 근교 계곡에 가서 돗자리 깔고 누워서 하루 종일 책을 읽고 음식을 나누어 먹고 오면 일주일이 에너지로 넘칩니다. 제가 건성으로 읽은 책들을 다시 같이 보고 토론할 수 있다면, 그것만큼 젊음을 유지하는 비결이 없을 것입니다.

또한 우리 시대는 제대로 된 문화를 접할 기회가 거의 없었는데 손녀를 핑계로 오페라도 보고 음악회도 간다면 좋겠습니다. 영화나 에버랜드 놀이동산처럼 시류에 따르는 일은 친구들과 하더라도 이런 것들은 나와 같이 느꼈으면 좋겠습니다. 분기에 한번 정도는 이런 호사를 누릴 수 있을까요?

　시작은 각오였는데 결국 운에 맡겨야 하겠습니다. 이런 것들을 바라는 게 가당치 않은 일이라는 생각도 듭니다. 요즈음 가족여행을 하면 "아빠, 우리 같은 나이에 같이 여행 다녀주는 애들은 없어. 행복한 줄 알아"라는 말을 듣는데 하물며 손녀와의 세대 차이는 얼마나 공간적 간극이 크겠습니까. 하지만 내가 가장 많이 본 꽃, 오래 본 꽃이 손녀이니 혹시 좀 시간 내어 주지 않을까요? 조용히 읍소해 봅니다.

딸 시집 보내는 날 새벽에

　딸이 결혼하는 날 새벽 잠이 오지 않아 간단하게 글을 적었습니다. 나한테도 이러한 날들이 오는구나. 여러가지 생각이 겹쳤습니다. 혈연이라는 천륜은 '피붙이'라는 단어로 평생을 같이 해야할 숙명입니다.

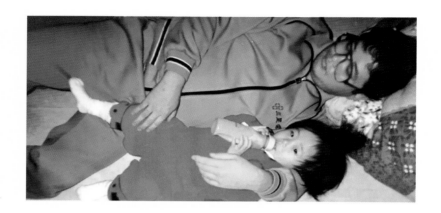

인연의 끈질김이란?

하늘이 억겁의 세월을 몇 번이나 지나고 지나 두 사람을 결국 하나로 묶었구나. 선조의 선조, 그 선조의 선조들이 거친 삶의 속에서도 중심을 잃지 않고 기다려

주신 축복이고, 너희들에게 선사한 귀한 시간이다.

두 DNA가 서로에게 이끌리었던 것은 확률과 통계로는 이야기할 수 없는 기적이다. 이 순백의 아침, 그 사실 하나만으로도 벅차고 감사하고 감사하며 고맙구나.

허 서방을 처음 보았을 때 참 때 묻지 않은 학생이라는 인상이 무척 좋았다. 두 사람이 결혼 준비 하는 걸 보니 앞으로도 잘 살아가리라는 믿음을 얻었다. 그동안 이렇게 잘 성장하여 오늘 같은 선물을 준 것만으로 나는 충분하다. 그러니 오롯이 두 사람이 좋은 일가를 이루기 위해 서로 존중하고 사랑하는데 집중하였으면 한다.

행복은 쟁취하는 것이 아니라 주위에 지천으로 깔려 있는 것을 발견하는 것, 초등학교 시절에 했던 것처럼 보물찾기 하듯 하나씩 찾아나가는 것이다. 언젠가 너희들도 잠 못 이루고 자식들을 결혼시키는 이런 벅찬 기쁨을 만나리라. 너희가 일상에서 소소한 즐거움을 느낄 줄 안다면 그것이 쌓여 운명이 되리라.

시지프스 신화처럼 고단하고 반복된 일상 속에 어려움도 있겠지만, 이러한 어려움도 악마가 준 눈속임일 뿐이다. 너희들이 지금 가진 것만으로도 차고 넘치나니 범사에 감사하는 초능력으로, 순간에 휘둘리지 말고 의연하게 살아가길 바래본다. 다시 축하한다.

가장 어려운 일, 결혼 주례 서는 일

저에게 주례를 서달라고 하는 사원들이 종종 있었습니다. 저는 할 수 없다고 대부분 완곡히 사양을 했습니다. 그중 몇 번이나 부탁해서 거절하기 어려운 주례를 두 번 했습니다. 돌아보아도 부끄럽습니다만 내용 중에서 개인적인 이야기는 제외하고 기록으로 남깁니다. 실은 사원이나 딸이나 전해 줄 이야기는 같기 때문입니다.

(주례사1)

삼라만상의 모든 기운이 힘차게 올라 솟구치는 이 좋은 봄날,

그동안 애지중지 키워 온 자식을 결혼시키는 경사스러움을 맞은 양가 부모님께 진심으로 축하 드리고 왕림하시는 불편함을 마다 않고 축하하기 위해 오신 친지, 하객 여러분들께 신랑, 신부를 대신해 감사 인사 드립니다. (중략)

이처럼 정말 행복하게 살 운명이 필연적으로 만났기에 이런저런 이야기가 필요하지 않습니다만, 인간이 만든 가장 위대하고 완벽한 발명품인 가정을 만들어 가는 두 분에게 인생 선배로서 간략히 세 가지만 말씀을 드리고자 합니다.

첫 번째로 서로를 존귀한 사람으로 여기며 각각을 소중한 인격체로 인정하시기 바랍니다. 서로 배려하면서 상호간 힘을 주는 지지자로 평생을 응원하면서 살아가는 가정을 만들어 나가시기를 바랍

니다.

사람으로 태어날 확률은 "망망대해에 떨어진 낙엽의 구멍 사이로 거북이가

통과할 확률이다"라고 들은 적이 있습니다. 그런 귀한 두 분이 만났습니다.

부부간의 사랑은 만약 당신이 무엇을 해 주면 나도 어떻게 하겠다는 If의 사랑이 아니고, 당신이 무엇을 해 주었기 때문에 나도 어떻게 하겠다는 Because of 사랑도 아닙니다. 당신이 그럼에도 불구하고 저는 당신을 사랑하고 이해하겠다는 Inspite of의 사랑이라는 것을 기억하세요. 상대를 자신의 생각으로 조각하고 정형화 시키려고 하지 마시길 바랍니다. 서로를 소중한 개체로 인정하면서 두 사람의 각자 가지고 있는 꿈을 이룰 수 있도록 서로 도와 가며 재미있게 살아 갔으면 합니다.

그리고 이 세상에 잔소리를 해서 아내가 바뀌고 남편이 바뀐 사례는 역사상 없습니다. 항상 서로 칭찬하고 격려하는 일을 게을리 하지 않도록 노력합시다.

얼마 전 유행했던 윤아의 비밀번호 486 노래처럼 하루에 네 번 사랑을 말하고 여덟 번 웃고 여섯 번의 키스를 할 수 있도록 사랑을 마

음에만 담아 두지 마세요. 짧은 인생입니다. 그러니 자주자주 입 밖
으로 표현하도록 합시다.

　두 번째로 본인이 생각하는 대로 일들이 이루어진다는 Attraction
의 법칙, 誘引의 법칙을 생각하고 항상 밝고 긍정적으로 살아 가시기
바랍니다. 인간의 마음은 자석과 같아서 자신이 생각하는 대로 현실
을 끌어 들인다고 합니다. 그렇기 때문에 일체유심조의 마음을 가지
는 것이야말로 어려운 세상을 별 무리없이 풀어 가는 유일한 해법입
니다. 본인이 밝고 건강하면 옆에 있는 부모형제,친구 모두에게 영향
을 미칩니다. 갈매기의 꿈 저자 리차드버크는 "어떤 문제도 우리에
게 줄 선물을 들고 오기 마련"이라는 말을 하였습니다.
　어려움이 오더라도 두 사람이 잡은 손을 놓지 않고 그 속에서 긍
정을 생각한다면 행복의 불빛이 어떤 그림자도 걷어 낼 것입니다.
　유쾌한 상태가 아니더라도 기분을 유쾌하게 만드는 최상의 방법
은유쾌한 마음을 갖고 이미 유쾌한 것처럼 행동하고 말하는 것입니
다.얼굴 찌푸리지 말고, 다른 사람에게 핑계 대지 말고 항상 밝게 자
신감 있게 당당하게 살아 갑시다. 그러면 마술과 같이 자신의 일도
잘 풀리고 자기의 주변에도 희망을 안겨 주는 좋은 부부가 될 것 입
니다.

세 번째 작은 것을 지속적으로 이루어 내는 水滴穿石(수적천석)의 마음을 가지라고 권하고 싶습니다. 제 고향 경주 불국사에 가면 낙수물이 돌을 뚫은 모습을 볼 수 있습니다. 강하지 않은 물도 지속적으로 떨어지면 단단한 바위를 뚫습니다.

옛날 왕이 서고의 책을 축약하고 축약하여 결국 한 줄로 만들었는데 그 문구가 " 이 세상에 공짜가 없다 "입니다. 세상은 한 방으로 해결되지 않습니다.

아무리 높은 산도 한 걸음부터입니다. 한 걸음, 한 걸음이 두 분을 정상으로 이끕니다. 두 분이 같은 취미를 가지고 꾸준히 즐기시고 미래도 지금 당장 설계하여 작은 돈이라도 저금을 하십시오. 서로를 독려하며 자기계발에도 작은 시간을 지속적으로 투자하시길 바랍니다. 자녀에게도 매일 한 장의 책을 읽히고 가족과 자주 여행을 가면서 마음에 교류가 쌓이면 가정이 저절로 행복해지리라 생각합니다.

오늘 성스러운 이 시간, 두 분을 길러 주신 부모님을 다시 생각해 보십시오.

그리고 여러분을 지켜보시는 많은 주위 분께 감사하십시오.

행복은 쟁취하는 것이 아니라 발견하는 것이라 합니다. 주위에 행복이 지천으로 널려 있는데 자신이 마음을 열지 않으니 보이지 않는 것이라 합니다.

그러니 항상 작은 것에 감사하고 꾸준히 살다 보면 두 분의 머리 위에 별빛처럼 행복이 우루루 쏟아져 내릴 겁니다.

마지막으로 법정스님의 詩 〈인연〉을 낭독하고 마치겠습니다.

이 세상을 살아가다 힘든 일 있어 위안을 받고 싶은 그 누군가가 당신이기를 그리고 나이기를 이 세상 살아가다 기쁜 일 있어 자랑하고 싶은 그 누군가가 당신이기를 그리고 나이기를 이 세상 다하는 날까지 내게 가장 소중한 친구 내게 가장 미더운 친구 내게 가장 따뜻한 친구라고 자신있게 말할 수 있는 이가 당신이기를 그리고 나이기를 이 세상 다하는 날까지 서로에게 위안을 주는 서로에게 행복을 주는 서로에게 기쁨을 주는 따뜻함으로 기억되는 이가 당신이기를 그리고 나이기를 지금의 당신과 나의 인연이 그런 인연이기를

(주례사2)

저는 위 박사와 같이 삼성전자 무선사업부에서 휴대폰의 심장인 배터리를 개발을 하고 있습니다.

주여, 때가 왔습니다.

이번 여름은 참으로 위대했습니다.

당신의 영광을 해시계 위에 얹으시고
2018년 8월 19일 오후 1시
진지하고 당당하게 서로를 반려자로 맞이한
참으로 아름다운 선남선녀들의 마음에 축복의 바람을
마음껏 풀어 놓아 주소서.
앞으로 일어날 인생의 많은 일들에 있어
역경은 있을지언정 마지막은 단 맛이 스며들도록
항상 보살펴 주옵소서. (중략)

　두 분 모두 설명이 필요 없는 대한민국 최고의 엘리트들이고, 무엇보다 사람에 대한 기본을 잘 아는 멋진 젊은이들이라 스스로 잘 알아하시겠지만, 인생 선배로서 몇 가지 제안을 드리고자 합니다.
　첫 번째로 두 분은 일심동체보다 서로 각자를 소중한 인격체로 인정합시다. 무엇보다 긍정의 힘을 자주 피드백 하는 무조건적 지지자로서, 평생을 함께 응원하는 동지가 되어 달라고 부탁하고 싶습니다. (중략)
　상대를 자신의 생각으로 조각하여 정형화시키려고 하지 마시고 서로의 개성과 취향을 확실히 인정하면서, 두 인격체가 日日新又日新할 수 있도록 서로를 격려하며 재미있게 살아가는 상호보완의 관계가 되었으면 합니다.

항상 서로의 다름과 부족함을 인정하고 긍정적인 피드백을 지속적으로 주고 받읍시다.

그러면 피그말리온 효과처럼 대리석도 심장이 뛸 것이고, 밀랍 날개를 가진 이카루스라도 아킬레스를 극복하고 태양을 향해 날아 오를 수 있습니다.

갈매기의 꿈 저자 리차드버크는

"어떤 시련도 우리에게 줄 선물을 들고 오기 마련"이라고 하였습니다.

특히 힘이 들고 어려울 때 서로에게 주는 긍정의 피드백은 더욱 큰 힘을 발휘하여 어떤 어려움도 반드시 기회로 승화시킵니다.

그러니 무엇보다 부정의 피드백으로 악순환의 굴레에 갇혀 주위 환경에 쉽게 휘둘려 살지 마시고, 긍정의 피드백으로 환경을 압도하는 선순환의 인생을 사시길 부탁드립니다.

두 번째로 인생은 줄다리기, 뒤로 물러가는 자가 이긴다는 사실입니다. 주는 자가 더 많은 것을 얻는 비논리적인 세상에서 우리는 살아갑니다.

이 진리는 오래 사신 분도 "그것은 아니다"라고 부정하는 사람이 더 많습니다만 두 분만은 천천히 깨달았으면 합니다.

저의 경험에 비추어 보면 머리보다 가슴을 따르는 것이 순간은 손해인 것 같지만 전체를 보면 좋을 때가 많았습니다.

로버트 기요사키의 부자아빠, 가난한 아빠의 말을 인용해 보겠습니다.

"만일 내가 당신에게 오직 한 가지 생각만을 가르쳐 줄 수 있다면 나는 이걸 가르치겠다. 무언가가 필요하거나 부족하다고 느껴진다면 먼저 당신이 원하는 것을 주라. 그러면 되로 줘도 말로 돌아올 것이다. 이는 돈과 미소, 사랑, 그리고 우정에 있어서는 틀림없는 사실이다".

두 사람 사이, 두 사람과 다른 관계에 있어서도

이 법칙을 온전히 실천한다면 우리 인생의 여정 속에 닿은 어떤 사소한 인연까지도 결코 가볍게 사라지지 않고 두 분과 함께 아름다운 별무리로

공존할 것입니다.

마지막으로 작은 것을 지속적으로 이루어내는 水滴穿石(수적천

석)의 마음을 권하고 싶습니다.

제 고향 경주에 가면 낙숫물이 돌을 뚫는 경이로운 모습을 많이 볼 수 있습니다. 강하지 않은 물도 지속적으로 떨어지면 단단한 바위를 뚫는 법입니다.

행복은 강도가 아니라 빈도가 중요하다고 합니다.
한 방에 물을 갖다 붓는다고 돌에 구멍이 나지 않습니다.
해변의 아름다운 풍경이 수없이 작은 파도의 부딪힘이
반복되어 일어나듯 기적은 작은 것을 지속하는 것이고,
여러분의 사랑도 마찬가지 원리입니다
같은 취미 하나 정도는 만들어서 꾸준히 즐기고,
자기계발에 작은 시간을 투자하도록 서로를 독려하고,
무엇보다 작은 사랑 표현을 자주 자주 주고 받으면
저절로 행복한 수적천석의 일가를 이루리라 생각합니다.
행복은 쟁취하는 게 아니라 발견하는 것이라 합니다.
주위에 행복이 지천으로 널려 있는데
자신이 마음을 열지 않으니 보이지 않습니다.
항상 작은 것에 감사하면서 의연하다 보면

두 눈에 별처럼 많은 행복이 끊임없이 보이기 시작하고
그 행복은 실제의 삶 속에서 두 분과 영원히 동행할 것입니다.

제 2장. 가족 간의 편지

부모와 자식은 인륜을 넘어 '천륜'이라는 인연으로 너무나 소중합니다. 그런데 이 자식과 골프는 마음대로 안 된다는 말이 있을 정도로 어렵다고 합니다. 저도 이런저런 곡절은 있었지만 자식들이 저의 기대를 훨씬 넘게 충족시켜 주어 어려움이 거의 없었습니다. 그 배경에는 서로 주고받은 편지의 역할이 있었습니다. 편지는 말로 표현하는 것보다 몇 배나 큰 울림이 있습니다.

둘째가 미국 유학을 간 후에 제가 산호세 근처 출장을 갈 기회가 생겨 저녁에 만났습니다. 저녁을 먹고 학교 기숙사에 갔는데 책상 앞에 제가 보낸 편지가 붙여져 있었습니다. 못 본 척했지만 내심으로 기분이 무척 좋았습니다. 이렇듯 편지는 말보다 오래 여운이 남는 것 같습니다. 돌아보면 자식들과 편지를 나누려면 여행, 소통, 글쓰기 교육이 주효했던 것 같습니다. 그래서 저는 팀원들에게 이런 조언을 보냈었습니다.

"다섯 살부터 초등학교 때까지 여행을 자주 데려가 주세요.

좀 철이 들면 장소는 정해주고 여정은 그들에게 맡겨 테마여행을 하면 좋습니다.

모든 일들이 그들의 머리에 남고 성장하면 대화의 중요한 소재가 됩니다. 무엇보다 나이가 들면서 친구만 찾아 떠나 가족을 완전히 등한시 하지 않는 끈으로 묶어 줍니다. 그리고 중학교 들어 가면 토요일 스타벅스等 문화공간에 가서 편안하게 그들의 이야기를 들어주고 고민을 자연스럽게 나눌 수 있는 정기적 모임이 필요합니다.

집에서 계속 보는 엄마 없이 가면 좋습니다. 그러면 갈등이 없어지고 바쁜 직장생활, 매일 얼굴도 보기 어려운 환경을 극복할 수 있습니다. 나이가 들어 커피 향기만 맡으면 부모와 대화하던 세포들이 움직이게 됩니다.

그리고 책을 읽는 습관을 길러주고 글짓기 선생님을 통해 독후감을 쓰는 기회를 준다면 통찰력을 길러주는 정말 좋은 기회가 됩니다.

다른 교육은 시키지 말고 그들의 능력에 맡기고, 독서능력만 길러주면 되리라 생각 합니다. 특히 근교 계곡에 돗자리 깔고 누워 하루 종일 책을 읽고 음식 나누어 먹고 오면 일주일이 에너지로 넘칩니다."

이제 가족끼리 그동안 서로 주고 받았던 글들을 몇 편 소개를 드립니다.

어머니 친필 글

제가 임원이 되었을 때 어머님이 주신 친필 글을 아직도 보관하고 가끔씩 꺼내어 보고 있습니다. 아래 글은 내용도 내용이지만, 넌지시 '너를 이제 리더로 인정'한다는 의미가 담겨 있습니다. 제가 대기업에서 십 년을 임원으로 더 일한 행운도 어머님이 위기가 닥쳤을 때 책임에 대하여 언급하신 글을 실행에 옮겼기 때문이라고 믿습니다. 한번도 책임을 핑계로 바꾸지 않았습니다. 지금 보니 편지의 힘은 너무나 큰 것 같습니다. 아직까지 제가 보내 주신 글을 사진을 찍어 보관하고 가끔씩 본다는 것은 어머니의 글이 내 가슴에 들어왔다는 방증이겠지요. 그때 보낸 글이 아래와 같습니다.

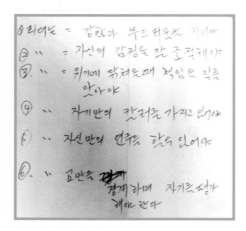

어린이날 아이들에게 보낸 편지

    가족 간의 글은 어떤 글보다 파급효과가 원자폭탄에 맞먹습니다. 저희 아이들이 서른이 넘어 사회생활한지도 오래되었습니다. 그들이 열 살쯤 될 때 'Y2K 2000' 새천년을 기념하기 위해 야간 불꽃을 보기 위해 부산 용두산 공원을 데리고 간 적이 있었습니다. 그런데 태어나서 그렇게 많은 사람을 본 적이 없었습니다. 서로 떨어지지 않으려고 두 아이의 손을 꼭 잡은 일이 생생히 기억 납니다. 돌아갈 때 차가 없어 몇 시간을 걸어간 추억도 지금 생각하면 아련합니다. 이런 추억과 더불어 새 천년 어린이날 보낸 편지도 남아 있네요. 돌아보니 건강하게 잘 자라준 아이들에게 참 고맙습니다.

    벌써 너희들이 태어난 지 10年이 넘었구나.

    올해는 2000年이라는 새로운 역사가 시작되는 첫 어린이날이다. 아빠의 어릴 적보다 너희들의 생활이 더 자발적이구나. 열심히 생활하는 것을 보면 아빠는 너희들이 무척이나 자랑스럽다. 다만 어려운 일도 즐길 줄 알고, 심부름이나 다른 사람을 생각하는 그런 따뜻한 마음만 조금만 더 가진다면 나는 더 이상 바랄 것이 없다.

주비야!

항상 자신감 있게 어떤 일이던 잘 해내는 너의 모습을 잘 간직하거라. 너의 올곧고 당당한 자세는 하나님이 주신 큰 선물이다. 네가 즐겁게 하는 것은 더욱 즐겁게 하여 몸에 잘 익히고, 무엇보다 싫은 일도 즐겁게 처리하는 습관을 키우자. 이것이 앞으로 생활을 더 즐겁게 살 수 있는 큰 비결이다. 항상 모든 생각의 중심에 너의 주위에 있는 사람들을 생각해 주는 마음이 넓고 아름다운 예쁜 딸이 되었으면 한다. 앞으로 너의 꿈과 같이 매일매일 잘 자라길 기도할게.

지찬아!

어떤 일에 대해 집중하고 그것을 도움 없이 반드시 풀어내는 너의 모습을 잘 간직하거라. 너의 감수성과 사고력 (사전을 찾아보기 바람)은 하나님이 주신 큰 선물이다. 너는 약한 것 같지만 누구보다 강하고 뛰어나므로 어떤 새로운 일들을 하더라도 '나는 잘 할 수 있다'라고 마음으로 생각하면, 어떤 친구보다 잘 할 수 있는 멋지고 능력이 많은 사람이다. 항상 강낭콩에 물을 주듯 자신의 마음에 물을 주어 쑥쑥 커 나길 기도할게.

어른이 되어 자기가 하고 싶은 일을 할 수 있도록, 학교 시절 많은 것을 배우고 느끼자. 나중에 너희들의 꿈을 마음껏 펼칠 수 있도록 잘 준비해야 한다. 아빠와 엄마는 너희들이 가는 길에 좋은 선생님이 되어 줄게. 선생님은 너에게 좋은 이야기와 가르침을 주시지만 대신 숙제를 못해 주듯, 너희들의 즐겁고 아름다운 삶은 결국 너희들의 하기 나름이다.

나는 너희가 높은 사람, 돈 많은 사람이 되지 못해도 좋다. 평범한 사람이라도 이 사회 다른 사람들과 따뜻하게 마음을 나누면서 살아가는 人間만 되어 준다면 바랄 것이 없겠다. 내가 있는 동안에 친구가 되어 줄게. 다시 한 번 어린이날을 축하해!

생일, 자식에게 받은 편지

저는 결혼할 때 습자지를 묶어, 자녀를 키우며 마치 육아일기를 쓰듯 글을 적었습니다. 지금은 잃어버려 참 아쉽습니다. 그 첫 페이지에 적은 글이 어렴풋이 기억이 납니다. "세상 누구에게 인정을 받는 것은 의미가 없다. 나를 가장 가까이에서 보는 가족이 인정하지 않는다면 ……" 아무리 많은 글을 적어도 그 글이 가족에게 힘이 되지 못한다면 의미가 사라질 것입니다. 이런 글 하나 하나가 우리를 '가족'

이라는 유대감으로 결속을 시켜줍니다. 아래 편지는 저에게 어떤 위로보다 살아가는 힘을 줍니다.

알면 알수록, 연세 드시면 드실수록
더 멋있는 박주비 양과 박지찬 군의 부친께.

아빠의 쉰 두 번째 생신을 진심으로 축하드립니다.

드디어 제대를 하고 처음 축하드리는 아버지 생신이라 그런지 좀 철든 모습 보여 드리려고 하는데 아직 아빠에 비하면 한없이 어리고 철없는 아들 같네요. 항상 부모님께 감사하고 소중히 여겼지만 눈물을 쏙 빼 놓는 신병 훈련과 기나긴 암흑 같은 군 생활을 보내고 나니, 부모님의 존재와 사랑이 더 각별히 느껴지는 것 같습니다. 이미 여러 사람한테 많이 들었겠지만 저는 진심으로 생신을 축하 드립니다! 아빠가 태어나셨기에 저도 태어났고 남부럽지 않게 인생을 살 수 있었습니다.

매번 아빠하고 이야기를 하면 깨닫는 것이지만 참 아빠만큼 지혜롭고 통찰력 있고 교양 많은 사람을 아직 못 만나 본 것 같습니다. 어떻게 제가 짜내는 주제마다 오래 생각해본 사람 마냥 술술 이야기하시고 조언해 주시는데 매번 놀라곤 합니다. 연륜도 연륜이지만 대화의 폭과 깊이가 보통 어른들보다도 훨씬 월등하신 아빠가 한편으로는 자랑스럽습니다.

　나름 많이 고민해봤고, 스스로 똑똑하다고 여기는 제가 아빠랑 이야기를 할 때면 한창 더 성숙해가겠다고 느낍니다. 매번 만날 때마다 많은 것을 배우게 되고 아! 인생은 이렇게 살아야겠다고 다짐합니다. 진짜 솔직히 말해서 한 사람을 꼽으라면 아빠가 저의 삶과 생각과 철학과 과거와 현재와 미래에 가장 큰 변화를 주고 영향을 끼치신 분 같습니다. 덕분에 이렇게 잘 훈훈하게 성장했습니다. 이제 또 다시 미국에 가면 자주 보진 못해서 섭섭하시겠지만 항상 아버지 같은 사람이 되도록 하겠습니다.

　정신적으로만 아니라 물질적으로도 풍요롭게 해 주신 아빠 너무 감사합니다. 마지막 휴가 나왔을 때 누나와 같이 Wicked 뮤지컬 보라고 VIP 티켓도 끊어 주시고, 외박하고 엄마한테 혼났을 때 용돈 끊겼을까봐 용돈도 보내 주시고, 천안에 갔을 때 자신을 귀히 여기라며 난생 처음으로 이태리 풀 코스 요리도 사 주신 것 다 너무 감동받고 마음 깊이 감사히 여기고 있습니다. 오히려 제가 다 미안할 정도로 선뜻 자식들에게 아낌없이 베풀어 주셔서 정말 간만에 해보고 싶은 것 다하고, 놀고 싶은 것 다 놀고, 재충전할 수 있었던 시간이었습니다. 진짜 잊지 못할 가을이었습니다. 이제 돌아가서는 다시 학업에 열중하겠습니다.

천안에 올라가서 아빠 얼굴 보니까 갑자기 주름이 왜 그렇게 눈에 띄던지 안타까웠습니다. 회사 복귀하고 나서 그래도 무료하시지는 않으시겠지만 이런저런 일로 스트레스 받으시니 속상합니다. 이 국제 합창제에 통번역해 준 대가로 돈을 좀 받았는데 그걸로 아빠 주름개선 로션 샀습니다. 비싼 거니까 꼬박꼬박 아침 저녁으로 바르시고 젊어지시면 좋겠습니다. 일찍 일찍 관리해야 나중에 후회 안 합니당!

회사 분위기 충분히 이해하지만 진짜 건강 무너지는 건 한 순간인 것 같아서 무섭습니다. 회사는 때려치우셔도 되니까! 저는 일 잘하는 아빠보다 건강한 아빠가 좋은 것 같아요. 아빠 쉬 실 때 휴가 나와서 보면 진짜 좀 건강하고 편해 보이셔서 정말 좋던데....... 아빠 명색이 이제 눈치 볼 사람도 없잖아요!

하여튼 생신 축하 드리고 정말 사랑합니다! 아빠가 나의 아빠라서 행복하고 앞으로 만수무강 하시고 하는 일마다 잘 풀리셨으면 좋겠습니다. 힘내시고, 연말 송년회 폭음 조심하시고 행복하세요! 청춘은 인생의 시기가 아니라 마음가짐을 가리키는 말이라는 데 항상 청춘을 누리길 바라며

- 아빠를 정말 사랑하는 아들 드림-

이제 학업을 다시 하러 가는 아들에게

아이가 입사 면접을 보는데 면접관이 인생을 살면서 기억나는 경험을 이야기 해 보라 했을 때 아래 편지내용을 가지고 대답을 했다고 합니다. 아들이 여가를 이용하여 바텐더 시험 공부를 하였습니다. 실기 준비는 종이에 술 이름을 대략 50개 정도 적고, 시험에 나오면 이렇게 대응 해야지 하면서 머릿속으로만 연습을 하였습니다. 저는 정식으로 학원에 등록하여 공부를 하라고 하였습니다. 그러나 자신감으로 저의 충고를 간단히 무시하고 시험을 보더니 보기 좋게 떨어졌습니다.

그때 아래 글을 보냈습니다. 일본 공항에서 비행기를 기다리며 글을 보고 눈시울을 붉혔다고 합니다. 이처럼 무슨 충고를 하고 싶을 때 소리는 감정이 섞이기 쉽기 때문에 약간 시차를 두고 글을 적는 것도 매우 좋은 방법 같습니다.

이제 학업을 다시 하러 가는 아들에게

내가 군을 제대했을 때는 스스로 어른이 되었다고 느꼈었다. 그러나 네가 군대를 제대했지만, 내 눈에는 아이 같은 모습이 아직 문득문득 보인다. 아이가 아무리 성장해도 아이로 볼 수밖에 없는 천륜으로 엮어진 이들이 가진 예

외 없는 숙명인가 보다. 하나님께서 이렇게 좋은 자식들을 선물로 주셔서 항상 감사하다.

오늘은 간단하게 한마디만 하려고 한다. 금번에 복학하기 전에 바텐더 자격 시험을 준비한 경험을 잊지 말아라. 나는 네가 자격증을 따지 못한 것이 정말 다행스럽다. 책을 보면서 새로운 칵테일 만드는 방법을 외우면 필기시험까지는 가능하겠지만, 눈으로 익혀 배운 실기는 제조하는 방법을 전부 암기하고 있을지라도 술병을 찾는데 주어진 시간을 다 소비하듯이 세상은 머리만으로 되지 않는다.

말콤 드레드웰이 지은 <아웃라이어>에서 '1만 시간 법칙'을 이야기하면서 비틀즈, 빌게이츠 등이 최소한 일만 시간을 집중하여 자기 분야에서 달인이 될 수 있다는 것을 강조했다. 뛰어난 재능을 갖고 있어도 많은 시간 몸으로 익혀야 자기 것이 될 수 있다는 사실을 잊지 말았으면 한다.

바텐더 시험 하나를 해프닝이라고 생각하지 말고, 인생의 정말 큰 교훈을 얻었다고 생각하자. 작은 일이든 큰일이든 너의 전심을 다하는 자세가 있었으면 한다.

세상 누구를 만나든지 기죽지 말자. 알고 보면 별 사람 없다. 항상 자신을 존중하면서 당당하게 나아가자. 그리고 무엇보다 타인도 존중하는 자세로 산다면 네가 속해 살아가는 어떤 공동체 속의 일원으로 가치가 있으리라 믿는다.

언젠가 너의 집사람과 같이 골프 내기 게임하는 날이 왔으면 한다. 눈 내리는 산속 페치카에 불을 피우고 이런저런 이야기하는 행복한 상상을 해본다. 이런 상상이 나를 항상 좋은 곳으로 이끌어 왔듯이 어려울 때마다 좋은 생각을 떠올리자. 당분간 보지 못하지만 각자의 자리에서 의미 있는 삶을 살자.

사랑한다. 아들아.

함께했던 기억은 영원히 남는 것

모든 일은 때가 중요합니다. 지금 하지 않으면 안 될 일이 있어 시기를 놓치면 다시 할 수 없는 일들이 있습니다. 예를 들면 부모님이 돌아가시고 나면 효도를 하고 싶어도 못하는 것이고, 자식들도 자랄 때 같이 하지 못하면 커서 할 수 없는 일들이 있습니다. 저도 돌아보면 참으로 아쉬운 일들이 너무나 많습니다. 다행히도 아래 편지는 다른 분들은 모르는 우리 가족만의 기억이 있습니다. 같이 기억해야 할 일들을 만들어 가는 것이 얼마나 소중한 일인지 나이가 들면서 더욱 느낍니다. 나이가 들면 과거를 자꾸 불러들인다고 합니다. '왕년에는' '나 때는'은 아니더라도 '그때는'이라는 가족 간의 추억은 소중히 간직하고 싶습니다. 그래서 기록으로 꼭 남기고 싶습니다.

세상에서 제일 제일 사랑하는 아빠, 엄마!

시차 때문에 편지를 언제 써야 하나 헷갈렸는데 제때
잘 받길 바래요.
하여튼 어버이날 축하 드립니다!
태어난 지 벌써 20년이라는 시간이 지났는데
매 순간 사랑해주시고 보살펴 주신 거
누구보다도 잘 알고 진심으로 감사하고 있습니다.
매일 바쁘다고 전화나 편지 자주 못 드려도
항상 부모님 생각하고 고마워하고 있어요.

대학에 들어와서 다양한 사람들을 만나면서
제가 어떻게 성장해왔나 참 많이 돌이켜봤는데
엄마 아빠 덕택에 누구보다도 더 행복하고 순탄하게
잘 자란 것 같아요.
생각해보면 누나랑 저같은 아이들 키우는 거

극한의 인내심을 필요로 했을 것 같은데

ㅋ ㅋ ㅋ 참 존경스럽다는 말 밖에 나오질 않네요.

어렸을 때 너무나 울어 대서 탈장수술 받은 거,

누나 첫 운동회 때 유치원 안 가겠다고 땡깡 부린 거,

통도 환타지아에서 놀이기구 무서워서 운 거,

엄마가 만든 호박죽 통에 몰래 제가 먹다 버린 죽 섞은 거,

피부에 이상한 점이 있길래 에이즈 걸렸다고

쇼 하다가 피부과 선생님한테 간 거,

눈곱 낀 거 가지고 백내장이라 우기다가 안과에 간 거

다 저도 생생히 기억하고 있습니다 ㅋ ㅋ ㅋ ㅋ ㅋ

저도 참 별난 놈이 였는데, 뭐가 좋다고 저에게

이렇게 많은 관심과 돈을 부어 주셨는지 몸 둘 바를 모르겠네요.

동백유치원이랑 금양 초등학교 다닐 때 바쁜데도

아버지의 날하고 부자녀 캠프에

아빠가 와 준 거,

초등학교 때 스카이 스포츠클럽 만들어서

애들이랑 아이스 스케이트장이랑

등산 데려다 주신 거,

매해마다 전국 방방곡곡 차 여행 데려다 주신 거,

2000년을 맞아서 옹두산 공원에 카운트다운 보러 간 거,

헤럴드 영어캠프에 늦어서 비 오는데

멀리 떨어진 휴게소까지 데려다 주신 거,

어마어마한 SIS학비 2년 동안 절 믿고 대주신 거,

여기 오기 전에 아빠랑 통영으로 단 둘이 여행 떠난 거,

매번 볼 때마다 두툼한 용돈 챙겨 주신 거 ㅋㅋㅋ

잊었다고 생각하실 지 모르겠지만 정말 하나하나 다 기억하고,

감사하고 있어요.

(물론 -_-^ 맞고 혼난 것도 기억납니다만 ㅋ)

어렸을 때 제가 "난 서울대, 아니 하버드대 갈 꺼다" 라고

깝죽댄 거 기억하시죠?

진짜 어렸을 땐 멋모르고 한 말이었는데 어째 저째 하다 보니

진짜 이제 어엿한 스탠포드생이 됐네요.

비록 하버드는 아니지만 ㅋㅋㅋ 아직도 입학편지 받고,

장학금 받고,

여기 왔다는 사실이 정말 꿈만 같아요.

엄마 아빠가 아니었다면 정말 지금의 행복을

누리지 못했을 거에요.

게다가 저희에게 아낌없이 투자를 하시면서도

할아버지, 할머니, 외할아버지에게

효도한 부모님, 정말 닮고 싶습니다.

매년 어버이날엔 떨어져 있어서 선물도 직접 못 드리고,

이렇게 글로만 감사하다는

표현만 받으시니 섭섭해 하지 않을런지 모르겠네요.

한국으로 돌아갈 때 부모님 영양제랑 선물 사가지고 갈테니

실망하지 마세요 ㅋㅋ

노포동 버스터미널에서 헤어진지 별로 된 것 같지도 않은데

벌써 1년이 지나갔네요.

한 달 후에 한국으로 돌아갈 생각만 하면 너무 좋아요!

이제 곧 만날테니 너무 외로워 마시고,

어버이날 잘 보내시길 바래요♥♥♥♥♥♥♥

엄마, 아빠 사랑해요!!!

진짜로~~~

TO. 누구보다도 존경하는 아빠

본지 삼 일도 채 안 됐는데 벌써 아빠의 빈자리가

너무 크게 느껴집니다.

백세주 한 잔 기울이면서 나누던 길고 흥미진진한 이야기들,

대학 입학하기 전 통영으로 단 둘이 떠난 여행,

산꼭대기서 바라본 한려수도 전경,

중국에서 받늦게 힘든 몸 이끄시고 종종 사 오시던 KFC 치킨 버켓,

고등학교 졸업 때 한국에서 오셔서 대표연설 할 때

한눈도 안 떼시고 앉아서

보시던 모습,

푸켓으로 가족여행 가서 갑자기 굳어진 날씨에

파도에 출렁이던 배를 탄 기억,

중국가기 전에 어학기 하나씩 사다 주고

헤럴드 영어 캠프 버스 돌려서 먼 고속도로까지 태워 준 기억,

항상 바빠도 아빠로서 할 건 다하시면서도

이렇게 많은 순간들을 기억에 새겨

주신 것 정말 신기하고 감사할 따름입니다.

맨날 받기에만 익숙해져 있고 저 할 일에 급급하다 보니

세월 흐르는 것도 모르고

아빠가 벌써 쉰 살이 되신다는 사실에 적응이 안되네요.

직접 말로 축하는 못 드리겠지만

이렇게 글로나마 생신을 축하 드립니다!

군대 와서 정말 여러 사람을 접해보는데 그때마다

정말 아빠가 많이 자랑스럽습니다.

아무리 봐도 아버지처럼 성실하게 노력하셔서

성공하신 분은 찾기가 어렵습니다.

아버지 뭐 하시냐고 물어 볼 때 담담하게,

아니 오히려 눈치 보여서 겸손하게

대답할 수 있어서 정말 좋습니다.

또 친구들이랑 비교를 해 봐도 아빠처럼 허물없이

아들이랑 지내는 경우도 흔하지 않은 것 같습니다.

아빠가 워낙 재미있고, 좋은 말도 많이 해주시고,

이해심도 깊으셔서 함께하는 시간이 매번 즐겁습니다.

아빠는 주어진 몫보다 훨씬 더 하셨으니 이제
부담 느끼시지 말고 즐길 정도로만 일을 하시면 될 것 같습니다.
계속 몸이 안 좋아지게 놔두지 마시고,
운동도 하시면서 건강 챙기시고 너무 과로하지 않으신다면
저는 아빠한테 더 바랄 게 없을 것 같습니다.

매번 생신 때 해 드린 것은 없지만 밖에 나가면
더 잘 챙겨 드릴 것을 약속 드릴게요.
이제 저도 벌써 부모님 품을 떠나 스스로 설 나이인데
이제 부모님께 실망 시켜 드리지 않겠다는 말보다
스스로 잘 해서 꿈을 이룰 거라는 말을 해야 할 것 같습니다.
아빠처럼 성공하는 모습 볼 때까지 오래오래
만수무강 하셔야 합니다!
이제 일병 정기휴가가 한 달 밖에 안 남았는데
그때 가서 뵙겠습니다.
사랑합니다!

 가족이라는 숙명은 긴 시간 동안 서로에게 영향을 끼치며 살아갈

수밖에 없습니다. 최근 가족상담사 시험을 준비하면서 배운 핵심 키워드가 "자아분화"라는 단어였습니다. 원가족으로부터 정서적 융합에서 벗어나 자기만의 방식으로 자율적으로 행동할 수 있다는 뜻입니다. 온 가족이 감정적으로 한 덩어리가 되어 정서적으로 고착화되는 것을 경계합니다. 참 어렵습니다. 융합은 어느 정도가 적당하고 분화는 어느 정도가 되어야 맞는지, 그것이 측정 가능한 일인지 모르겠습니다.

그러나 이런 이론을 몰라도 가족 간의 간극과 갈등을 글로써 조금이라도 채울 수 있다면 조미료 같은 양념이 될 수 있습니다. 저도 이제 환갑이 되어 갑니다. 이제는 자식들에게 남길 글들을 준비하려고 합니다. 편지는 말보다 더 깊이 남으니까요.

제 3장. 회사 생활에서 기억에 남는 받은 글

'기억'이라는 것은 정말 신기하고 오묘한 체계가 있습니다. 우리는 기억을 완전히 지배하여 우리가 필요할 때마다 적절하게 꺼내어 사용을 한다고 생각합니다. 그렇지만 기억은 어떤 순간에 스스로 튀어나와 우리를 마음대로 휘두르기도 합니다. 그래서 때때로 누가 주인인지 알 수 없어 주종이 바뀌고 정신적으로 흔들리게 됩니다. 심지어 과거의 기억이 우리의 모든 것을 지배합니다.

그러나 좋은 기억들은 언제나 불확실한 저의 미래에 자신감을 북돋아 주었습니다. 회사생활을 하면서 기억에 가물가물한 사람도 있지만 긴 시간 동안 기억에 또렷이 남는 사람들도 많습니다. 이것은 서로에게 미친 영향의 강도로 결정이 됩니다. 약한 저를 인정해 주고 믿어준 분들은 영원히 기억에 머물러 있습니다. 그래서 제가 어려울 때마다 용기로 다시 세워줍니다.

저는 악필입니다. 신입사원 때는 보고서를 일일이 손으로 적어야 했습니다. 결재 하러 가면 내용은 차지하고 글이 악필이라 항상 먼저 주눅이 들었습니다. 그런데 새로 오신 부장님께 결재를 드리니 자세히 보시고 이건 '최고 결정권자'도 보시면 좋겠다고 이야기하셨습니다. 그리고 추가 결재할 수 있는 칸을 손으로 직접 그려 사업 부장님께 결재를 받아오라고 하셨습니다. 아직도 그때의 보고서가 눈에 선합니다. 물론 그 후로 보고서에 대한 자신감을 가지게 되었습니다.

글을 정리하다 보니 서로 좋은 영향을 준 순간만이 도가니 속에 연금되어 나오는 순금처럼 남아 있습니다. 긴 시간의 글들을 정리하니 강산이 세 번 바뀐 세월이 월급이나 타는 생존의 시간이 아니었습니다. 그래도 '사람처럼 살았구나!' 공감의 시간이 된 것 같아 기쁩니다. 제가 부족해서 여러가지 고통을 준 적도 많았겠지만 그런 부분은 잊어 주시면 합니다.

그동안 회사생활을 하면서 받은 글 중에 기억에 남는 글들을 간략히 정리하여 힘든 직장생활을 좋은 기억으로 오래 남기고 싶습니다. 그리고 만약 지금의 리더들이 이 글을 본다면 전하고 싶습니다. "아낌없이 칭찬하세요." 그것만이 직장 생활 결정판입니다.

글 하나, 말레이 법인장님으로부터 받은 글

아래 글은 기술이사로 계시던 분이 제가 중국 주재원을 나갈 때 저에게 주셨습니다. 저를 삼국지의 제갈공명으로 인정해 주셨다는 사실이 평생 가슴에 남아 있습니다. 그때 두려워 하지 않고 문제를 해결해 나가던 패기가 아직도 가슴을 뛰게 만듭니다. '성취감'이라는 단어를 몸으로 느껴 본 짜릿한 순간이기도 하였습니다. 특히 제가 좋아하는 노래도 아시고 따뜻하게 가족 걱정도 해주시는 마음 씀씀이 깊은 상사였습니다. 이런 좋은 상사를 만나서 정말 행복하였습니다.

박차장 같은 최고 기술자, 전략가가 있으면 좋을텐데......
가족들은 중국 생활에 잘 적응이 되었는지요. 한국에 계시는 부모님들께서도 건강하시지요.
한 번씩 과거의 부산 시절 이야기를 나누곤 합니다. 그때 난관에 봉착 했을 때 돌파구를 여신 분이 누구입니까.
제갈공명 같은 역할을 하신 박 차장을 나는 못 잊고 있습니다. 김 법인장을 잘 도와서 더욱 빛나는 법인을 만들어 가시기 바랍니다.
모든 법인이 심천만 보고 따라갈 수 있도록 리더십을 잘 발휘 하시기 바랍니다. 요즈음도 '여러분' 노래를 부르고 살 좀 뺐는지 모르겠습니다. 즐겨하시는 술 적당히 콘트롤 하시기 바랍니다. 추석 잘 보내시고 늘 건강 하시기 바랍니다.

글 둘, 사장님께 받은 글

아래 글은 제가 중국 주재원을 하다가 갑자기 본사로 불려 들어 올 때 사장님께 받았습니다. 주재원 임기가 남아 있었는데 본사가 너무 어려워져 가족은 중국에 남겨놓고 급하게 혼자 먼저 들어 왔습니다. 그리고 한 번도 경험하지 못한 일을 맡았고 기존 텃세에 한참 바깥만 돌았습니다. 그러나 아래 글처럼 저를 믿어주는 리더가 있어 좌절하지 않고 결국 문제를 해결할 수 있었습니다. 정말 짧은 글 하나라도 큰 힘이 될 수 있습니다.

〈사기의 자객열전〉을 보면 예양이 "선비는 자기를 알아 주는 사람을 위해 목숨을 바치고, 여자는 자기를 알아 주는 사람을 위해 화장을 한다"는 말이 있습니다. 이처럼 누구를 인정해 주는 것은 상대방의 힘을 끌어내는 너무 중요한 예술 같은 행위입니다. 단 3줄의 글이 아직도 기억 속에 남아 있는 것은 글의 길이가 중요한 것이 아니라 진심이라는 깊이가 사람을 움직이기 때문입니다.

Sender : 사장/삼성 SDI(국내)/ Date : 2006-12-04
누구보다 잘할 것이라고 기대한다.

그래서 자네를 데려온 것이고......

잘해 보시게.

글 셋, 여사원에게 받은 글

부산공장을 떠날 때 여사원이 글을 보내 왔습니다. 이 여사원이 결혼을 할 때 주례를 서달라고 부탁했는데 나이 어린 제가 하기는 부담스러워 양해를 구했습니다. 그래서 결혼 후 부부동반으로 식사를 대접했습니다. 항상 참 열심히 살아가는 사원이었는데 결혼 후에도 자기 개발을 잘하는 것 같아 보기가 좋습니다.

아래 편지와 같이 이심전심으로 마음을 통하며 일을 할 수 있었던 것은 저에게 너무 큰 행운입니다. 사람으로 태어나 다른 사람에게 조금이라도 좋은 영향력을 줄 수 있다는 하나만으로도 이제 퇴직을 앞둔 발걸음이 가볍습니다.

음....... 소문은 소문으로 끝이 아니리라 생각을 했었습니다.

아니 그렇게 믿고 싶었던 것이라는 생각이 듭니다.

부장님... 요~~ ㅠ..ㅠ..

어제 부장님의 가신다는 소식을 보고 기운이 슈욱~~~ 힘이 빠지더라구요~~ 그렇게 저는 저의 리더를 존경하고 있었는가 봅니다.

지위의 높고 낮음을 떠나서 정말 존경하는 분의 한 사람이었습니다.

살아오면서 수많은 사람들과 만나고 헤어지는 것을 반복하면서 살지만 많이 만나지 않아도, 많은 이야기를 나누지 않았어도, 몇십 년을 만난 것처럼 편하고 그냥 옆에서 지켜만 주고 있어도 안심되는 그런 분이었는데 ......적어도 저한테는 요. 그리고 후배들을 아끼는 맘을 저는 느낄 수가 있었습니다.

부장님께서 저희들에게 해 주셨던 말씀......

그리고 설득력 있는 표현으로 감동을 주는 메세지...다 기억할 것입니다.

아무 뜻없이 한 이야기가 어떤 이에게 돌팔매가 되어 평생을 가슴에 멍이 들어 사는가 하면, 제가 가슴에 담긴 이야기 한 줄 적었을 뿐인데... 그 진실이 전해져 ... 어떤 이가 어제 살아온 날들과 오늘 사는 모습이 달라졌다면 ... 믿으실까여?

글 넷, 부산공장 공업용브라운관 조기 빌드업 후 받은 편지

운이 좋아 아무것도 잘 모르던 과장 때부터 좋은 상사를 만났습니다. 돌아보면 직장 생활 반은 상사가 매우 큰 영향을 줄 수 밖에 없습니다. 힘이 들어도 같이 고민하면서 일 할 수 있는 좋은 여건을 만들어 주어 너무 감사합니다. 주요 기술을 일본에서 받아 오던 시절, 맨몸으로 부딪히고 아이디어를 내고 결국 세계를 제패했습니다. 그래서 요즈음도 선배님들을 가끔 만나서 옛날 이야기를 하며 술을 먹습니다.

아래 글을 받을 때는 서열이 최우선인 권위주의가 판치는 경직된 조직 문화를 당연시 할 때였습니다. 그 시절에 '뽀뽀해 주고 싶음'이라는 말을 하신 상사님은 요즈음 잣대로도 '소통의 달인'입니다. 이제 제가 후배들에게 '뽀뽀해 주고 싶음'이라고 아낌없이 칭찬을 해야겠습니다. 선배님, 감사합니다. 저에게 주신 믿음을 평생 잊지 않고 간직하겠습니다.

(이사님 글)
박과장. 탁월한 솜씨를 이번에 한번 더 보겠습니다.

4 라인 제품과 같이 한다는 발상은 매우 훌륭합니다.
VERY GOOD. 타기종 확산시도. 김○○씨는 확대 복사하여
저의 벽에 부착 바랍니다.

박과장, S/L 직행율이 많이 올라 갔군요.
누가 뭐래도 박정대 과장의 주도 면밀한 작전 계획과
필승의 신념의 결과라고 생각합니다.
뽀뽀해 주고 싶음. VERY GOOD

글 다섯, 천안공장을 떠날 때 반장이 보내온 글

　조직을 이끌면서 사람과 일을 한다는 것은 참으로 어려운 일입니다. 특히 리더와 생각을 맞추고 의기투합할 수 있도록 세심하게 교육하고, 목표를 정확히 공유하고 과정을 격려하면서 가야 합니다. 일반적으로 조직에 소속되어 있을 때는 대부분 상사에게 철저히 복종하는 척합니다. 하지만 진심으로 마음을 제대로 맞추지 않으면 쌍방 모두에게 씻을 수 없는 괴로움을 남깁니다. 특히 경영 환경이 어려운 조직을 맡으면 강하게 밀어붙일 일들도 많습니다. 서로에게 오해

가 생기고 피곤한 일이 일어나기 쉽습니다. 그러나 조직을 떠날 때 한 사람이라도 리더의 어려운 마음을 알아주는 아래 같은 글을 받으면, 모든 어려움과 힘든 생각이 눈이 녹듯이 없어집니다. 무엇보다 긴 시간 저와 같이 땀 흘려 일하며 역전 홈런을 날리신 동료들께 진심으로 감사드립니다.

(반장 글)

20여 년을 이 회사에서 보냈습니다. 그간에 모셨던 분들이 참으로 많았고 기억도 많이 하고 있습니다. 부장님도 역시 이제는 모셨던 분으로 기억을 하게 될 겁니다. 다른 의미지만……

부장님 계시는 동안에 파트장들이 고생을 많이 했습니다. 저희들이야 그렇게 힘들지는 않았다고 생각을 합니다. 그렇지만 분명한 것은 발전을 위한 고생이었다는 것이고, 그에 따라 일하는 방법이 바뀌었다는 것입니다. 주먹구구식으로 했던 일하는 방법을 System的, Data的으로 할 수 있도록 이끌어 주셨습니다. 땀을 흘리며 몸으로 해결하려는 문제를 간단히 머리를 써서 해결하도록 지혜를 주셨습니다.

Top 이 바뀌면 하부 조직은 Top의 영향을 많이 받는 것이 당연합니다. 운용방법 상의 차이는 분명히 있고, 방법이 무엇이든지 어떻게 긍정으로 이끌어 바꿀 수 있는가를 보면, 단순히 기억하는 상사와 존경하는 상사로 나뉘게 됩니다. 적어도 부장님은 저에게는 다른 의미로의 상사로 기억이 될 것입니다. 그만큼 노력의 결과일 것이며, 노력의 강도가 여간 하시리라 생각됩니다.

우리 그룹에 많은 변화를 주고 가셨습니다. 덕분에 전일에 조립을 드디어 4001 매 달성을 하였습니다. 진작에 했어야 할 작은 목표가 이제야 달성이 되었습니다. 물론 부장님의 공이기에 글로서 나마 축하를 드립니다. 더욱 박차를 가하여 더 나은 성과를 올려서 이 창가를 등지고 앉아 빙그레 웃으실 수 있도록 하겠습니다.

글 여섯, 부산공장 P4를 떠나며 받은 글들

부산공장P4는 짧은 재직기간이었지만 일년 삼백 오십 일, 거의 매일 출근을 하였습니다. 모두가 반신반의한 불가능에 도전하여 결국 日 생산 8848매를 달성하였습니다. 그날 새벽부터 저녁까지 사원들과 축하 잔치를 하던 때가 기억이 납니다. 다른 곳에 부임하기 위하여 기차를 타고 올라오는데, "부장님 오늘 드디어 9000 개도 넘었습니다"고 소식을 전해 주던 반장님들의 들뜬 목소리가 지금도 생생히 들려옵니다. 무엇보다 누가 적은 글인지 모르겠지만 "같은 건물에 근무 할 수 있어서 행복했다"는 어느 사원의 글이 제가 살아온 이유를 대변해 주는 것 같아 지금 읽어도 너무 기분이 좋습니다. 사원들이 자발적으로 같이 꿈을 나누었다는 글은 삭막한 현장도 재미가 숨쉴 수 있다는 여지가 있어 좋습니다. 일하는 것이 너무 재미있었고 매주 영남 알프스 많은 봉우리를 올랐던 추억이 새삼 떠오릅니다. 여러분들과 함께한 시간이 너무 행복했습니다.

(고참 사원 글)

부장님, 정립이 덜된 어려운 시기의 P4에 오셔서 정말 많은 고생하시고 가십니다. 부장님의 노력으로 여기 남은 우리들은 편안하게 근무할 수 있을 것 같습니다. 건강하시고 부장님의 앞날에 좋은 일만 있길 기원 드리겠습니다.

부장님과 같은 건물에 근무할 수 있어서 행복했습니다.

(반장 글)

PA에 오셔서 일할 맛나는 분위기를 만들어 주신 것 진심으로 감사 드리며, 전지에서도 계속 영광이 이어지시기를 기원 드리겠습니다. 부장님이 오시고 나서 다소 피곤은 하였지만 현장에서 작은 일에도 칭찬과 격려 그리고 우리가 품고 나갈 꿈을 이야기하고 그 꿈이 점점 현실로 성취되는 기쁨을 주셨습니다.

(현장 사원 글)

부장님 그간 고생 많으셨습니다. 최단기간에 사원들 신상 명세서 이름 암기. 신기록 할 때마다 회식 시켜주던 일 모두 부장님이 최초였습니다. 언능 상무님하고 부를 수 있게끔 해 주십시오. 인연이 되면 다시 앞에 가서 반갑게 인사 드리겠습니다.

(분임조장 글)

부장님께서 부서 이동하신 후 지금에서야 이해가 아닌 몸으로도 느낄 수가 있네요. 목표를 세우지 않고 지금껏 살았다는 생각이 제 자신을 부끄럽게 합니다. 8848 도 넘었고 회사 일이 아닌 제 인생에 있어서도 목표를 장기적으로 세워서 한 번 멋지게 살아 보고 싶네요. 박정대 부장님 깊이 감사 드립니다.

글 일곱, 중국 주재원 4년의 의미

중국 주재원은 제 인생에 외국인들과 마음을 맞추고 일한 많은 의미를 가지고 있습니다. 이십 년이 지나도 중국 출장을 가면 그 친구들이 나와서 밥을 사 주기도 합니다. 모두 출세를 하여 부자이기 때문에 제가 사 줄 기회가 없습니다. 이제는 회사의 영도자들이 되어 사회의 주축으로 서 있는 모습을 보면 참으로 자랑스럽습니다. 브라운관 생산량 세계 최고, 완벽한 품질을 이루어 내었습니다. 중국의 고도성장기에 그 현장에서 같이 웃고 일했던 그들의 열정과 자부심이 지금도 선명하게 기억이 납니다. 그들이 주는 백 잔이 되는 술을 다 받아먹고 실려서 집에 와서 밤새도록 변기통을 잡고 있었던 적도 있습니다. 그들과 격의 없는 친구가 되는 순간이었습니다.

돌아보면 한 사람 한 사람이 삼국지에 나오는 영웅들이었고 배울 것이 너무 많았습니다. 언제 한 번 모두 모여 백주 한 잔을 기울었으면 합니다.

(선배 글)

박차장! 심천이 2 년 전만해도 정말로 고객에서 문제가 많고, 내부에서도 품질 문제가 많았습니다. 그렇지만 지금 심천은 전사에서 최고의 품질과 경쟁력을 갖춘 사업장이 되었습니다.

본인이 판단하건대 확실한 제조기술을 가진 박차장이 심천에 배치되고 나서 문제를 정확히 꿰뚫어 판단하는 박차장의 열정으로 정말로 좋아진 것 같습니다. 물론 몇몇 주요 인물도 새롭게 배치되었지만 말입니다.

본인은 내부에서도 항상 심천의 품질이 안정된 것은 박차장의 성과라고 모두에게 이야기 합니다. 심천이 항상 고객에서 선호하는 최고의 품질로 지속될 수 있도록 부탁드립니다. 감사합니다.

(입사동기 글)

아! 정말 미안하다. 심천 출장 귀국 후 바로 연락한다는 게 이렇게 늦어져 버렸구나. 특히 심천에서의 작은 거인과의 만남은 보고 싶은 사람과의 재회 이상의 커다란 의미를 갖게 되었단다.

심천의 박정대도 역시 부산의 박정대 못지 않게 당당히 의연히 옛모습 그대로 맛을 내고 있더구나. 조직을 바꾸고 변화시킨다는 게 엄청난 자기 희생을 필요로 하는데, 더구나 언어도 생각도 살아온 환경도 전혀 다른 이국에서, 그것도 아직은 먹고 사는 게 궁핍한 중국 대륙에서 그 사람들의 마음을 얻기 위하여 그들의 역사를 공부하고 그들의 생활 속에 함께 하면서 "우리"라는 공동체 의식을 만들어서 그들의 큰 형님으로 자리잡고 있는 너의 모습이 보기 좋았다.

글 여덟, 천안공장 PDP 제조 그룹장을 맡으면서 받은 글

중국에서 갑자기 본사가 어렵다고 사람이 필요하다며 귀임 통보를 받았습니다. 제가 반 년만 더 있으면 둘째가 대학 특례를 받을 수 있고 그 당시 좋은 의대를 가는 것은 문제가 안 되었습니다. 그러나 반 년을 연장할 환경이 아니었습니다. 귀국을 결심했을 때 회사에서 배려를 해 주어 일단 가족들은 중국에 두고 혼자만 먼저 나왔습니다. 그러나 처음 약속했던 자리도 못 갔고 텃세가 심해 거의 세 달을 아무 일도 못하고 구석진 자리에서 대기상태로 있었습니다. "긴급하다고 부르더니 이게 뭐냐고." 따질 수도 있었지만 절대 조급하지 말자고 기다리니 제조 그룹장직을 주었습니다.

한국에서 제조 사원들과 일한 것은 처음입니다만 정말 보람 있었고 행복 했습니다. 날마다 사원들과 함께 문제를 찾아내고 신기록을 만들어 갔던 '소통의 관리'를 체감했던 시절이었습니다. 우리가 만들었던 실적과 불가능에 도전하기 위해 마음을 함께 했던 것은 모두들 청춘에 작은 추억이 되리라 믿습니다.

(후배가 해외에서 보내준 글)
어제 저녁에 자리에 남아서 그동안 부장님께서 PDP 2 라인에서 사원들 하고 같이 노력하여 이룩하신 결과를 SBC 방송에서 정말 생생하게 보았습니다. 부장님께서는 아실지는 모르겠지만 저는 부장님을 뵐 때마다 언제나 부장님의 뭔가 살아 있는 그리고 예리하신 눈이 참 마음에 와닿거든요 라인에 계시는 한 분 한 분 자세히 보면 정말 부장님 눈처럼 생동감이 있고 예리한 모습에 놀랐습니다. 속으로 라인에 계시는 분들 모두 부장님께 동화가 되었나 하는 생각까지 들었습니다. 부장님, 어제 방송 보면서 가슴이 찡했습니다.

(조직을 떠날 때 여사원 두 명이 보내준 글)

안녕하세요. 정말 아쉽습니다. 제 이름을 기억하실지는 모르겠지만 헤어진다는 아쉬움에 글을 올리려 합니다. 제가 여태껏 만나본 부장님들 중에서 가장 기억에 남고, 가장 잘 웃으시는 분이었으며, 굉장히 멋진 분으로 기억하고 있습니다 ^^ 비록 하루하루 얼굴을 마주보고 이야기 하진 않았지만 굉장히 친숙하게 느껴졌던 것 같습니다.

부장님은 저희에게 참으로 따뜻하고 인간미 있으신 분이셨어요. 삼성이란 사회에서…… 이제 5년 근무하면서 이런 사람, 저런 사람 참으로 많이 부딪혀 보았지만…… 부장님 빈자리가 클 것 같습니다.

(전사 품질팀장께서 보내준 글)

이론 CAPA 의 99% 를 달성했다는 것은 DREAM LINE 이 꿈이 아닌 현실로 실제로 이루어 지고 있다는 쾌거입니다. 금일 아침 방송에 나왔듯이 박정대 부장을 비롯 P2 의 모든 분들이 열정과 도전으로 일구어 낸 값진 성과입니다.

서로 서로 격려하며 문제의 근원을 찾아 해결하는 실제 행동으로, 실천으로, 성공으로 연결된 과정이 아름답습니다.

글 아홉, 품질팀을 떠나면서 받은 글

품질팀장은 제가 입사하여 처음 맡은 분야이고 맡은 사연도 기구할 정도이지만, 임원 첫 해에 맡아 많은 이야기가 녹아 있습니다. 대상포진도 걸렸고 결핵도 앓아 옛날로 따지면 한마디로 요절을 할 뻔했습니다. 그때 의사선생님이 이 두 가지 병을 같이 걸리는 것은 극심한 스트레스, 과도한 음주나 다이어트라고 했습니다. 수많은 문제를 피하지 않고 정면으로 승부한 용기로 일을 할 수 있었습니다. 무엇보다 매우 큰 사건이 두 가지가 있었습니다. 그 가운데 고객과 솔직히 문제를 오픈하여 노키아와 보쉬 문제를 해결한 것이 무엇보다 기억에 남습니다. 서로 갑론을박을 하면서 의견 차이가 좁혀지지 않을 때 제가 현상을 있는 그대로 설명을 하였습니다. 그러자 보쉬에서 회의를 정회하고 자기들끼리 회의를 하러 나갔습니다. 그리고 삼십 분 후에 돌아와서 현상을 정확히 이야기해 주어 고맙다고 하고 문제를 풀어 주었습니다. 그날 나와서 낮에 푸른 하늘을 보며 생맥주 한 잔 먹었던 기분은 말로 표현하기 어렵습니다. 품질팀의 새로운 일이 너무 어렵고 힘이 들었지만 많이 배울 수 있었습니다. 특히 불편하고 피하고 싶은 일을 좀 더 즐기며 할 수 있는 여유를 배울 수 있었습니다.

(편지 1)

　가신다고 하니 마음이 횅한 느낌입니다. 짧은 순간에 마음속 많은 영향을 주시고 가시는 것 같습니다. 팀장님의 깊은 마음을 헤아려 보려 하기도 하고 그동안 배운 대로 말뚝의 기준을 잡고 원을 그리기 시작하려는데 말뚝이 뽑힌 듯한 허탈함도 생깁니다.

　알려주신 시처럼 작은 '연탄 한 장일지라도 뜨겁게 사람과 동료를 사랑하면서 업무도 완성도를 이를 때까지 질기게 하겠습니다.

(편지 2)

고맙습니다. 상무님과 소통할 기회는 별로 많지 않았지만 좋은 글, 좋은 가르침 많이 주셔서 고맙습니다. 회사의 임원이라면 군에선 장성인지라 항상 어려운 분이라는 막연한 선입견에 접근하기가 쉽지 않았습니다.

그런데, 상무님께서는 사원들과의 자리를 많이 하시고 또 좋은 말씀 많이 해 주시고 품질인은 이렇게 하는 것이다. 은연중의 가르침에 많은 것을 배울 수 있었습니다.

(편지 3)

팀장님의 많은 업무로 제가 하는 일들을 충분히 이해하시리라 솔직히 생각을 못했습니다. 그런데, 관통하시듯 문제를 바라보시고 말씀해 주시는 고견에 놀라움과 감사함을 참 많이 느꼈습니다. 다시금 감사드린다는 말씀을 전합니다.

보내 드려야 하는 품질팀의 일원인 저는 참 아쉬움이 됩니다. 하지만, 천진법인장이라는 자리로 옮기는 팀장님에게 축하를 보내 드리며 하나님의 축복과 평강이 함께하시길 기도하겠습니다.

글 열, 품질 사고 책임을 지고 물러났다가 복귀하던 날 받은 편지

  임원 일 년이 지나고 해외 법인장 발령이 나서 부임을 하였습니다. 그리고 바로 얼마 후에 국내에 품질 문제가 생겼습니다. 제가 품질팀장을 맡았을 때 판단한 문제였고, 삼성그룹의 문제로 확대가 되었습니다. 배터리의 가장 중요한 안전성의 문제라 엄중하게 다루어 졌습니다. 고위 책임자가 책임을 져야 마무리가 될 수 있는 상황이라 주저없이 제 선에서 책임을 졌습니다. 이런 저런 핑계를 될 수도 있었지만 감사팀장한테 '모든 책임은 나에게 있다'고 하였습니다.

  호기롭게 결정은 했지만 이 퇴직 상황을 아내에게 어떻게 이야기해 줄까? 아내도 교사를 휴직하고 외국까지 나를 따라와 아파트에 이삿짐을 푼 지 일주일도 안 될 때였습니다. 임원이 되고 일 년 만에 그만둔다는 이야기를 차마 꺼낼 수 없어 많은 고민을 하였습니다. 결국 주말 저녁에 아내를 일식집으로 데리고 가서 자초지종을 이야기했습니다. 아내는 오히려 담담하게 "그동안 고생했으니 잘 쉬고 생각해보자"고 격려를 해 주었습니다. 그 순간 가슴속 응어리가 '쑥' 내려오는 것을 느꼈습니다. 그렇게 이삿짐을 다시 싸고 한국으로 돌아왔습니다. 다행히 반 년 후에 복귀가 되었습니다. 하지만 그때 스산한 중국 천진의 겨울 날씨와 미세먼지로 앞이 제대로 보이지 않던 풍경이 아직도 눈앞에 어른거립니다.

　아래 글은 품질 문제로 제가 책임을 지기 위해 감사를 받으려고 한국에 들어왔을 때, 어떤 사원이 저를 걱정을 해주는 글에 대한 답장입니다. 제가 보낸 것을 간직하고 있다가 업무에 복귀할 때 재전송해 준 글입니다. 지금 보니 군자도 아니면서 군자인 척하였군요. 그래도 살기 위해 비굴하지 않았던 모습이 조금은 자랑스럽습니다. 복귀를 도와주신 분들께 지금도 감사드립니다.

(업무 복귀시 사원이 보내준 글)

2012 년 1월 17일,

POOM 필드 사고 다발로 인한 국내 감사 호출시 박상무님 왈.

군자대로행

소리에 놀라지 않는 사자 같이,

그물에 걸리지 않는 바람같이,

흙탕물에 더럽혀지지 않는 연꽃같이 걱정 고마우이

(복귀시 부사장님 글)

박상무야말로 누구보다 능력과 로열티가 있는

우수한 인재인 만큼,

앞으로 큰 기대됩니다.

그동안 마음 고생 많으셨고 잘해봅시다.

(사장님 글)

박상무, 마음 고생 많았습니다.

앞으로 心을 모아 잘해 봅시다. 독일 출장 중 사장

글 열 하나, 제조기술 마음의 고향

기술은 제가 입사해서 처음 했던 일이었고 가장 오래한 일이기도
합니다. 그래서 항상 고향의 느티나무 같은 시원한 그늘이 있습니
다. 개발과 현장의 가교 역할을 하며 티는 잘 나지 않으나 너무나 중
요한 일입니다. 이 때의 쌓은 경험은 실전 사례로 앞으로 별도로 정
리를 하려고 합니다.

신입사원 때 첫 조례를 하는데 기술 부장님께서 "기술의 80%이상
은 인간 관계다"라는 말하시던 모습이 생생합니다. 현장 작업자는
물론이고 많은 사람들과 대화를 통하여 현장에서 답을 찾는 일, 그것

이 기술의 핵심입니다. 책상이 아니고 현장에서 묻고 고민하고 그것을 풀어내는 기술자가 진정한 기술자가 될 수 있습니다.

(편지 1)

팀장님 안녕하십니까? 짧은 기간이었지만, 기술인으로서 자부심과 Mind 는 타의 추종을 불허하시는 팀장님의 모습을 보며, 인생의 카운슬러로 닮고 싶었는데.....!! 다른 곳으로 가시니 섭섭함이 이루 말로 표현하기가 힘드네요!

지금까지 보여 주셨던 모습! 잘 간직하겠습니다. 제 인생에 좋은 선배이자, 스승이 되었다고 자부합니다.

(편지 2)

안녕하세요 각형 기술 박S입니다. 개발로 발령받으셨다는 이야기를 타지에서 들어 만나 뵙지 못하고 떠나 보내 드려야 하네요. 팀장님이 기술에 계시는 동안 저는 나름 기술에 자부심을 느꼈고 당당함을 느꼈습니다. 많은 힘이 되어 주셨고 좋은 방향을 알려 주는 나침반이 되어 주셔서 감사합니다. 그동안 감사했습니다~ - 말레이시아에서 -

(편지 3)

상무님! 언제나 많을 걸 보고 느끼고 배웠습니다. 가신다고 하니 저를 포함한 기술에 모든 사람이 아쉬워하고, 요즘 말로 맨붕 상태라고 이야기들 하더라구요.

기술에서 상무님을 좋아하는 이유가 여러 가지 있겠지만, 방향을 확실하게 정하여 해야 할 일들을 명확하게 제시하여 주시어 모든 기술인이 좋아했고, 언제나 마음 열어 놓고 대해 주시니 좋았습니다. 시간 나면 차 한 잔 하러 가겠습니다.

(편지 4)

많은 기술 팀장님들께서 계셨지만 유독 상무님께서는 제 기억에 많이 남아 이렇게 메일 드리게 되었습니다. 기술에 오셨을 때 소통과 화합을 무척 강조하시면서 여러 가지 개혁 (?)적인 일도 많이 하셔서 그런가 봅니다. 특히 평가 presentation, 할 때는 바쁜데 이걸 왜 하고 있나 생각도 들고 귀찮기도 했는데, 작성하면서 제가 무슨 일을 했나, 그리고 일처리를 하면서 부족한 부분은 무엇이었나를 되돌아 보는 계기도 되고 나중에는 정리한 자료들이 많은 도움이 되었던 것 같고, 그래서 부족하지만 리포트로 정리하는 습관이 좀 더 강화되었습니다.

(편지 5)

　기술팀에 계실 때 밑에 팀원들이 많음에도 한 명 한 명 챙겨주셔서 상무님께 너무 너무 감사한 마음을 가지고 있었고 또한 항상 상무님이 가지고 계시는 업무에 대한 지식이나 Knowhow 에 대해서 회의 시, 업무 보고시 전달해 주시고 이야기해 주시는 것들 하나하나가 저의 기술팀 생활에서 따라가고자 하는 목표, Target 이 되었던 것 같습니다.

글 열 둘, 처음 입사하여 제가 이끌었던 purity 팀

　삼십 여년 전 입사를 하고 바로 작은 파트 리더가 되었습니다. 그 팀 이름이 purity였습니다. 삼십 년이 다 된 지금도 일 년에 정기적으로 모이고 있습니다. 지금은 서로 다른 직장에서 일을 하지만 언제나 격의 없고 좋은 사람들입니다.

　각자의 개성이 뚜렷하지만 오랫동안 같이 일해 왔기 때문에 서로를 인정해 주는 관계이기도 합니다. 정말 다른 파트에 지기 싫어하는 DNA를 가지고 있어 항상 좋은 실적을 유지하기도 했습니다. 지금은 각자 다른 곳에서 일하고 있지만 평생 친구로서 남은 인생을 의지하며 가겠습니다.

(편지 1)

　그동안 많은 후배들을 양성하셨고 또한 많은 귀감이 되셨습니다. PURITY의 상징과도 같은 분이신데, 우리 회사에서 활약하시는 모습을 더 볼 수 없다니 가슴이 먹먹하네요. 후배들에게 몸소 실천하시던 가르침을 가슴에 담고

　저 또한 남들에게 귀감이 될 수 있도록 노력하겠습니다.

(편지 2)

　상무님의 Purity 라는 첫 글자를 보고 뭉클해져 오네요.

　회사도 부서도 옮겨 보았지만.......

　"purity"는 직장의 고향과도 같은 조직이었던 것 같습니다.

　그 중에 중심에 계셨던 상무님께서 또다른 2장을

　준비하신다고 하니 멀리서나마 건승을 빌어 드립니다.

　지금까지처럼 앞으로도 저희 후배들의

　삶의 귀감이 되리라고 믿습니다.

(편지 3)

이제는 무거운 짐을 잠시 내려놓으셔도 될 것 같습니다. 저 개인적으로는 직장생활 첫 상사이자 멘토인 상무님 영향을 많이 받고 지금까지 생활하고 있습니다 많이 지도하고 베풀어 주시고 추억도 만들어주신 상무님 감사합니다.

글 열 셋, 삼성 SDI를 떠나며

첫 직장 삼성 SDI는 저에게 뭐라고 한 단어로 표현할 수 없는, 듣기만 해도 가슴이 먹먹해지는 단어입니다. 통도사 뒤 신불산을 배경으로 아침 이면 '활기찬' 이라는 단어가 저절로 튀어나왔습니다. 이곳에서 저는 인생의 스승들을 수없이 만났습니다. 그리고 친구들과 후배들을 만나 많이 꾸준히 성장을 했습니다. 말로 표현하기 어려운 공간과 시간과 사건이 같이 버무려져 있습니다.

약 삼십 년을 보내면서 헤아릴 수 없는 도전과 실패를 하면서도 브라운관 세계 1 위를 달성하였고 PDP 신 디스플레이 기술을 개척하였습니다. 이제 배터리로 힘찬 도약을 하여 다시 세계를 제패할 것을 의심하지 않습니다.

돌아보면 SDI는 어려운 변신을 몇 번이나 거치며, 오뚝이처럼 넘어지고 다시 일어서면서 결국 위기를 이겨내었습니다. 그리고 무엇보다 삼성그룹에 새로운 신규사업을 몇 개나 태동시킨 위대한 회사였습니다. 이런 가능한 일들은 선배님들의 열정이었습니다. 저보다 열 살 정도 많으신 분들이 어떻게 그렇게 대담하게 일을 하셨는지 지금 보니 너무나 존경스럽습니다. 그 곳에서 일한 제가 너무 자랑스럽습니다.

(편지 1)
상무님께서는 잠시 스쳐가는 바람과 향기일지는 몰라도 누군가에게는 그 향기가 어떻게 삶을 살 것인가에 대한 진지한 물음에 대한 실마리가 되었습니다.

이제는 회사에서 상사를 넘어서 후배들의 인생 구루로서다시 한번 멋진 모습 보여줄 것이라 믿습니다.

(편지 2)
팀장님과 함께 고생했던 시간들이, 그때는 참 답도 없고 답답한 거대한 벽같이 느껴졌는데, 지금 생각해 보면 흑백 영화 필름 같이 아련한 추억이 되고 있네요. 그 당시 '이것 또한 지나가리라'고 말하며 앞의 일들을 하나씩 하나씩 뚜벅뚜벅 풀어 나가시는 것에 큰 감명을 받았고, 개발 팀원들과 소통을 해 나가면서 같이 혈맥을 짚어 나가셨던 점이 특히 좋았습니다.

(편지 3)

처음 상무님을 뵙던 때가 생각납니다.

기술 무지랭이들에게는 어쩌면 생소할 수 있는 업무 보고회를 통해, 스스로의 업무를 되돌아보고 방향을 설정할 수 있게 도움을 주셨던 부분, 항상 부드러운 카리스마로 부하 사원들을 독려하고 용기를 북돋우어 주셨던 부분, 천진 화재 시 불철주야 복귀를 위해 헌신하시는 와중에서도 주재원들에게 격려를 아끼지 않으시던 부분까지…… 정말 회사를 위해 헌신하는 것이 무엇인가를 몸소 가르쳐 주셨던 것 같습니다.

(편지 4)

그동안 고생 많으셨습니다. SDI 역사 중에서 많은 역할을 하셨고, 후배들에게 많은 가르침을 주셨기에 SDI 오늘이 있지 않았나 싶습니다.

상무님 떠나신다는 소식에 많이 가슴 아프고, 아쉽습니다. 그동안 상무님 지도해 주셨던 많은 가르침을 따라 회사를 더 발전시키는 게 보답하는 것으로 알고 더 열심히 매진하도록 하겠습니다.

(편지 5)

오랜 시간 많은 일을 담당하시고 진행하시느라 수고하셨습니다.

개인적으로 상무님과 함께 했던 시간 속에서 상급자, 리더로서의 상무님보다는 인격체로서의 상무님을 느꼈던 기억이 있습니다.

업무상 만나게 되는 인연을 넘어서 인격체로의 상무님은 스스로의 삶을 살피고 정리하고 새로운 길을 찾아가시는 분이라는 느낌이었습니다.

정체되거나 도태되지 않고 늘 새로움을 찾는 분.

앞으로 맞이하게 될 또 다른 인생의 길에서도 즐거움을 갖고 한 걸음 내딛으시기를 소망합니다.

(편지 6)

힘들고 어렵고 속상한 적이 한두 번이 아니었을 텐데 내색하지 않으시 묵묵히 헤쳐가는 모습이 너무 멋있었습니다. 작은 거인이란 말이 무색하게 제 곁에 거인이 계신 것에 늘 든든한 마음이었는데, 아쉽고 허전하네요. 회자정리 거자필반. 다시 뵐 때 지금보다 더 건승하시길 바랍니다.

(편지 7)

상무님과의 인연은 브라운관부터 PDP 에 이르기까지 수많은 세월 속에서 참다운 제조가 뭔지 또 어떻게 관리하고 관리되어야 하는지를 명확히 알게 해 주신 고마운 분입니다. 그동안 남기신 말씀들이 주옥같이 가슴에 새겨져 남은 SDI 의 조직관리 및 더 나아가 인생의 행로에 등불이 될 것을 믿어 의심치 않습니다.

글 열 넷, 세계 최고기업 삼성 전자에서 일하며

인생살이는 각본이 없는 스포츠 경기라는 말이 더 가까운 표현으로 보입니다. 일반적으로 삼성그룹 내에서 전자에서 다른 회사로 옮기는 경우는 많지만 삼성전자로 옮겨 일하는 경우는 거의 없습니다. 여러가지 사유로 전자에서 일하게 된 것은 매우 색다른 경험이었습니다. 삼성전자가 세상을 지배하는 기술을 가지는 데는 그만한 이유가 반드시 있습니다. 폭발적인 스피드와 판단력, 불굴의 의지, 부서간 견제와 협력 등 그야말로 다이나믹한 회사였습니다. 그래서 많은 경험이 있다고 자부하는 저도 놀라는 일들이 많았습니다. 사 년 정도를 일하고 퇴사를 하였지만 너무나 소중한 시간이었고 인연이었습니다.

(편지 1)

길다면 길고 짧다면 짧은 시간 동안 그룹장님으로 모시면서, 업무를 떠나 세상에 대한 통찰력과 혜안을 어깨너머로 배울 수 있어, 한 치 앞도 예상할 수 없는 불확실성의 세상 앞에서, 나의 Stance 를 어찌 취하고 어찌 헤쳐 나가야 할지 정말 많이 배우고 깨달았던 시간이었습니다. 상사로서가 아닌 인생의 선배이자 스승으로서 존경하는 마음으로 정말 즐겁게 일했던 시간이 아니었나 싶습니다. 저의 18년 회사생활에 있어 감히 최고의 상사였음을 믿어 의심치 않습니다.

(편지 2)

센터장님 안녕하세요.

그동안 여러 임원을 뵈었고 모셨지만

그중에 제 기억에 남는 임원이 되실 것 같습니다.

초기에는 배터리계 입지전적이시기도 하고 덕장으로 알려지셨고

직접 뵈니 한 명 한 명 진심으로 대함이 느껴져

인간적으로 매력을 느끼게 된 것 같습니다.

저는 어떻게 일하시고 생각하시는지 사람들은 어떻게

대하시는지 배우고 싶었던 것 같습니다.

저희 쪽에 처음 오셔서 해 주신 말씀이

" 느그 부서가 뭐하는 부서인 줄 아나?

바로 세 글자 불이야!라고 외치는 부서다"라는 말씀으로

명확하게 해 주셨고

"엔지니어란 데이터를 보고 자기 일할 것을 찾는

사람이다." 말씀도……

술자리나 어디서든지 교훈을 주어 그냥 하시는 말씀도

흘려 듣지 않으려고 한 것 같습니다.

이 년여의 짧은 시간이지만 작지 않은 울림을 주신

상무님께 깊이 감사드립니다.

(편지3)

Dear Park ,

Due to the language barrier I did not get much chance to talk to
you, which I wish many times. But I feel an established connection.

I try to read and translate the philosophical messages that you send
us to encourage us. That is something which is very much required
sometimes.

During my earlier work experience or training session I was told
that true leaders are the true philosophers. I am lucky to see this in

actual.

While looking into the strong Korean culture, I feel my self not very far, as the respect to the elders is the most important thing in the Indian Culture as well. Since long times in Indian academia, whenever we pass doctorate grade in school we touch the feet of our Guru (The Teacher), because from that day we are open to the world with our knowledge that he has given.

Sometimes, it is very hard to show the respect in the foreign land due to the different cultures. But I think the respect is something which need not be necessarily shown, it is something which one has for someone.

No matter where I go in the future or what I do, the respect that I have for you will stand still for the times to come.

There are many technical things as well that come to my mind that I wanted to discuss specifically with you. I wish I could have been more open and discuss more often. I will try.

Thank you very much once again for the support that you have given.

Sincerely

긴 시간 많은 사람들을 만나고 헤어졌습니다. 만남에는 헤어짐이 정해져 있고 헤어짐이 있으면 반드시 돌아옴이 있다고 합니다. 저는 그것에 덧붙여 만남 속에는 가늠할 수 없는 여운이라는 에너지가 있다고 봅니다. 서로에게 영향을 미치고 서로의 마음에 어렴풋이 남아서 사라지지 않는 힘이라고 말하고 싶습니다.

음식을 먹다가 같이 먹었으면 좋겠다'라는 생각이 드는 사람은 사랑하는 사람이라고 합니다. 매슬로우는 인간의 욕구를 다섯 단계로 구분했습니다. 그 중에서 높은 계층의 욕구가 인정받으려는 욕구와 자기 실현의 욕구라고 했습니다.

지금 직장생활을 돌아보니 남을 인정해 주는 일에 인색하지 않았는지 반성이 됩니다. 제가 너무 과분한 사랑을 받았듯이, 남은 인생은 다른 사람을 칭찬하는 일로 채웠으면 합니다.

33년 긴 시간, 저와 같이해 주신 모든 분들께 진심으로 감사를 드립니다.

마지막으로 책을 읽다가 저에게 보낸 준 어떤 부장의 편지로 마무리하려 합니다. 만약 제가 또 다른 일할 기회가 주어진다면 정말 교육과 사람과 의식을 더욱 중히 여기고 살았으면 좋겠습니다.

Title : 상무님과 같은 사람 찾았습니다.

최근에 읽어봤는데,

책 주인공 김흥식 장성 군수와 상무님이 너무 비슷한 것 같습니다.

교육의 중요성, 사람의 중요성, 의식 변화의 중요성을 강조하신 점
과 추진력, 솔선수범을 하신 점은 똑 같고, 얼굴도 비슷합니다

제 4장. 나를 붙잡아 온 명언

제가 좋아하는 명언을 정리해 보았습니다. 지금까지 적은 많은 글들이 사실은 아래 정리된 명언을 바탕으로 적었습니다. 삶을 통찰하는 한마디는 세월이 아무리 지나도 빛을 잃지 않습니다. 명언의 묘미가 모든 설명을 빼고 핵심만 드러내는데 있습니다. 저도 여기에 말을 더하면 깊은 의미가 퇴색할 수 있어 그냥 나열만 해보겠습니다.

제가 좋아하는 명언

1. 인간으로 살아가면서 가장 필요한 것은 자신감이다.

  - he can do it, she can do it, why not me

  이 한마디는 험한 세상에서 나를 지킨 힘이었습니다.

2. 배우고자 하는 끊임없는 열정

- 아는 것이 적으면 사랑하는 것도 적다 (레오나르드다빈치)

세상은 겸손하게 배울 것이 넘치고, 아는 만큼 보이는
재미있는 곳입니다.

3. 아는 것을 완성시켜 주는 실행력

- just do it (나이키 광고)

"우린 예라고 하고 싶으면서도 아니오라고 대답한다.

우린 고함치고 싶을 때 침묵한다.

우린 침묵을 지켜야 할 때 크게 소리친다 왜?

결국 우린 단지 한 번 둘러보기만 한다.

두려워할 시간은 정말이지 없다.

그러므로 멈춰라 텔레비전을 던져라.

자전거로 미국 횡단을 해 보라.

밥 슬레이하고 어떤 것이던 해 보라.

지명타자에게 큰 소리를 쳐 보라.

언어가 통하지 않는 나라로 여행을 떠나라. 그녀에게 전화하라.

당신은 잃어버릴 것은 아무 것도 없으며 모든 것을 얻게 된다.

just do it"

(나이키 광고 중에서)

- 꿈은 시작하고 친하다.

주저하지 말고 하고 싶은 것에 도전하는 것이

늦지 않는 비결입니다.

4. 일을 일로 만들지 않고 즐거운 게임으로 만드는 긍정적 사고

- Blessing of the rainbow

(하는 일마다 잘 되리라, 차동엽의 "무지개 원리")

우리는 무엇인가 불안한 것을 피하고자 많은 시간을 보냅니다.

그렇지만 긍정적인 사고로 하나씩 풀어가다 보면

시간이 나머지는 해결하여 줍니다.

5. 상대의 마음을 읽어 주는 따뜻함

- 아주 간단해 무엇이든 마음으로 보지 않으면 잘 보이지 않아.

정말 중요한 것은 눈에 보이지 않는 법이야 (어린왕자)

이 중요한 원리를 몰라 소통을 한다고 하지만

소통이 되지 않습니다.

6. 어렵고 힘들 때 기회를 포착하는 역 발상

- 그 어떤 문젯거리도 당신에게 줄 선물을 들고 오기 마련

(리차드버크)

- 행운은 언제나 시련이라는 포장지에 싸서 주어진다.

더 이상 말이 필요 없습니다.

7. 긍정적인 상상력의 무한한 힘, 상대를 키워주는 칭찬의 말

- 생각대로 보이는 것, 상상한 대로 이루어 지는 것.

(마이크로소프트 광고)

- 이미 이루어진 것처럼 말하라.

긍정의 땅 위에만 꽃이 핍니다.

8. 제가 하는 일이 힘들고 잘 안 풀린다고 생각 할 때

- 매일 따뜻한 햇빛만 비추이면 곧 사막이 된다.

(가슴에 품는 한마디)

- 거친 파도는 훌륭한 선원을 만든다. (스코틀랜드 속담)

- 작년의 걱정을 지금 와서 생각하면 대부분은 기억도 할 수 없는 일.

- 두 손을 호주머니에 넣고 성공이란 사다리에 오를 수 없다.

9. 한가지 일에 일희일비 하지 않고 의연하고 싶을 때

- 이것 또한 지나가리니

알렉산드 왕의 좋을 때 교만하지 않고 슬플 때 좌절하지 않을 좌우명

10. 문제를 피하고 싶은 약한 마음이 나를 지배하려 할 때

- 배는 항구에 있을 때 가장 안전하나

  그것이 배를 만든 목적이 아니다.

핑계를 대어 문제로 일시적으로 모면하고 싶거나, 어려운 일을

회피하고 싶을 때 항구에서 다시 출항을 하는 힘을 주는 한마디입니다.

11. 작은 일에 집착하여 사원들을 일일이 관리하고 싶은 유혹이 들 때

- 좋은 배를 만들고 싶다면 사람들에게 일을 지시하고

  임무를 분담하여 주기보다 저 넓고 끝없는 바다에 대한 동경을

  키워 주어라 (생떽쥐베리)

제가 직장 생활 그런대로 헤쳐나간 이유였습니다.

모든 전술까지 지시한다면 처음에는 이길 확률이 높겠지만,

시간이 지나면 명령이 오지 않으면 아무도 움직이지 않는

죽은 조직이 됩니다.

12. 다른 사람의 작은 어려움에 기꺼이 동참하는 힘

- 우리를 힘들게 하는 것은 앞을 가로막고 있는 큰 산이 아니라

신발 속에 작은 모래다. 그들을 위해 기도 해주는 손보다,

신발의 모래를 빼주는 실천하는 손이 더 아름답다.

선물도 작은 것이 더 기억에 남는 것이 많습니다.

결국 마음입니다. 조직간에 벽을 만들고 자기 영역을 만들어

살아가는 불쌍한 사람들을 많이 봅니다.

상대의 작은 불편함을 들어주고 풀어주는 마음이 일하고 싶고,

살고 싶은 세상을 만들어 줍니다.

13. 지속하는 자가 결국 승리한다.

- 水滴穿石 (수적천석), 寓公移山 (우공이산)

"당신 생각이 막혀 있어, 그 막힘이 고칠 수가 없는 정도구려.

과부나 어린아이만도 못하구려. 내가 죽더라도 아들이 있고,

또 손자를 낳으며, 손자가 또 자식을 낳으며,

자식이 또 자식을 낳고 자식이 또 손자를 낳으면

자자손손 끊이지를 않지만, 산은 더 커지지 않으니

어찌 평평해 지지 않는다고 걱정할 필요가 있겠소."

물방울이 돌을 뚫습니다(수적천석).

세상에 꾸준히 하면 이길 사람이 없습니다.

이것만큼은 예외가 없는 진리입니다.

일본 스승이 주신 조언

제가 입사한 1988년 무렵은 우리나라가 서울올림픽을 개최하면서 경제적 도약을 꿈꾸는 열기로 넘쳤습니다. 그러나 실상은 일본을 베끼는데 모든 역량을 쏟아 부었습니다. 일본에 연수를 가서 배우고 정기적으로 일본인 선생님을 모시고 지도를 받았습니다. 그런데 전문적인 기술을 배우는 것도 중요했지만 무엇보다 인격적으로도 배울 것이 많았습니다. 특히 일만큼은 철두철미하게 진행하는 '장인 의식'은 위대한 자연을 만날 때 느끼는 감동처럼 다가왔습니다.

하나라도 더 배우고자 저녁 식사 자리도 같이하고 다음날 호텔로 숙취해소 드링크를 사서 드렸습니다. 그리고 같이 출근하면서 차 안에서 끊임없이 질문을 던졌습니다. 그 중에서 참 열정을 가지고 가르쳐 주신 스승이 몇 분이 계셨습니다. 이런 분들은 기술적 전문지식만 아니라 기술자로서 살아가는 올바른 태도를 가르쳐 주셨습니다. 정말 아래 조언은 지금 보아도 너무 정리가 잘 되어 있습니다. 이제 돌아보니 조언을 주신 50가지 항목을 좀 더 철저히 실천을 했으면 하고 후회를 합니다.

이 글을 보시는 분들은 일주일을 시작할 때 아래의 조언 50가지 항목을 읽고 시작하신다면 앞으로 십 년. 이십 년 후에는 분명히 다른 모습으로 성장해 있을 것입니다. 특히 직장생활 어려운 일을 만나거나 일에 대한 소신이 흔들릴 때 50가지 조언 중에서 마지막 항목을 읽습니다.

"어차피 해야 할 일, 기쁘게 하라. 우울하게 고개를 숙이고 걸어도, 어두운 얼굴을 하여도 결과는 좋아지지 않는다. 회사는 실패하여도 목숨까지 요구하지 않는다. 끝난 일에 대하여 끙끙대지 마라. 다음 일을 생각하고 포기하기 전에 앞날을 향한 기개가 중요하다. 리더는 항상 밝게 그리고 매력적으로 ……"

【 리더로서 50가지 마음가짐 】

1. 먼저 부하를 기쁘게 하라. 자신은 다음이다.
   부하를 희생시키지 말고 자신이 부하에게 희생을 당하라.
   어머니는 항상 자신이 뒷전이다. 부하도 가족과 동일하다.

2. 작은 실패를 간과하지 말라. 커다란 실패가 뒤따른다.
   큰 실패를 계속하여 이야기하지 말라.
   중요한 것은 실패를 거울삼아 본인을 성장시키는 것이다.

3. 원리, 원칙을 중요시하라. 이것을 간과하지 말 것.

   기본에 충실한 업무를 할 것.

   여기서 일류와 이류의 차이가 생긴다.

4. 표준화, 재발방지의 노력과 노하우의 축적, 이것은 재무제표 상으로 드러나지 않은 중요한 재산이다. 이러한 재산을 모으라.

5. 칭찬은 모든 사람의 앞에서. 질책은 남몰래 조용히.

6. 일의 중심은 사람이다. 사람이 만족하여 움직이는 직장이 되도록.

   작업 환경 (추위, 더위, 중량, 악취 등)에 신경을 쓰도록 할 것.

7. 상사를 쳐다보고 일하지 말 것. 부하, 고객을 향할 것.

   상사에게는 업무의 성과만 보고해도 좋다.

8. 좋은 것이 좋다는 식은 절대 금물이다.

   이러한 면에서는 프로 집단이 되자.

   강한 요구, 높은 목표를 지향하라.

9. 다른 회사에서 스카우트 당할 자신이 있는가! 전문기술은 무엇인가?
   독립하여 먹고 살 수 있는가?
   언제라도 회사를 그만 둘 준비가 되어 있는가?
   이런 사람은 회사가 절대로 내보내지 않는다.

10. 사람을 육성할 때는 칭찬 70%, 질책 30%가 적당하다. 질책하는
    것은 어렵다.
    상대방의 성장을 바라고 질책하라. 또한 항상 칭찬할 일이 없는가
    찾아서 준비하여 둘 것.

11. 항상 대화를 염두에 둘 것. 복도에서 스칠 때도 대화할 찬스다.
    한 마디라도 좋다. 대화는 인간관계의 기본이다.

12. 상사에게는 타이밍을 잘 맞추어 보고 할 것. 상사는 바쁘다. 요령
    있게 간결하게 하라. 상사가 지금 무엇을 알고 싶어하는지를 모른
    다면 진정한 프로가 되지 못한다. 재촉, 지시를 받아서 하는 보고
    는 어제의 신문과 동일하다.

13. 경쟁 회사를 이길 수 있는가? 리더로서 또는 같은 업무를 하고

있는 라이벌 관계인 동지로서 항상 자신을 연마하라.

14. 방침, 목표는 높고 확실하게 수립을 할 것.
    골프장의 깃대처럼 보이게 하라.
    이렇게 하면 부하는 목표 달성을 위한 노력에 골몰하게 된다.

15. 빠른 판단과 빠른 결정은 기본. 중소 기업의 강점이 여기에 있다.
    빠른 결정은 빨리 목표를 향하여 매진할 수 있게 한다. 이러한 부
    분에 있어서 부하의 업무를 방해하는 상사의 일면이 있지 않은지?
    항상 생각하라.

16. 경영은 Top의 의지. 자신이 결정을 못하면 누가 하리오!

17. 업무의 진행이 순탄하지 못하더라도 의욕을 상실하지 말라.
    이것을 해결하기 위하여 자신이 존재한다고 생각하라. 실패를 부
    끄러워 하지 말라. 부끄럽다는 것은 실패로부터 배우지 않는 것이
    고 동일한 실패는 반복된다.
    어떻게 해결하였는지 이러한 노하우의 축적이 자신의 발전과 연
    결된다.

18. 주변의 사람들을 즐겁게 하라. 이런 사람이 있으면 주위가 밝은
    분위기가 된다. 이것 또한 리더의 조건 중 하나이다.

19. 일생에서 단 한 번인 인연. 사람과의 만남을 중요시하라.
    인재의 네트워크는 중요한 재산이다.

20. 자신의 매력이 무엇인가?
    사람들을 끌어당기는 무엇인가가 있는가?

21. 덕을 쌓아라. 인정을 베풀면 반드시 내게 돌아온다.
    친구, 팬을 만들라.
    힘든 일이 있을 때 큰 힘이 된다. 그러나 뒤돌아서 기대는 하지 말라.

22. 대외 교섭 시에는 상대방의 입장을 생각할 것.
    상대방들도 회사의 입장이 있다.
    빌리지 말고 꾸어 주라. 그러나 이것을 표면에 내세우지 말라.

23. 혼자서 아무리 열심히 하여도 겨우 2인분이다.
    부하가 분발할 수 있도록 동기부여를 시키고 나머지 시간적 여유

를 활용하여 리더는 앞일을 생각할 것.

그렇게 하면 업무가 즐겁게 돌아가고 팀에 활력소가 생긴다.

24. 현장의 현물을 확인할 것.

이유를 생각하기 전에 반드시 현물을 볼 것.

자신의 눈으로 확인하는 습관을 갖고 루페는 항상 몸에 지니고 다
닐 것.

현장, 현물을 벗어난 제조현장은 있을 수 없다. 명심하도록……

25. 리더는 항상 밝게 행동할 것. 연기라도 좋다.

상사가 어두우면 전체가 어두워지고 그 조직은 죽는다.

전장에 나가기도 전에 패한다.

26. 내부적인 일로 불필요한 에너지를 소비하지 말라.

진정으로 싸울 적은 밖에 있다.

27. 부하는 자신의 업무를 상사가 어떻게 생각할까(상사가 기뻐할
까?)를 항상 염두에 둔다. 기쁠 때는 솔직한 표정을 지어라.

28. 음지에서 일하는 사람에게 관심을 갖도록.

29. 상사 3년에 부하를 알고, 부하 3일에 상사를 안다.

　　부하는 상사를 주시한다.

　　대중이 관심을 갖는 상사가 되도록.

30. 업무는 시간과 비례하지 않는다. 質이고 알맹이에 있다.

　　마음가짐 80%, 요령 20%이다.

　　효율적으로 일을 하라. 여가를 적절히 활용하라. 인간성을 높이라.

31. 업무도 대충(절반), 노는 것도 대충(절반) 이것은 안 된다.

　　일도 노는 것도 온 힘을 다하라.

32. 종은 때리면 소리 난다(반응이 빠르다).

　　좋은 조직은 반응이 빠르다.

33. 팀웍이 좋은 팀은 강하다.

　　실패를 두려워하면 팀웍이 약해지고 의기소침해진다.

　　원기 왕성하고 강한 팀웍을 만들라.

34. 현장을 다녀라. 모두가 반긴다.

의지를 고취시켜라. 리더의 중요한 역할이다.

35. 부하들에게 매일 매일 氣를 불어넣고 말을 걸어라. 분재를 기르

는 것도 이렇게 하는데 하물며 사람을 육성하는 일이야……

36. 업무가 순조롭게 진행되는 것은 부하들의 덕분이고 실패는 리더

의 책임이다.

그러나 이것을 반대로 생각하는 사람들이 있다.

부하들을 빛나게 하면 리더는 자연히 돋보이게 된다.

37. 때때로 장래에 대한 꿈을 이야기하라.

비전을 갖고 매일 매일의 결과를 점검하라. 그러나 연속성이 중요

하다. 리더는 정년이 있지만 회사는 정년이 없다.

38. 여러분은 가능성이 무한한 회사에 근무 중이다.

숨겨진 보석을 찾아서 이익으로 바꾸자. 이것이 리더의 임무이다.

39. 인사는 먼저 하라. 상하의 격이 없는 것이 인사이다. 여기에 웃는

얼굴이라면 금상첨화. 돈 없이도 가능하다.

인사는 인간관계의 기본이다.

40. 솔선수범이 핵심이다.

자기는 하지 않으면서 다른 사람에게 요구하지 말라.

요구를 하려면 자신부터 실행하라. 그러면 사람들은 자연히 따라온다.

41. 정리정돈(5S)은 제품을 만드는 기본이다.

더러운 곳에서 좋은 물건이 나오지 않는다. 자신의 책상, 서랍 속, 서류함 등 자신 주위부터 정리하는 것이 5S의 시작이다.

42. 모든 일을 시작하는 데는 처음이 중요하다.

일의 Start시에는 조직적으로 대응하라. 이렇게 하지 않으면 출발부터 실패하게 된다.

전원의 의사를 결집하여 Top 자신이 깃발을 휘둘러라.

비행기도 선박도 출입할 때에는 Top 자신이 직접 조종한다.

43. 재료, 설비, 제조 조건, 작업 방법, 사람 등의 변경 시에는 반드

시 문제가 발생한다. 사전 조치 여부에 따라서 결과가 달라진다. 이것을 예지하고 사전 조치를 하는 사람이 진정한 프로. 사후에 허겁지겁 하는 사람은 하수 중의 하수, 자신의 눈으로 확인하라.

44. 이것만은 다른 사람에게 맡기지 말라.
문득 좀 더 확실히 했을 것을 후회할 때가 종종 있다. 나중에 후회해 보았자 소용이 없다. 미리 미리 잘하자.

45. 대부분 잘 듣지 않는다. 이것이 업무와 인간관계를 저해하는 가장 큰 요인이다.
보고, 정보 등은 정확하고 세밀히, 그리고 빠트리지 않고 신속히 하는 것이 중요하다.

46. 업무는 주위를 이해시키고 협력을 받아야 비로소 가능하다.
어떻게 하면 타인을 자신의 조력자로 만들 것인지를 생각하라. 이러한 생각을 갖고 있다면 평소에 사용 언어와 태도 등이 바뀐다.

47. 어떤 상사 밑에서 일하고 싶은가?
당신의 부하도 이런 생각을 하면서 좋은 상사 밑에서 일하고 싶어

한다.

48. 독서, 공부 등 매일 매일 자기 계발에 충실하는 상사에게 부하도
매력을 느낀다.

49. 어려울 때의 판단 기준. 고객을 어떻게 하여 기쁘게 할 것인가?

50. 어차피 해야 할 일, 기쁘게 하라. 우울하게 고개를 숙이고 걸어
도, 어두운 얼굴을 하여도 결과는 좋아지지 않는다. 실패하여도
목숨까지 요구하지는 않는다. 끝난 일에 대하여 끙끙대지 말라.
다음 일을 생각하고 포기하기 전에 앞날을 향한 기개가 중요.
리더는 항상 밝게, 그리고 매력적으로!

사랑하는 후배를 향한 나의 기대

직장 생활을 하면서 제일 어려운 일이 사람을 평가하는 것입니다.
삼성 창업자이신 이병철 회장께서 지,행,용,훈,평 (知行用訓評)을 리
더가 갖추어야 할 덕목으로 강조하셨습니다. 이 덕목 중에서 가장

마지막 방점을 찍는 일이 評하는 일입니다. 역사를 보면 역성 혁명을 성공하여 왕조를 다시 세우고 업적을 평가를 합니다. 이때 논공행상을 잘못하여 반란이 일어나는 경우가 심심치 않게 일어납니다. 이런 일을 방지하기 위해서는 반드시 평가가 공정해야 합니다. 공사를 구분하지 못하면 조직의 질서가 바로 무너집니다. 따라서 평가만큼은 아무리 자기와 친하더라도 업적과 미래 가능성만 보고 정확히 해야 합니다.

평가의 결과는 승진이나 진급으로 나타납니다. 이때가 되면 승진이 된 사람보다 승진에 누락된 사람들을 잘 살펴 주어야 합니다. 제가 부장 때 임원 발표 전날, 진급에서 누락이 되었다고 가장 친한 선배를 보내어 저녁을 먹으며 위로를 받은 일이 있습니다. 그렇게 세심하게 미리 마음을 관리하셨습니다. 지금 보아도 참 세밀한 조직관리입니다. 이처럼 좌절한 사람의 마음들도 잘 살펴야 조직이 건강해 집니다.

저는 후배가 진급을 하면 아래와 같이 '나의 기대'라는 글을 보내주면서 축하를 해 주었습니다. 그런데 이런 일도 있었습니다. 아끼는 후배가 제대로 평가를 받지 못해 낙심하여 퇴사를 하려고 하였습니다. 그때 제가 〈나의 기대〉 열 번째 항목을 읽어보고 다시 생각하라고 권유를 하였습니다. "때때로 자기가 제대로 평가를 받지 못 할 때 자신을 뒤돌아보고 더 큰 도약의 기회로 사용하는 大人이 되도록" 월급쟁이로 사는 게 만만하지 않습니다. 하지만 그는 저의 권유로 다시 회사를 다녔습니다. 지금 보면 아마 정년까지 잘 다니리라 생각합니다. 이렇듯 좀 더 큰 눈으로 보면 사실 별일이 아닌 것들이 많습니다.

(사랑하는 후배를 향한 나의 기대)

1. 열정과 희생정신 구비

2. 해외 어느 공장에도 자신 있게 추천 할 수 있고 혼자서 빌드업 하러 보낼 수 있는 실력을 가지도록

3. 서비스 정신이 투철하여 현장 모두가 실력으로 찾고, 마음으로 고맙게 생각할 수 있도록

4. 내가 다른 조직에 갈 때 저 사람은 데리고 가면 하면 할 정도로 믿음이 있을 수 있도록

5. 작은 일에 흔들리지 않고, 스트레스 받지 않고 의연할 수 있도록

6. 일하나 하나 남을 감동할 수 있도록 철저하고 꼼꼼하게 계획을 세우고 실천은 질풍노도와 같이 추진할 수 있도록

7. 규칙성, 변화성, 선택성 등에 남보다 예민한 촉각과 감각이 있도록

8. 모든 것을 데이터로 정리하고 마무리 할 줄 알고, 질문에는 추상적인 대답보다 숫자적으로 대답할 수 있도록
   ("좀 좋아졌습니다?" 이 대답은 단정적이라 그래도 봐 줄만 한데, 더 생각 없는   대답은 "좋아진 것 같은데요")

9. 혼자 일을 하지 말고 동료를 생각하는 따뜻한 리더의 자질을 갖출 수 있도록

10. 직위와 권위에 눌리지 않고 자신 있게 당당하게 의견을 제시하고 협의할 수 있도록

11. 때때로 자기가 제대로 평가를 받지 못 할 때 자신을 뒤 돌아보고 더 큰 도약의 기회로 사용하는 大人이 되도록

12. 자기가 힘든 만큼 후배를 위할 줄 아는 마음을 가질 수 있도록
 백만 스물 하나! 백만 스물 둘! 나의 기대는 끝이 없는가 봅니다.

 그리고 〈나의 기대〉와 함께 시 두 편을 보냈습니다. 그중에 '이정
하' 시인의 〈어려운 숙제〉라는 詩를 보냈습니다. 오늘 시를 다시 보
니 "예순 살 아침에는 또 무슨 말로 지친 내 영혼을 일깨울 것인가"라
는 구절이 눈에 들어옵니다. 정말 아직 풀지 못한 숙제가 남아있네
요. 정진규 시인의 〈서서 자는 말〉에서 나오는 흐르는 물처럼 벼랑
에서 과감히 뛰어내리지 못하고, 시인의 아들처럼 과감하게 넘어지
는 연습을 하지 못하고 예순의 문턱을 넘었습니다. 저도 시인의 푸념
처럼 "애비는 서서 자는 말'로 살고 있습니다. 눈에 불을 켜고 살았습
니다. 이제 서서 자는 말'에서 탈피하여 후배들과 함께 누울 수 있는
공간을 찾았으면 합니다. 싸우는 법을 가르치기 전에 넘어지는 낙법
을 먼저 가르쳐주고 싶습니다. 서로에게 숨통을 틔워 주며 좀 더 사
람처럼 살고 싶습니다. 이제 백만 몇 개의 기대에서 넷, 셋, 둘 하나
로 그리고 무위로 돌아가겠습니다.

〈어려운 숙제〉

이정하

마흔 살이 되었을 때 나는
흔들리면 안 된다고 힘주어 말하곤 했다
그러다가 쉰 살이 되었을 때
넘어지면 안 된다고 몇 번이나 다짐을 하곤 했다

한 번 흔들리면
두 번 다시 똑바로 걸을 수 없을 것 같았기 때문에
한 번 넘어지면
두 번 다시 일어서지 못할 것 같았기 때문에

정진규 시인의 '서서 자는 말'처럼
넘어지면 안 된다고 믿었으며
그렇기 때문에
눈에 불을 켜고 살았다

다행히 아직까지는 한 번도 넘어지지 않았지만
언제인가는 넘어질 것이다
예순 살 되는 아침에는 또 무슨 말로
지친 내 영혼을 일깨울 것인가

의기투합하여 어려운 목표에 같이 도전했던 동지들이 생각납니다.

모든 일들이 마지노선 위에 전개 되었지만 우리는 지지 않았습니다.

여러분이 이 시대의 진정한 영웅이었습니다. 정말 감사합니다.

제 3막

직장생활
경험 사례와
단상들

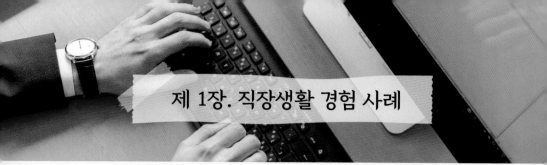

제 1장. 직장생활 경험 사례

언젠가 이 내용만을 가지고 다시 책을 적겠지만 일을 하면서 경험을 실제 사례로 풀어 글로 적어 봅니다.

리더는 방향만 잘 정해주면 되는데 너무 방법에 매달려 본질을 잃고 맙니다.

저의 직장생활 최대의 잘못은 회의 때 발표하는 후배의 이야기를 듣고 대책을 제시하는데 집중만 하여, 후배의 아이디어에 "바로 그거야" 소리치지 않은 데 있었습니다.

접시 돌리기 인생

어릴 적 서커스를 가면 열 개 정도 접시를 돌리는 곡예사가 있었습니다. 접시가 위태로이 떨어지려고 하면 관객이 안타깝게 "저기, 저기" 소리치면 뛰어가서 바를 흔들면 접시가 다시 돌고 하는 퍼포먼

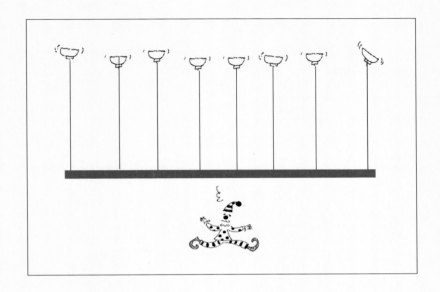

스가 있었습니다. 그러나 아무리 곡예사가 발에 땀나도록 뛰어다녀
도 상황은 좋아지지 않습니다. 이렇게 영원히 돌고 도는 시지프스의
바위 굴리기 같습니다.

회사에서 일을 해보면 이런 경우가 많이 있습니다. 근본을 치유하
지 않고 임시방편으로 문제를 해결하는 습관을 가진 사람들이 겪는
고통입니다. 이 사람들이 가장 많이 입에서 많이 뱉는 말이 '바쁘다,
바뻐' 입니다.

지금은 없어졌지만 브라운관으로 TV를 만드는 일을 할 때였습니
다. 그때 제일 어려운 일은 브라운관 유리에 형광막을 도포하는 작업

이었습니다. 제가 과장 때 그 팀으로 발령이 났습니다. 그런데 밤마다 문제가 생겨 자다가 불려 나오는 일들이 반복이 되었습니다. 그래서 이 문제의 고리를 끊고 싶었습니다. 매 문제가 발생할 때마다 기술자들에게 조치한 항목과 수치를 물었습니다.

육 개월 정도 지나고 난 후에 조치한 항목과 수치를 정리하고 기술자들과 공유를 하였습니다. 같이 데이터를 보니 조치한 항목의 수도 몇 개 안 되고 수치도 일정한 범위 안에서 올렸다 낮추었다 하는 현상을 보였습니다. "여러분 스스로 제일 고생하고 바쁘다고 스스로를 한탄을 하지만, 이것이 당신들이 밤새 일한 결과이고 기술이라는 성과로 포장된 현상입니다. 이제부터 Tuning 기술자가 되지 말고 process designer가 됩시다"라고 말했습니다.

문제의 근본을 볼 줄 모르면 피곤한 곡예사처럼 그것이 전부인 줄 알고 발에 땀이 나도록 뛰어다닙니다. 그것에 위안을 얻고 인정을 받으려고 합니다. 그럴 때 리더는 좀 더 deep diver해서 문제의 이면과 마주하도록 팀원들에게 질문을 던져야 합니다.

정신병원에 가는 환자의 특징은 호기심이 무척 많거나 아니면 파괴적이 된다고 합니다. 환자들을 치료하기 위해 두 사람을 같은 방에 넣어 둔다고 합니다. 파괴성이 있는 환자가 벽을 때리면 다른 환자가 "벽은 왜 차니?" 궁금해서 묻고 다른 환자가 그것을 설명합니다. 이런 일들이 반복이 되면 왜 내가 쓸데없는 것을 묻고 있지 다른 환자는 왜 내가 이런 것에 분노하고 있지라고 깨닫는 시점이 온다는 우스개 소리를 들은 적이 있습니다.

'바쁘다, 바빠'라는 이야기가 조직에 있다면 그들의 정서에 다가가 이해하고 격려하는 것보다 "왜 그렇지?" 라는 물음에 먼저 빠져들어야 합니다. 곡예사는 떨어지려는 접시를 돌리고 의기양양하고 관객은 박수를 쳐줍니다. 여기에 빠져들면 안 됩니다. '바쁘다 바빠'라는 말이 나오면 하고 있는 일이 문제가 있다는 경고입니다. 하루 이틀은 이렇게 진행할 수 있지만 지속 가능할 수 없습니다. 저는 아홉개 접시가 떨어져 깨지더라도 한 개 접시를 바르게 접착하고, 시간이 걸리더라도 차근차근 열 개를 붙여야 한다고 생각합니다. 그래야 끝이 있습니다.

만약에 "서커스를 잘 모르시네요. 그래야 인생이 재미있지요" 되묻는다면 달리 드릴 이야기는 없습니다. 그러나 다람쥐 쳇바퀴에서 나와야 다른 더 즐거운 일들이 우리를 기다리고 굴레에서 벗어날 수 있습니다.

모든 문제의 책임은 나에게 있다

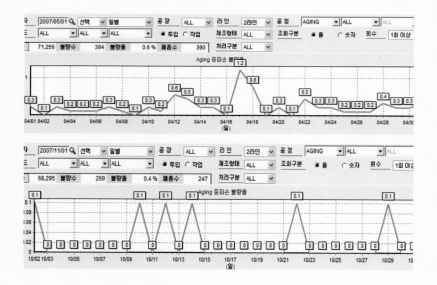

　위의 그래프는 제품이 열공정을 거치면서 파손되는 불량률을 개선 전후로 기록한 데이터입니다. 위의 그래프는 매일 일상적으로 몇 % 가 깨어지고 아래 그래프는 간혹 한 개가 깨어지는 것을 볼 수 있습니다. 파손 불량은 단순히 불량이 나는 것이 아니라 깨어지면서 여러 가지 불편한 일들이 많이 생깁니다. 정말 골치 아픈 문제였습니다.

　앞 공정과 후 공정 리더 간에 누가 잘 못했는지 다툼이 많았습니다. 그때 저는 총괄 책임자였습니다. 어느 날 파손의 원인이 앞 공정에 있다고 판단한 뒷 공정 작업자들이 앞 공정으로 몰려와 이 잡듯이 문제를 찾고 있었습니다. 이 과정에 좋지 않은 일들이 일어났습니다. 그래서 모두를 불러 모았습니다. 그리고 제가 말했습니다. "사고나 고질적인 문제는 대부분 두 가지 이상 원인이 복합되어 일어납니다. 이런 과정에 서로 노력하여 절벽에서 조금만 안으로 들어오도록 한 곳만 개선해도 문제는 해결이 될 수 있습니다. 그것을 같이 찾아봅시다." 그래서 찾은 방법이 뒷 공정에서 온도가 상승하는 구배를 조정하고 식혀주는 팬을 조정한 후에 위와 같이 획기적으로 문제가 개선이 되었습니다.

아래 그림처럼 어떤 사람이 절벽에서 떨어져 죽었습니다. 추장들이 모여 갑론을박 회의를 합니다. 한 추장이 말합니다. "절벽 밑이 돌로 되어서 치명상을 입었다 그래서 돌을 다 치워야 한다" 또 다른 추장이 말합니다. "바람이 주요인이다. 바람막이를 만들어야 한다." 그러자 절벽에 서 있었던 사람이 문제다. 근처에 가지 못하도록 장치를 하고 교육을 하자" 대부분 이 범주에서 토론이 됩니다.

문제는 들어가는 경비와 노력을 생각하지 않고 일반적으로 자기가 엮이지 않는 방향으로 이기주의적 결론으로 몰고가는 경우가 많습니다. 그러므로 우리는 이것을 기억해야 합니다

내가 직접 원인은 아니지만 상대가 문제가 있을 때 조금만 밀어 넣어 주면 절벽에 떨어지는 사고는 막을 수 있다.
문제의 본질을 개선하자 그것은 늦을지라도 결국 정답이다. 타협하지 말자.

복식 배드민턴의 가장 약한 아킬레스 건은 두 선수가 겹치는 지점입니다. 이럴 때 과감하게 수비를 하도록 교육을 하는 것이 리더의 의무입니다. 그래서 핑계를 용납하지 않는 마음가짐이 무엇보다 중요합니다. 자기가 잘 못하지 않았다는 핑계는 수천 개도 쉽게 찾을 수 있습니다. 저는 "뛰어난 기술자란, 데이터를 보고 자기 할 일을 찾아 행동하는 사람"이라고 말합니다. 이런 기술자만이 주체적으로 문제를 찾고 결국 해결을 합니다.

거미줄에 참새가 걸려 죽지는 않습니다. 죽는 원인이 거미줄이라 말하기 시작하면 스스로 할 일은 없어지고 존재도 사라지게 됩니다.

숫타니파타의 "소리에 놀라지 않는 사자처럼, 그물에 걸리지 않는 바람처럼, 흙탕물에 더럽혀지지 않는 연꽃처럼" 구차하게 핑계 되지 않고 사는 연습을 하다 보면, 저절로 많은 것을 얻을 수 있습니다.

Quick Response, 그 위대한 힘

조직을 이끌면서 가장 중요한 것은 전원 참여를 할 수 있도록 동기를 부여하는 일입니다. 현장에서 일하는 분들이 모든 문제를 가장 잘 알고 있습니다. 그러나 그들이 의견을 내지 않는 이유는 대부분 묵살당한다는 겁니다. 아이디어를 내어도 너무 쉽게 사장이 되므로 굳이 이야기하고 싶지 않다고 합니다. 바로 이것이 조직을 죽이는 결정적인 원인입니다. 그러므로 철저하게 사원들의 이야기를 듣고 반드시 상황을 피드백해야 합니다. 그래야 서로에 대한 믿음이 쌓입니다.

저는 조직을 새로 맡으면 제일 먼저 하는 일이 문제에 대한 팀원들의 생각을 들었습니다. 듣고 나면 아래 그래프처럼 들은 내용의 해결 상황을 조직원 전체에 진척 정도를 공지하였습니다. 그리고 건의한 내용이 성과로 나타나면 아래 사진처럼 불러서 직접 격려하고 당신이 한 일이 얼마나 대단하고 멋진 일인지 칭찬을 해주었습니다. 무엇

보다 실행을 할 수 없을 때도 찾아가서 그 내용을 채택하지 못한 이
유를 설명하여 주었습니다.

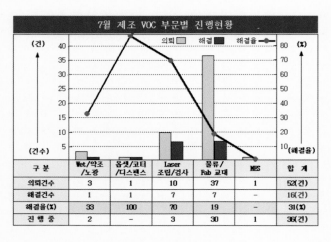

7월 제조 VOC 부문별 진행현황

구 분	Wet./약조/노광	옵셋/코터/디스펜스	Laser 조립/검사	물류/Fab 교대	MES	합 계
의뢰건수	3	1	10	37	1	52(건)
해결건수	1	1	7	7	–	16(건)
해결율(%)	33	100	70	19	–	31(%)
진 행 중	2	–	3	30	1	36(건)

이렇게 팀원들의 소리에 귀를 기울이고 의견을 듣고 성과가 있을 경우는 그 내용을 전원에게 공유합니다. 그러면 조직 내부에 우리의 이야기에 귀를 기울여 준다는 분위기와 선의 경쟁이 생겨 생각하지도 못한 결과를 얻을 수 있었습니다. 수년간 해결하지 못한 문제가 서로의 아이디어에 편승해 답을 찾은 사례는 흘러 넘칠 정도로 많습니다.

대부분 리더가 자신이 생각한 방법을 일방적으로 지시하고 그 과정을 철저히 챙기는 경우가 많습니다. 어쩌면 이 방법이 더 효율적으로 보입니다. 실제로 보아도 사원들이 제안한 아이디어 중에서 효과가 있는 것은 15%정도 밖에 안 됩니다. 그래도 먼저 들어주는 시스템을 구축해야 합니다. 중국에 '죽은 천리마 뼈로 진짜 천리마'를 얻는 이야기가 있습니다. 죽은 천리마 뼈를 오백 금을 주고 샀다는 소문에 진짜 천리마를 가진 사람들이 앞다투어 왔다는 연나라 소왕과 곽외의 이야기는 이 시대에서도 유효합니다. 소통이 어려운 것은 긴 이야기 속에서 실제 들을 만한 이야기는 적기 때문입니다. 그래서 집중하기 어렵습니다. 그러나 리더는 제대로 끝까지 들어주는 훈련을 해야 합니다.

그리고 리더가 의견을 구할 때는 구체적인 주제를 정해주고 의견을 구하는 것이 중요합니다. 예를 들면 '우리 공정에서 사용하는 소모품을 줄이는 법'이라는 구체적인 주제를 정하고 아이디어를 모으는 방법입니다. 예를 들면 아래와 같이 표어나 포스터로 분위기를 만들고 아이디어를 모집하고 효과를 검증하는 단계를 거치는 것입니다. 그냥 여러분의 아이디어를 구한다고 소리치면 관심을 끌지 못하고 성과가 없는 형식적인 행사가 되기 십상입니다. 실제 이 행사의 성과로 연 150억의 절감과 필요 없는 많은 작업들이 없어졌습니다.

그리고 이런 성과를 떠나더라도 모두가 한 방향으로 목표를 보고 가면 사원들의 일에 대한 긍지를 높여주는 놀라운 경험을 할 수 있습니다. 아래의 메일처럼 여사원이 아이디어를 냈습니다. 보세요, 그 마음이 고스란히 전해져 오지 않나요? 그녀의 글처럼 저도 가슴이 찡합니다. 사원들을 일하는 부속품으로 보지 않고 일의 주체로서 그들

의 이야기를 들어준 결과입니다. 이야기를 듣고 즉시 반응하는 결과
가 삭막하게 일하는 직장을 살맛나게 만들어 줍니다.

```
제목      ☆  Fwd: Fwd: Fwd: Re: "관심이 사랑"_공정 VOC접수(FAB그룹)
발신      👤 박정대 부장/P4)FAB그룹/삼성SDI    ▸ 주소록에 추가
수신      박정대:    ▸ 수신인 조회
------- Original Message -------
Sender : 고영민<ym2316.go@samsung.com> 사원/P4)FAB그룹/삼성SDI
Date : 2009-07-08 18:43 (GMT+09:00)
Title : Fwd: Re: "관심이 사랑"_공정 VOC접수(FAB그룹)


격벽 코터쪽 VOC 접수 합니다.
격벽 건조로 로버트 에러인데요.. 건조로 로버트가 언로딩에서 자꾸 멈춥니다
기술쪽에 VOC 접수 하는데 자꾸 설비가 말썽을 부립니다
적어도 하루 8시간 근무중 3-5 정도는 에러가 걸리는 것 같아요..

그래서 개선안 으로 일단 로버트가 안 멈추게 해 주시구요
임시 방편으로 건조막이나, 코터 설비에 "건조로 로버트 이상" 이라는 알람이 뜨도록
바로바로 조치할수 있도록 ..

글라스 한시트 LOSS 생길때마다 가슴이 "징" 합니다 ^^

개선 부탁드리고요 수고하십시오
```

그리고 아이디어를 실행하는 과정에서 타 부서의 도움이 필요합니
다. 이럴 때 리더가 나서 문제를 관련부서와 구체적으로 협의하고 도
움을 받아 사원들의 문제를 푸는데 도움을 주면 너무 좋겠지요. 자
발적으로 하나만 더 생산하고 싶다는 여사원, 반장들이 있는데 제가
무슨 걱정이 있겠습니까. "빨리 가려면 혼자 가고 멀리 가려면 같이
가라" 이 한마디만 가슴에 있어도 슈퍼맨이 될 수 있습니다. 그러므
로 '듣고 또 듣고'가 관리의 핵심입니다.

더불어 덧붙여 말하고 싶은 것이 있습니다. 제가 컴퓨터 작업을 하고 있는데 누가 보고를 하러 왔습니다. 대부분 그 사람을 세워놓고 저는 하던 일을 계속하면서 대화를 하는 경우가 많았습니다. 이렇게 하면 제대로 듣지 못합니다. 명심하세요. 아무리 바빠도 반드시 하던 일을 멈추고 이야기를 듣고 의견을 나누는 습관은 너무나 중요합니다. 이것 하나만으로도 상대의 마음을 50%는 기분 좋게 열 수 있게 합니다.

관심 가진 시간만큼 경력이다

수십 년을 일했다는 시간을 내세워 자랑하는 사람들이 많습니다. 그리고 무슨 일을 하면 경험을 내세워 그런 일은 불가능하다고 바로 단정을 하는 사람도 많습니다. 그럴 때마다 저는 그 사람이 시도했던 환경과 저를 도와주는 사람 등이 다를 수 있다고 생각하고 도전할 일에는 과감히 도전을 했습니다.

제가 과장일 때 현장을 혁신하는 TFT 대장 업무를 맡은 적이 있습니다. 현장의 불합리를 찾아서 개선을 하는 업무였습니다. 요즈음은 LCD나 OLED 디스플레이를 사용하지만 그 시절은 브라운관 디스플레이를 사용할 때였습니다. 브라운관을 작동하려면 30만개 구멍을 통과하여 막을 만들고 전자를 통과시켜야 하는데 이 구멍을 막히면 화질이 나빠집니다. 공정에 내려가 보니 가장 숙련된 작업자들이 뾰족한 침을 가지고 잘못된 막을 수리를 한다고 수십 명이 있었습니다. 아무나 할 수 없다는 자부심이 가득한 곳이었습니다. 그 당시 최첨단 설비인 전자현미경으로 수리한 곳을 살펴보니 20%정도만 제대로 수리를 하고 나머지는 오히려 악화를 시키고 있었습니다.

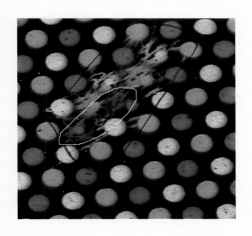

수리 경력이 오래된 작업자도 처음에는 믿지 않다가 사진을 찍어 자세히 보여주니 그제서야 인정을 하였습니다. 항상 습관적으로 일을 하고, 한 사람이라도 문제를 문제로 인식하지 않고 당연히 해야

할 일로 알았습니다. 지금까지 선배의 선배한테 배운 방식으로 일을
한 셈이지요.

 그리고 저는 왜 이 문제를 본질을 개선을 하지 않고 수리로 대응
할 수밖에 없는지 근본적인 질문으로 들어갔습니다. 모두 작은 구멍
을 막는 현상은 개선이 불가능하다는 이런저런 경험을 이야기했습
니다. 그때 발생 위치를 전부 표시를 해보자고 제안하였습니다. 불
량이 발생한 위치를 표시하여 보니 아래와 같은 형태가 나왔습니다.

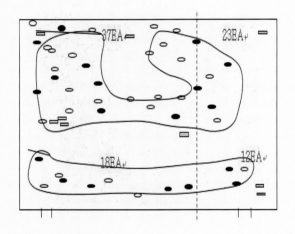

 저는 구석진 코너에서 불량이 많이 나올 것이라 예상을 했는데 보
기 좋게 틀렸습니다. "참 독특한 형태이네" 생각하고 현장을 다니는
데 갑자기 눈에 번쩍 띄는 현상이 보였습니다. 마스크의 구멍이 막

히는 것을 방지하기 위하여 온수로 초음파로 순수 세정을 하고 물에서 나와 건조를 합니다. 건조가 될 때 제대로 건조되지 않고 아직 물기가 남은 모양이 위의 발생 위치와 동일한 형태였습니다. 좀 더 자세히 보니 나머지 물기를 건조를 시키기 위해 핫-에어를 부는데 이때 에어가 먼지를 날리고 물기에 먼지가 묻어 오히려 불량을 만들고 있었습니다. 깨끗하게 하기 위해 순수를 사용하고 청정한 에어도 사용하는데 결과는 더 나쁘게 만들었습니다.

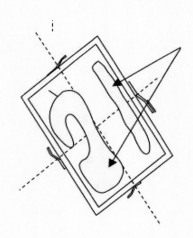

여러가지 논의를 거친 결과 바람을 불지 않는 원적외선 세라믹히터를 설치하고 획기적으로 구멍이 막히는 문제를 개선하고 수리하는 인력을 십 분의 일로 개선을 하였습니다.

저는 신입사원이 오면 만 원짜리 지폐를 그려보라고 말합니다. 대부분 난감해 하면서 그립니다. 결국 수 십년을 몸에 지니고 다닌 돈을 비슷하게 라도 그리는 사람이 없습니다. 관심을 가지고 보지 않았기 때문입니다. 얼마나 오래 가지고 다녔는지는 아무런 의미가 없습니다. 볼 견(見)은 말그대로 아무런 의식없이 보는 행위입니다. 최소한의 의식을 가지고 보는 행위가 볼 시(視) 입니다. 시청각 수준이지요. 그러나 여기는 자기 생각이 없습니다. 볼 관(觀)이 되어야 관찰의 수준을 넘어 통찰과 성찰의 길로 나아갈 수 있습니다.

시간과 비례하여 성과가 나지 않는 결과가 역설적으로 세상을 재미있게 만듭니다. 생각하고 관찰하는 습관이 쌓여 큰 실력 차이를 만들어냅니다. 그러니 얼마나 오래 그 일을 했는지를 자랑하지 말고, 그런 사람에게 주눅들지도 마세요. 오히려 얼마나 깊은 생각을 가지고 살았는지를 먼저 살펴보세요. 그러면 어느 날 '성과'라는 결과가 저절로 올 것 입니다..

리더는 무엇을 해야 하는가?

회사 생활을 하면서 문제를 풀어가는데 고정관념에 빠질 수 있습니다. 이때 강제적으로 물꼬를 터주지 않으면 문제가 고착화되기 십상입니다. 중국 주재원으로 발령을 받아 현장을 돌아보는데, 보고 받고 알던 수치보다 공정이 매우 어수선하였습니다. 공정 책임자를 불러 물으니 데이터를 무려 10%나 속이고 바코드를 가려 수리로 대응을 하고 있었습니다. 제가 물었습니다. "무엇이 문제라고 생각하십니까." 그가 "실은 앞공정에서 오염된 제품을 보내어 우리가 수리로 대응하면서 고생을 하고 있는 것입니다. 이런지 벌써 일 년입니다." 이야기를 듣고 특별 근무조를 편성하여 앞공정에서 보낼 때 모두 알코올로 닦아서 보내도록 지시하였습니다.

그런데도 다음날 출근해서 보니 결과가 조금도 나아지지 않았습니다. "세정을 해서 보냈는데 왜 좋아지지 않지요?" 그가 "이 이물들은 나노 수준의 작은 것이라 닦으면 더 불리합니다. 2라인은 구조적으로 3라인과 달라 근본적으로 개선하지 않으면 안됩니다" 제가 쉽게 손대기 어려운 문제를 나열하였습니다. 과연 앞공정의 구조적인 문제일까? 의문을 지울 수 없었습니다. 다음날 결심을 하고 수백 명의 인원을 동원하여, 2라인과 3라인의 앞공정 제품을 일시적으로 교차 투입을 시켜 보았습니다. 예상한 결과대로 앞공정 제품이 바뀌어 투입이 되어도 2라인 불량율은 변하지 않았습니다. 이제 모든 문제가 앞공정에 있지 않고 자신의 공정이 문제라는 것이 명확해졌습니다.

저는 아무 말도 하지 않고 자리로 왔습니다. 그리고 다음날부터 문제를 같이 찾기 위해 의견을 모았습니다. 삼 일이 지나고 중국인 책임자가 와서 문제를 찾았다고 했습니다. 이렇듯 자신의 문제로 인식하고 매달리자 일 년 동안 해결하지 못한 문제가 단박에 해결이 되었습니다. 저는 문제의 해결방법을 가르쳐 주지는 않았습니다. 다만 문제가 어디서 발생하는지 누구의 원인인지를 짚었을 뿐입니다. '타인의 문제'에서 '나의 문제'로 생각이 바뀌자 문제가 보이기 시작하였습니다.

생각의 전환은 패러다임의 전환을 가져옵니다. 스포츠의 역사를 보면 기록이 획기적으로 향상되었던 때는 기존의 것을 부정하고 새로운 방식을 도입한 때였습니다. 1896년 1회 아테네 올림픽 100m 출

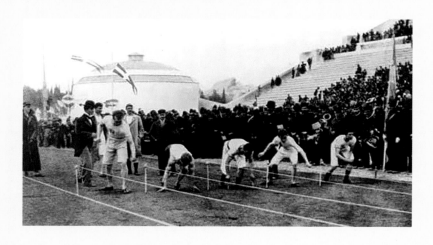

발사진은 많은 내용을 알려줍니다.

모든 사람이 서서 출발할려고 하는데 한 사람만 땅에 손을 짚고 엉덩이를 치켜 들었습니다. 그 당시 표현으로도 아주 '우스꽝스러운 폼'이었습니다. 이 대학생의 새로운 시도가 우승은 물론이고, 스탠딩 스타트에서 크라우칭 스타트로 육상의 역사가 전환이 되는 순간이 되었습니다. 이 변화를 가져 온 '버크'라는 이름은 지금도 회자가 되고 있습니다.

또 한가지 사례는 1968년 멕시코 올림픽 높이뛰기입니다. 당시에 방법을 완전히 뛰어 넘은 새로운 방법이 나왔습니다. 당시 스탠포드 대학생이던 '딕 포스베리'는 배를 하늘로 향하는 배면뛰기를 선

보였습니다.

실로 생각을 전환한 획기적인 사례로 영원히 남을 것입니다. 수영에서도 턴지점 1m를 남기고 턴을 하면서 발로 전환점을 도는 플립턴이라는 기술이 있습니다. 이 기술은 결국 배영에서 마의 1분벽을 깨뜨렸습니다. 그리고 멀리뛰기에서도 히치킥 기술이 나온 지 백 년이 훨씬 지나 칼 루이스의 가위뛰기라는 공중을 걸어가는 기술로 혁명을 이루어 내었습니다. 위의 모든 기술들은 처음에는 잘 받아들이지 않았습니다. 그러나 시간이 지나면서 결국 대부분 받아들였습니다. 생각을 가진 자가 생각을 가지지 않은 자를 지배하는 순간입니다.

그런데 이 사례를 보면 공통점이 있습니다. 모두 미국에서 시작되었다는 피하고 싶은 사실입니다. 한국 샐러리맨의 신화로 불리운 경영자가 우리들 술안주에 자주 올라오는 이야기를 몇 번이나 들은 적이 있습니다. 도전할만한 과제들이 '효율화'란 명목으로 그분 때문에 퇴출당하여 개발되지 못한 상황을 아쉬워하는 내용이었습니다. 물론 어느 것이 더 옳은지 판단은 어려우나 이런 환경이면 미국 스포츠 같은 사례는 만들어 내기는 요원합니다.

최고 경영자들이 정보가 많겠지만 모든 미래를 가늠하는 수퍼맨이 아닙니다. 어느날 저는 노르망디 상륙작전의 지휘자 스미스 패튼 장군의 글을 읽고 제가 고민하는 내용의 답을 찾았습니다. "사람들에게 '어떻게 일하라고 절대 말하지 마라.' "무엇을 해야 할지만 말하라. 그러면 그들은 각자가 지닌 기발한 재주로 당신을 깜짝 놀라게 할 것이다." 생각을 끌어내는 장을 만들어주는 핵심을 정말 잘 간파한 명언입니다. 이런 명언은 오직 경험에서만 나올 수 있습니다.

그러므로 한국의 리더는 모든 것을 가르치려고 하면 안 됩니다. 구성원들이 생각할 수 있는 환경을 만들어 주고, 물꼬를 틀 수 있는 질문을 적당히 해주면 그것만으로도 충분한 가이드가 될 수 있습니다. 이제 한국에서도 세상을 뒤바꿀 '무엇'이 나올 때가 되었습니다. 그것을 마음껏 도전할 수 있도록 도와줄 리더가 많은 환경이 되기를 바래봅니다.

모두 같이 꿈을 꾸면 현실이 됩니다

부산공장에 제조부장으로 부임하여 갔을 때 하루 생산량이 4,500개 수준이었습니다. 딱 두 배 정도 생산량을 올리고 싶었습니다. 모두 말도 안된다고 하는 목표이었고 한마디로 꿈 같은 이야기라고 했습니다. 그래서 " 혼자 꾸는 꿈은 꿈이지만 모두 같이 꾸면 현실이 됩니다"라는 슬로건을 정하고 목표를 공표했습니다. 이처럼 목표는 시

각화하는 것이 중요합니다. 그래서 대략 에베레스트 산을 목표로 하면 생산량이 두 배가 될 것 같아 8848 고지를 상징적 목표로 정했습니다. 그리고 모두 중간에 포기할 것 같아 미들 포인터로 기억하기 좋은 7777을 잡았습니다.

한 개라도 많이 생산한 신기록이 나오면 일찍 출근하여 야간 퇴근자들에게 격려를 아끼지 않았습니다. 이렇게 육 개월을 꾸준히 활동한 결과 결국 8848 목표를 달성하였습니다. 그런데 갑자기 다른 사업부로 발령이 나서 천안으로 부임을 했습니다. 부임하기 위해 올라가는 기차간에서 생산량이 9,000개가 넘었다는 전화를 받았습니다. 좋은 소식을 전해 주려고 하신 반장의 들뜬 목소리가 아직도 여운으로 남아 있습니다. 생산 마감 시간이 다 되어 오늘 신기록이 나올 것이라고 감지가 되면, 서로 말로 표현하지는 않지만 서로를 격려하는 분위가 현장에 가득합니다. 모두 같은 꿈을 꾸고 있는 것입니다. 그러면 슬로건같이 꿈이 현실이 될 수 밖에 없습니다. 이런 기쁨은 도전해보고 성취한 자만이 알 수 있는 이야기입니다. 부서를 떠난 후, 이 활동의 끝에서 현장에 있는 젊은 사원이 아래의 편지를 보내왔습니다.

"7777매 목표로 퍼포먼스 할 때 처음에는 이걸 왜 하나라는 생각을 지울 수 가 없었습니다. 왜 일도 많은데 이런 것을 해야 하나? 라는 의구심에 이해를 할 수가 없었습니다. 부장님께서 부서를 떠나신후, 이제서야 이해가 아닌 몸으로도 느낄 수가 있네요. ^^

목표를 세우지 않고 지금껏 살았다는 생각이 제 자신을 부끄럽게 하네요.

8848도 넘었고 **회사 일이 아닌 제 인생에 있어서도 목표를 장기적으로 세워서 한 번 멋지게 살아 보고 싶네요.** 박정대 부장님 감사드리고 앞으로 다시 뵐 날이 있기를 기약합니다." 바로 이 순간에 직장 생활하는 맛이 나고 고생한 보람을 느낍니다.

목표는 항상 머리가 쭈빗 설 정도의 BHAG를 생각하며 잡았습니다.

BHAG는 B는 Big으로 크고, H는 Hairy로 대담하며, A는 Audacious 로 도전적인 Goal을 뜻합니다. 어떤 부장이 발표를 하면서 최선을 다해서 도전하여 목표를 반드시 달성하겠다는 취지로 각오를 발표하였습니다. 그때 제가 제조의 신으로 존경하는 사장님께서 "뒷동산을 올라가면서 '도전'을 한다는 말을 사용하지 않는다"고 하신 말씀이 기억이 납니다. 그러므로 목표는 좀 더 담대하게 잡아야 합니다.

조직을 옮겨가면 핵심인력과 면담을 통해 포커싱해야 할 일을 먼저 정리를 합니다. 그리고 그 핵심사항을 평가해야 할 지표를 정해야 합니다. 이 핵심성과지표를 KPI (Key Performance indicator)라고 합니다. KPI는 단순명료하게 정하고 모두에게 공표를 해야 합니다. 그리고 100일 정도 지나면 자신의 생각을 가미하여 항목을 다시 정하고 KPI 목표도 상향하여 모두에게 다시 공표를 합니다. 그 다음부터는 이 지표의 트랜드를 지속적으로 측정하고 공유해야 합니다. 그중에서 개선이 더딘 항목은 별도의 팀을 만들어 지원을 하고 특별히 관심을 가집니다. 이렇게 목표를 정하고 지속적으로 모이면 대부분 방향성이 생기고 개선이 됩니다.

특히 목표에는 균형이 있어야 합니다. 그 균형 중에서 제일 놓치기 쉬운 것이 중장기 미래에 대한 시간과 자원을 투입하는 것입니다. 눈앞에만 집중하면 지속가능한 성장이 어렵습니다. 그렇기 때문에 자기가 과실을 따지 못해도 미래를 생각하고 자원을 분배하는 대범함이 있어야 합니다. 그래서 최소 7.5대2.5정도 자원을 미래에 투입하였는지를 반드시 체크해야 합니다.

또한 무엇보다 작은 목표가 달성되면 축제를 열어주어는 것이 중요합니다. 축제라고 해서 거창한 것이 아닙니다. 아이스크림 하나 정도 같이 나누어 먹는 것으로 충분합니다. 8848 달성 하던 날, 아침 반부터 저녁 반까지 식사를 했는데 그때 저녁반 여사원이 "부장님, 목표달성하면 가발 벗는다고 하셨는데 안 벗나요"라고 하여 그날 가발 오픈식을 하였습니다. 이처럼 제가 약속한 사항을 잊지 않고 이야기하는 것이 FUN이고 목표에 도전하는 또 다른 재미입니다. 그러므로 페스티발은 특별한 것이 아니라, 모두의 노력을 인정해 주는 중요한 절차라는 것을 잊어서는 안됩니다.

돋보기에 초점을 정확히 잡아야 종이를 태워 불을 얻을 수 있습니다. 초점을 잡는 행위는 목표를 잡는 일과 같습니다 목표의 중요성은 경영의 핵심 요체이고, 가장 신경써야 할 일이라는 것을 시간이 가면 갈수록 느낍니다. 당신의 KPI가 무엇인지 물어보면 생각을 가지고 일을 하는지 아니면 일이 닥치면 임기응변으로 풀어 가는지 쉽게 알 수 있습니다. 그렇기 때문에 "목표가 없는 사람은 목표가 있는 사람을 위해 존재한다."는 말의 의미를 다시 새겨봅니다.

로저 바니스트 효과

일반적으로 목표를 잡을 때 전년 대비 몇 % 향상하자고 잡습니다. 저는 목표를 잡기 전에 우리가 이상적으로 달성할 수 있는 수준을 먼저 정의하라고 배웠습니다. 거기서부터 우리가 현실적으로 얼마나 인정할 수 있는 일들을 역으로 정리하여 목표를 잡았습니다. 요즈음 에베레스트는 할머니도 올라가는 산이 되었습니다. 이렇게 할 수 있었던 이유는 베이스 캠프를 끌어 끌어올렸기 때문입니다. 그러므로 목표를 달성할 수 있도록 시스템을 개선하여 체질을 변화시키면 불가능하다는 일들이 가능해 집니다. 그런데 대부분 한계를 설정하고 그 생각에 갇혀 주저앉고 맙니다.

제가 아는 많은 교육 사례 중에서 '로저 바니스트 사례'는 처음 접했을 때부터 정곡을 찌르는 울림이 있었습니다. 그래서 " Limit는 神만이 아신다"는 아래 교육 자료를 만들었습니다.

다음의 교육자료 '로저바니스트 이야기'는 이렇습니다. 1950년대 1마일을 달리기 기록은 4분 초반으로 아무도 4분대를 넘을 수 없다고 생각하고 있었습니다. 그때 로저가 내가 4분대를 돌파하다고 선언을 하였습니다. 목표는 여러 사람에게 공표를 하는 것이 역시 실행

limit는 神만이 아신다

핵심: 직장 생활 역사는 한마디로 내가 한계라고 단정한 것들이 현실화
되는 것을 보는 기적의 역사다. 궁하면 통하는 사례는 수없이 보아 왔다.
궁하기 전에 통할 수는 없는지?
일체 유심조 = 태도는 사실을 능가한다 = 한계는 우리가 정하고 갇힌다.

경험 사례 (브라운관 만개 생산   )

【 로저바니스트 효과 】
　1950년대 1마일을 4분이내 주파는 불가능한 기록으로 인식
　미국 **로져바니스트** 4분 기록에 도전 선언,
　자기 코치가 4분6초의 기록을 갖고 있는 전문가 그러나 불가능 의견,
　담당의사는 심장이 터진다.
　1958년에 결국 목표 달성
　일주일 후에 호주 존 앤디가 4분이라는 기록을 경신,
　2년 후 수백명이 달성.

(일 만개에 대한 설비 주재원 **답장**)
누가 뭐라해도 1등의 자존심을 지키고 싶은 사람중의 한 사람입니다.
설비보전하는 사람 치고 저처럼 이러면 다른 사업부에서는 미친놈으로 볼 겁니다
그래도 1등의 자존심을 위해 설비를 팽개쳐 가며 해 보았습니다. 하지만 이제
정말 설비는 더 이상 힘듭니다.　심천설비와 헝가리설비를 비교해 볼 때 index의
가장 neck가 되는 봉착로 능력, bm/sry 구동부는 헝가리가 훨씬 여유 있습니다.
우리는 8.6초는 죽어도 안됩니다. 목숨 걸고 지킵니다. (현재 7.5초 생산 中)

에 도움이 됩니다. 그러나 많은 전문가들이 불가능하다는 수없는 이
유를 논리적으로 나열하였습니다. 심지어 의사들 사이에는 심장이
터져 죽고 근육이 파열한다는 의견도 있었습니다. 그러나 1954년 드
디어 로저바니스트가 마의 4분벽을 3분 59초 4 기록으로 수천 년간
지켜오던 기록을 허물었습니다.

　이야기가 여기서 끝이면 한 인간의 불가능에 도전한 이야기로 벌

써 사람들 뇌리에 사라졌을 것입니다. 이야기는 이제 시작입니다. 로저가 불가능하다는 기록을 깨고 불과 1주일 후에 호주의 존 앤디라는 선수도 기록을 돌파했습니다. 핸디는 로저가 기록을 깨기 전에 무려 4분 3초대의 기록을 6번이나 기록한 선수였습니다. 몇 번의 도전에도 실패하자 결국 나는 불가능하다고 선언한 상태였습니다. 하지만 로저가 깨자 앤디도 기록을 달성을 하였습니다. 그리고 두 달 뒤에는 10명이, 1년 뒤에는 27명이, 2년뒤에는 수백 명이 4분의 벽을 넘었습니다. 수천 년을 넘어 오던 4분의 생각을 한 사람이 돌파하자 뒤따라 달성한 것은 과학으로 설명할 수 없는 이야기입니다. 한계는 스스로 만들고 그속에서 안주하면 벽의 밖을 도저히 나올 수 없습니다.

실제 로저바니스트 사례처럼 한계를 이겨내려는 인식에 도전할 때는 많은 저항에 직면합니다. 제가 브라운관 만개에 도전할 때 설비 주재원이 적은 편지처럼 "목숨을 걸고 지킵니다"라는 반대에 직면할 수도 있습니다. 이 사람들의 이야기를 잘들어야 하지만 그것에 주눅 들 필요는 없습니다. 이 극심한 스트레스를 이겨야 만년 따라가는 인생에서 빠져 나올 수 있었습니다. 브라운관 매일 만개를 생산하기위해서는 8.6초라는 설비 스피드가 필요했습니다. 나중에 목표를 훨씬 상회하는 설비 스피드 7.9초를 달성하였고, 로저바니스트의 기록도 지금은 3분43초로 변하였습니다. 존 앤디처럼 살 것인지, 로저바니스트처럼 살 것인지 선택은 본인에게 달려있습니다. 여유있고 편안하게 사는 것도 살아가는 하나의 방식이나 성취의 기쁨이 주는 즐거움도 달성해 본 자만이 압니다.

인디언 기우제 지내기

꿈의 양품율 달성

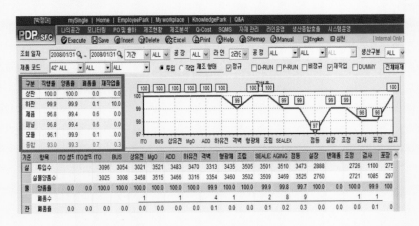

지금은 많은 분들이 알고 있지만 '인디언 기우제 지내기'라는 유명한 이야기가 있습니다. 인디언이 기우제를 지내면 반드시 비가 옵니다. 이건 예외가 없습니다. 그래서 제가 왜 그렇냐고 물으면 대부분 답을 맞히지 못합니다. 그러면 제가 "그것은 비가 올 때까지 기우제를 지내기 때문입니다."라고 이야기해 줍니다. 그리고 "우리도 지금부터 직행율 90%, 양품율 99% 목표에 도전합니다. 방법은 인디언 기우제 지내기와 같은 방식으로 달성할 때까지 같이 머리를 맞대고 고민을 해봅시다." 그러면 모두 반신반의 하고서 표정이 좋지 않습니다.

그러면 그때 한 가지 이야기를 더 들려주었습니다. 내용을 요약하면 아래와 같습니다. 옛날 왕이 가뭄이 극심하여 기우제를 지내기로 하였습니다. 모든 신하들에게 의관을 정제하고 참석하라고 어명을 내렸습니다. 그리고 기우제를 지내는 도중에 갑자기 먹구름이 생기더니 기적적으로 비가 내리기 시작하였습니다. 모든 신하들이 비를 피하느라 한바탕 소란이 일어났습니다. 그때 한 신하가 우산을 꺼내들고 빗 속을 유유히 걸었습니다. 왕이 신하에게 "너는 어떻게 우산을 준비했느냐. 미리 알고 있었느냐 물었습니다" 그 신하는 "기우제를 지내는데 우산을 준비하지 않는 것은 비가 오는 것을 믿지 않는 것이지요." 당당히 이야기를 했습니다. 이처럼 우리가 된다고 생각하고 목표를 향하여 마음과 생각을 모으면 됩니다. 저는 게임을 하듯이 사원들과 고민하고 결국은 약 6개월 후에 위의 도표와 같은 양품율 99.3% 성과를 만들었습니다. 모두 불가능하다고 한 일이 실제로 구현이 되었습니다. 그러므로 내일부터 우산을 준비하여 옵시다.

조직을 운영하다 보면 모든 사람이 따라오지 않습니다. 아니 오히려 대부분 사람들은 반신반의하고 10%의 인력은 극심한 반대를 합니다. 그러나 항상 5%정도의 우산을 준비하고 지지하는 긍정적인 인력이 있습니다. 일단 이 소수의 인력부터 데리고 주저없이 출발을 해야 합니다. 그러다 보면 모두가 '인디언 기우제'처럼 끈기 있게 생각을 모으고 실행하는 순간이 있습니다. 그러면 시간의 차이는 있겠지만 목표를 달성을 합니다. 그리고 한 번 목표를 달성한 경험이 있는 조직은 그 다음부터는 일하기가 쉬워집니다.

(받은 편지1)
"안녕하십니까? 쾌청하게 좋은 아침입니다.
아침에 사내 방송은 잘 보셨는지요?

아래 내용은 오늘 아침 방송에 소개된 PDP P2라인의 소식입니다.
설비가 낼 수 있는 최고 한계치인 이론 CAPA에 거의 근접하는
놀라운 생산 실적들을 계속 보여주고 있습니다.

SDI의 모든 제조라인들이 모두 P2 같기만 했으면 정말 좋겠습니다.
*^^*

오늘 하루도 건승하시고 좋은 주말 맞으세요!! .."

(받은 편지2)
"PDP P2 그룹의 99% 돌파, 축하 드립니다.

이를 CAPA의 99%를 달성했다는 것은
DREAM LINE이 꿈이 아닌 현실로 실제로 이루어지고 있다는 쾌거입니다.

금일 아침 방송에 나왔듯이 박정대 부장을 비롯 P2의 모든 분들이
열정과 도전으로 일구어 낸 값진 성과입니다.

서로 서로를 격려하며 문제의 근원을 찾아 해결하는
실제 행동으로, 실천으로, 성공으로 연결된 과정이 아름답습니다.
99% 돌파 다시 한번 축하드립니다.

이런 좋은 반응을 받다 보면 모두가 일하는 기쁨을 느낍니다.

인디언 기우제는 지겨운 과정처럼 보이지만 그 속에는 서로를 알아주는 즐거움이 있습니다. 모두가 천재는 될 수 없지만 꾸준히 하면 천재에 근접한 성과는 낼 수 있습니다.

문제는 수면 위에 올려야 개선이 된다

문제는 제대로 드러내지 않으면 개선이 되지 않습니다. 제대로 드러내고 지표화하여 집중하여만 움직이는 것이 기본적인 습성이기 때문입니다. 아래 경험 사례를 보면 잘 알 수 있습니다. 어떤 연후인지 몰랐지만 이 제품은 상판과 하판이 합쳐져서 제품을 만드는데 하판 불량률만 직행율에 포함하여 관리가 되고 있었습니다. 그래서 제외된 상판도 직행율에 포함시켜 관리하기로 하였습니다. 그런데 타 라인과 비교하여 보니 관리 지표에 포함되는 하판은 불량률이 낮았습니다. 그러나 지표로 관리하지 않는 상판은 다른 라인보다 불량이 5배나 높은 것을 알고 팀 전체에 문제를 공유하였습니다. 그리고 불과 5일이 지나자 불량율이 다른 라인과 동등한 수준이 되었습니다. 이런 현상을 어떻게 설명할 수 있을까요? 말도 안 되는 사례지만, 이러한 말도 안 되는 일이 일어날 수 있는 곳이 바로 현장입니다.

그러므로 현장 관리자의 가장 중요한 일 중에 하나는 팀 전체가 관리해야 할 일을 명확히 수치화하도록 항목을 정하는 일입니다. 팀원들과 잘 협의도 하고 때로는 본인의 소신을 가지고 Top Down으로 정하기도 해야 합니다.

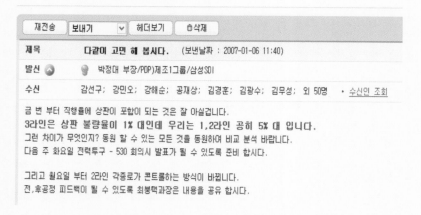

재전송	보내기 ▾	헤더보기	🗑삭제

제목	**다같이 고민 해 봅시다.** (보낸날짜 : 2007-01-06 11:40)
발신 💡	💡 박정대 부장/PDP)제조1그룹/삼성SDI
수신	감선구; 강민오; 강해순; 공재상; 김경훈; 김광수; 김무성; 외 50명 · 수신인 조회

금 번 부터 직행율에 상판이 포함이 되는 것은 잘 아실겁니다.
3라인은 상판 불량율이 1% 대인데 우리는 1,2라인 공히 5% 대 입니다.
그런 차이가 무엇인지? 동원 할 수 있는 모든 것을 동원하여 비교 분석 바랍니다.
다음 주 화요일 전력투구 - 530 회의시 발표가 될 수 있도록 준비 합시다.

그리고 월요일 부터 2라인 각종로가 콘트롤하는 방식이 바뀝니다.
전,후공정 피드백이 될 수 있도록 최붕택과장은 내용을 공유 합시다.

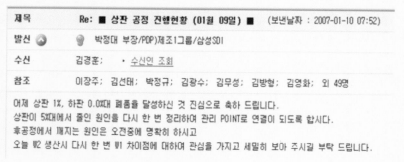

제목	**Re: ■ 상판 공정 진행현황 (01월 09일) ■** (보낸날짜 : 2007-01-10 07:52)
발신 💡	💡 박정대 부장/PDP)제조1그룹/삼성SDI
수신	김경훈 · 수신인 조회
참조	이장주; 김선태; 박정규; 김광수; 김무성; 김방형; 김영화; 외 49명

어제 상판 1%, 하판 0.0%대 폐품을 달성하신 것 진심으로 축하 드립니다.
상판이 5%대에서 줄인 원인을 다시 한 번 정리하여 관리 POINT로 연결이 되도록 합시다.
후공정에서 깨지는 원인은 오전중에 명확히 하시고
오늘 W2 생산시 다시 한 번 W1 차이점에 대하여 관심을 가지고 세밀히 보아 주시길 부탁 드립니다.

그리고 같이 지표를 보면서 꾸준히 트랜드를 관리하면서 과정을 지켜 보고 도와 주어야 합니다. 개선의 덩어리가 너무 큰 일이면 그 덩어리를 몇 개로 또 쪼개어 한 사람에게 스트레스가 걸리지 않도록 해야 합니다. 나누어진 업무도 또 지표화하여 움직이도록 한다면 총체적으로 큰 목표가 달성됩니다.

그런데 관리해야 할 지표를 잘못 정하면 부서 간에 협조를 받아 낼 수 없습니다. 제조 부서는 생산량을 관리해야 하고 개발부서는 미래 먹거리를 사전에 생산을 해보아야 제품을 잘 개발할 수 있습니다. 목표를 제대로 배분하지 못하면 생산량 차질이 난다고 개발 실험을 못하도록 하는 생산 관리자가 생깁니다. 이러면 오직 자기의 실적만 보게 됩니다. 이런 경우, 협조한 부분에 대하여도 평가를 해주는 시스템이 필요합니다. 오래 전에 일본 야구 감독은 불펜에서 앞으로 등판할 투수의 공을 받아 주는 포수도 가점을 받을 수 있도록 세밀하게 평가 시스템을 만들었습니다. 이렇듯 자기의 실적만 챙기는 개인 이기주의를 정확하게 파악했기에 문제를 보완할 수 있었습니다.

코로나 때문에 재택 근무가 늘어났습니다. 앞으로 코로나시대가 끝이 나도 재택 근무는 트랜드로 자리잡을 것입니다. 그때를 대비하여 성과를 정확히 측정할 수 있는 공정한 평가시스템을 만들어야 하겠습니다. "수치화 할 수 없으면 개선할 수 없다."는 명언은 6시그마의 정신을 단면적으로 나타내고 있습니다. 리더는 우리가 관리해야 할 목표를 분명히 정하고 같은 방향으로 팀원 이끌어야 합니다. 그래야 팀 내에서 혼란이 없어집니다. "그냥 잘해보자. 파이팅!" 이렇게 외치는 외침은 공허한 염불에 불과합니다. 문제를 드러내고 그 개선의 지표를 만들면 큰 성과가 저절로 따라올 것입니다.

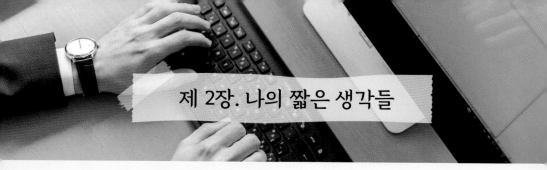

제 2장. 나의 짧은 생각들

단상1. 너희들의 꿈을 존중하며

추석에도 같이 못한 것이 조금 섭섭하지만 임용고시 준비한다고 힘든 주비에게힘내라는 격려와 위로를 보내고, 제대를 하고 대학 삼 학년 복학생 senior로 새 학년을 시작하는 지찬이에게는 축하를 보 낸다.

오늘은 할아버지와 나의 이야기를 하려고 한다.

내가 지금 너희들 나이 정도였을 때 인생의 진로를 생각하면서 많 은 고민이 있었다. 아버지와 제가 원하던 길이 달랐기 때문이었지. 두 번의 유라시아판이 지진을 일으키듯 두 사람 간에 충돌이 있었다. 한 번은 대학교 일 학년 때였지. 몇 번을 주저하다 결심을 하고 아버 지께 "적성에 맞지 않아 전과를 하고 싶습니다"고 말했고 아버지는 "

그럼 바꾸어야지. 어떤 공부를 하고 싶느냐"고 되물었다. 나는 신학을 하고 싶다고 했고 그러자 아버지는 아무 말씀을 하지 않으시고, 손수 이불을 펴시고 누워셨다. 나는 집을 나와 동네를 거닐다 해질녘 돌아와서 집안의 평화를 위해 "바둑 한 판 가르쳐 주십시오"라고 했지. 접바둑을 두면서 침묵 속에 아무런 이야기 없이 서로 대마를 쫓지 않고 타협으로 마무리를 하였어.

그리고 군대를 갔다 와서 삼 학년을 마치고 또 이 이야기를 꺼냈다. 억눌렀던 마음이 다시 올라왔어. 마음을 굳게 하고 물만 먹고 단식 30일을 하면서 氣싸움을 하였다. 하지만 아버지는 단호하셨어. 결국 나도 모든 것을 포기하고 입사 시험을 준비하여 회사원으로 삶을 시작하였다. 내가 물러난 건 고등학교 삼 학년 때 아버지께 눈물로 들은 이야기가 있어서 차마 거역하기 힘들었기 때문이야. 그날 내 손등에 떨어진 아버지의 뜨거운 눈물은 평생 잊지 못한다.

그래도 정말 신기한 것은 수 십년이 흘러 할아버지가 돌아가시기 두 달 전 느닷없이 "아비야, 너가 젊을 때 갈 길을 막아서 미안하다. 그 일은 알아보니 나이가 들어도 할 수 있는 일이더라. 늦었지만 이제라도 해보아라"라고 하시더구나. 그래서 제가 "아닙니다. 아버지

덕분에 회사 들어와서 인정받고 세계 곳곳 다니면서 견문도 넓혔습니다. 그렇게 아이들도 해외에서 좋은 경험을 쌓았으니 아버지께 항상 감사합니다" 라고 하였지.

할아버지와 나와의 인연에 '가지 않은 길' 때문에 무언가 미련으로 남아 목구멍의 잔가시처럼 그렇게 긴 시간 걸려 있었던 거야. 당신도 반대 의사를 분명하게 나타내지 못하시고 말없이 누우시던 아버지의 여린 모습이 지금도 눈에 선하다. 자신의 강요로 회사를 간 아들이 밤낮없이 일을 하는 것처럼 보이니 마음이 편치 않았을 것이다. 그래서 위의 이야기를 불쑥 꺼내신 것일 게다.

결국 '가지 못한 길의 이야기'가 손자들까지 영향을 미쳤다. 그래서 나는 너희들이 내린 결정을 무조건 존중하고 지지하기로 마음을 먹었다. 그리고 현재까지 비교적 잘 실천하고 있다고 생각한다. 때로는 제가 아는 경험으로 보면 너희들의 판단이 서툴 수도 있다. 하지만 제가 너희를 존중하는 것은 '가지 않은 길'로 말미암아 자꾸 돌아보지 않게 하기 위해서이다. 시행착오를 겪는다 해도 그것이 결국 더 깊이 있는 행복을 주리라 믿기 때문이다.

요즈음 나는 헤밍웨이의 〈노인과 바다〉를 자주 생각한다. 지금 어렵고 힘들다. 어렵게 잡은 고기를 상어에게 다 내어 줄 지도 모른다. 그렇다 하더라도 직장생활의 마침표를 찍게 될 고기 뼈다귀를 만들고 싶다. 망망대해에 서서 목이 마르고 낚싯줄에 손가락이 끊어져도 한 번은 거대한 무엇과 맞서 싸우고 싶다. "파멸당할 수는 있을지언정 패배하진 않는다." 요즈음 나의 정수리에 붓는 새벽 찬물 같은 화두이다. 이것이 젊은 날 가지 못했던 길과 같은 길이라 믿고 싶다.

　치열하지 않으면 젊음이 아니라고 했다. 여태껏 평탄 했던 너의 삶이 요동 치도록 일부러 흔들어 보았으면 한다. 행복은 언제나 우리가 가장 두려워하는 곳에 있다. A학점에 연연하지 말고 모든 것을 버려도 너 자신은 버리지 마라. 불안한 미래가 두려워도 무소의 뿔처럼 당당하게 하루하루를 열어 가자. 너의 정신을 번쩍 깨워 줄 참 진리를 갈구했으면 한다.

　그리고 너무 걱정하지 마라. 어떤 스님이 신통한 효력을 가졌는데 돌아가시면서 만약에 절에 큰 문제가 생기면 편지를 열어 보아라고 하였다. 잘 보관하고 있다가 절에 화재가 나서 열어 보니 "걱정하지 마라. 어떻게든 된다"라고 적혀 있었다. 이처럼 인생에 대해서 특별한 잘 살아가는 비결은 없다. 문제를 담담하게 바라보는 자신감이 중요하다. 막연한 미래로 답답할 때마다 주문처럼 외우어 보아라.

아빠와 엄마는 너희의 느티나무가 되어 주마. 그늘 아래 쉬다가 또 길을 떠나라. 나중에 너희들이 돈을 벌면 시간 내어 아프리카 사막이나 티벳으로 나를 데려가다오. 들판에 모포 깔고 누워서 밤새도록 하늘의 별을 같이 헤아려 보자. 지나가는 바람을 느끼면서 위스키 한 잔, 커피 한 잔을 했으면 좋겠다. 그리고 넓게 보니 모든 길은 결국 통하더라. 후회로 돌아보지 마라. 지금 너희들이 가는 길이 정답이다. 마지막으로 덧붙이면 할아버지는, 너희들도 격하게 동의하겠지만 너무 좋으신 분이었다.

단상2. 나만의 퀘렌시아

퀘렌시아(Querencia)를 아시나요? 격렬한 투우 경기에서 지친 소가 잠시 쉬면서 숨을 고르고 힘을 회복하는 안식처가 퀘렌시아입니다. 투우사가 경기에 이기려면 소가 퀘렌시아로 가는 것을 먼저 차단하는 것이 경기의 승패를 가르는 중요한 핵심이라고 합니다.

삼십 년을 직장 생활을 하면서 퀘렌시아가 무엇인지도 모르고 살았습니다. 베개 밑에 핸드폰을 두고 잠을 자다가 문제가 있다고 연락을 받으면, 시도 때도 없이 일어나 야간에 출근을 하는 것이 당연한 시절을 살았습니다.

그래도 저를 사람답게 이끌어 온 것은 팔 할이 여행이었습니다. 올해도 달력을 보니 태백산, 광교산, 민속촌, 종묘, 무의도, 운악산, 영덕, 영양 조지훈 생가, 소래 포구, 차이나타운, 동구릉, 해운대, 물향기수목원같은 여행의 흔적들이 씌어져 있습니다. 이런 여행의 일상이 다른 것들에 기대지 않고 저 스스로 치유하고 회복할 수 있는 힘을 주었습니다.

아이들이 각종 소개서를 제출할 때 여행의 이야기는 빠지지 않았습니다.

"아무리 회사 일이 바쁘시더라도 아버지께선 틈틈이 시간을 만들어 가족여행을 떠나곤 했습니다. 누나와 저는 스스로 짠 여행일정을 따라 정동진 일출, 해남 땅끝마을, 방아다리 약수터, 제주도, 남해 소매몰도 같은 전국 방방곡곡 명소를 돌아다니며 넓은 자연을 직접보고 만지며 느낄 수 있었습니다. 또한 차안에서 많은 대화를 하면서 여행을 통해 세상을 크고 바르게 보는 눈과 따뜻한 마음을 갖출 수 있었습니다."라는 아이들의 글을 보고 여행의 기억은 가족사 이를 묶어주는 큰 힘이라는 것을 느꼈습니다.

몇 년 전 삼성SDI에서 폴리머 사업팀장을 할 때 액상 공법으로 변경하고 문제의 실마리를 찾지 못하던 시절이 있었습니다. 될 듯 될듯 안 되고, 안 되어 지치고 지쳐 만신창이가 되었습니다. 그런 나를 보고 "상무님, 단풍도 예쁜데, 하루 업무를 떠나 토요일 같이 여행이라도 다녀옵시다"라는 부장이 있었습니다. 그의 고향 길을 따라 이리저리를 다녀오고 힘을 얻었습니다. 그 기억이 이렇게 오랜 기간 남는 것은 어떤 위로보다 큰 선물이었기 때문입니다.

"말을 타고 질주할 때 너의 영혼이 따라오는지 뒤를 보라"는 인디언 속담이 있습니다. 이 말이 '호랑이 등에 탄 사내'라는 카톡 닉네임을 가졌던 저에게 가슴 깊숙이 꼽혔습니다. 이때까지 속도와 높이만 최고의 가치로 알고 모든 일에 목숨을 걸고 살아왔던 지난 시절을 정리하고 저를 추스릴 수 있게 했습니다.

십수 년 전 여행잡지에서 보고 마음 속에 두었던 뉴질랜드로 2주간 여행을 다녀오겠습니다. 장기간 휴가는 처음이지만 자연과 교감하면서 자아를 회복하는 힘을 얻어 그 에너지를 여러분들과 나누고 싶습니다. 밤 하늘에 별을 헤아리며 알베르 까뮈가 던져준 명제 "왜 당신은 자살하지 않는가? "에 대한 답에 근접해 보는 시도를 해 보도록 하겠습니다.

옛 말에 "배운 연후에야 부족함을 알고 (學然後知不足) 가르친 연후에야 어려움을 안다 (教然後知困)"라는 말이 있습니다. 저는 여행을 떠나본 연후에야 지금의 이 자리에서 일하는 즐거움을 안다는 말로 바꾸고 싶습니다. 긍정적인 에너지를 느낄 수 있도록 게으르게 지내다 오겠습니다. 업무를 잘 부탁드리고 저는 이만 '나의 퀘렌시아'로 갑니다.

단상3. 어릴 적 꿈

한 해의 마지막 날입니다. 이런 일은 인생에 많아 보았자 백 번입니다. 아기 시절, 힘없는 시절, 공부에 시달린 시절, 일에 치여 녹초가 된 시절 이것저것 다 빼면 내 의지대로 살아간 날은 얼마나 되었는지?

돌아보면 학창시절도 어디에 메이지 않고 자유로이 돌아다녔던 그

시간이 더욱 더 기억에 남습니다. 가방 하나 달랑 매고 무전여행을 다녔던 추억, 지리산에 모닥불 피워 놓고 소주 한 병씩 들고 밤새며 노래 부르던, 갓 잡아 올린 고기처럼 퍼덕거리던 젊었던 몸짓이 그립습니다. 노랑 바가지에 소주 붓고 새우깡 하나에 내 넓두리 다 들어주던 친구들, 자취방에서 이해도 못하는 철학을 논하며 마지막 한 개비 담배를 돌려가며 피던 따뜻한 내 친구들이 오늘 너무 그립습니다.

그런데 지금 글을 적고 있는 순간 국민학교 시절 애들 얼굴에 있었던 마른버짐이 문득 생각이 납니다. 그리고 머리에 또 하나씩 짓무른 아픈 부스럼 같은 상처를 달고 다니던 친구, 손 위생검사를 마치고 더럽다고 자를 날로 세우고 손등을 때릴 때 바들바들 떨며 내민 검은 손등, 풍선 장수 아버지가 밤늦게 돌아오지 않아 문 앞에 쪼그리고 기다리던, 건너건너 집 배고픈 엄마 없는 아이들의 기억도 선명히 떠오릅니다.

상점에서 물건을 훔치다 잡혀서 주인한테 늘씬 두들겨 맞고 있는 아이를 보고, '저런 나쁜 놈이 있나' 하고 내려왔습니다. 좀 더 내려오니 공동변소 앞에서 형이 돌아오기를 기다리면서 훔쳤을 빵을 먹던 아이들을 보았습니다. 그날 집에 돌아와 이불을 덮고 많이 울었습니다. 그리고 꿈을 하나 가졌습니다. 그런데 지금 그 꿈은 어느 서랍 속에 넣어 두었는지 찾을 수도 없습니다. 어쩌면 찾았다 할지라도 다시 펴볼 자신도 없을지 모릅니다.

이런 이야기들은 그리 먼 이야기가 아닙니다. 이제는 칼로리 과잉의 시대입니다. 다이어트가 필요한 시대이나 수천만 년 동안 조금이라도 영양분을 축적해 왔던 우리 몸이 다이어트를 방해하고 있습니다. 다이어트와 요요현상이 경쟁을 하여 결국 원점으로 돌려놓습니다. 하지만 몸이 기름진다고 마음도 같이 기름지지는 않는 것 같습니다.

그래서 정말 우리가 옛날보다 행복한지 불행한지 헷갈리기도 합니다. 박완서 선생님의 "날지는 못해도, 물 위를 걷지 못해도 서서 걸어 다니는 하루의 일상이 기적이다"라는 말이 요즈음 나의 마음을 꽉 잡고 있습니다. 그래서 저는 시간이 될 때마다 나 자신에게 매일 최면을 겁니다. "나는 너무나 행복한 사람이다." 그래야 숨을 쉴 수 있기 때문입니다.

이제 나이가 먹어가므로 주위 환경에 쉽게 흔들리는 삶에서 일관성이 유지되는 삶을 살려고 합니다. 니체가 말한 초인에 가까워지도록 노력하는 자세가 행복을 유지하는 비결이 될 것입니다. 상하 관계나 이익이 관련되거나 성과를 내거나 할 때 항상 중심을 잡고 정확히 판단한다면, 행복이 상대적으로만 평가되지 않을 것입니다. 그런 판단력이 흐려지지 않도록 자기를 추스르는 연습이 지금 이 시점에 무엇보다 필요합니다.

이제 제가 어릴 적 가졌던 꿈을 다시 꺼내어 볼 시간입니다. 나의 의지대로 살지 못했던 바쁜 시간에서 탈피하여 체력은 부족하겠지만 이제 나의 의지대로 살 수 있는 황금기입니다. 한 단계 차원이 다른 삶을 사는 것도 나중에 제가 잘했다고 생각할 수 있을 것입니다. 타고르의 '가탄잘리'에서는 아이들이 장신구에 흙을 묻히는 것을 두려워 제대로 놀지 못하는 것을 경계합니다. 제가 참으로 경계해야 할 것이 무엇인지를 찾아 극복을 한다면 남은 날도 좋으리라 생각합니다.

한해의 마지막이 쌓일 때마다 젊을 때는 성장으로 가는 길이었지만 이제는 원숙한 길로 갈 것입니다. 인간은 유한하므로 더욱 귀합니다. 그래서 그런지 어릴 적 같이 뛰놀던 89번 종점 근처에 살던 초등학교 친구들이 몹시 그립습니다.

단상4. 밥은 제시간에 꼭 먹고 일하자

제가 직장생활이 어려울 때 피난처로 중국을 지원하여 심천으로 발령을 받았습니다. 그곳에서 인격적으로 정말 훌륭한 분을 만나서 다방면으로 많이 배웠고 사랑을 받았습니다. 그분은 우리 가족이 오자 호텔로 초대하여 격려도 해 주시고 헤어질 때 차를 내어주어 편하게 가도록 해 주었습니다. 그리고 본인은 택시를 타고 갔습니다.

언젠가 갑자기 공정에 불량이 발생하여 원인도 못 찾고 며칠째 퇴근도 못할 때 일요일 오후 오셔서 점심을 먹으러 가자고 하였습니다. 제가 공정에 문제가 있는데 밖에서 식사는 어렵다고 했습니다. 그때 여태껏 문제를 못 찾았는데 식사 한 번 안 한다고 해결하겠느냐고 하시며 반강제적으로 저를 데리고 나갔습니다. 이런 저런 이야기를 하시며 낮술을 먹었는데 며칠간 잠을 제대로 못 자서 그대로 잠이 들었습니다. 주인에게 일어날 때까지 깨우지 마라 하시고 본인은 먼저 가셨습니다. 믿기지 어렵겠지만 놀랍게도 그날 꿈속에서 문제를 찾고 본사에 연락하니, 그곳에서도 동일한 문제가 있었다고 확인하고 해결한 적도 있었습니다.

큰 문제 앞에서 당황하지 않고, 문제에 매몰된 후배를 끌고 나와 전체를 다시 보도록 숨통을 틔어 주신 리더십은 평생 잊지 못합니다. 그 후 제가 리더가 되었을 때 공장에 큰불이 났습니다. 그때 저도 당황하지 않고 의연하게 대처할 수 있었습니다. 후배들에게 "이 문제는 하루 아침에 해결될 문제가 아니다. 밥은 제시간에 꼭 먹고 일하자." 그 이후 전심전력을 다해 복구를 하고 신제품을 제시간에 낼 수 있었습니다. 요즈음도 만나면 절대절명의 위기에서 밥 이야기를 했다고 하며 그것은 일보다 우리를 중요하게 생각해 주었다고 이야기합니다.

아래는 이 선배님이 갑자기 본사로 차출되어 떠나실 때 차출하신 부사장님께 제가 적은 편지입니다. 이 편지는 선배님을 향한 저의 마음이 담겨 있습니다. 그분의 가르침을 지금까지 고맙게 생각하고 있습니다.

참으로 오랜만에 문안드립니다.

제가 부사장님의 심증을 알아 맞추는 경륜은 턱없이 부족하나,
김 상무를 차출해 가시는 뜻을 알 것 같기도 합니다.

그러나 막상 결정이 되니 못내 섭섭하기도 하고 마음 한 구석이 징징합니다.

요즈음 이순신 장군에 대한 김훈 작가의 <칼의 노래>라는 책을 읽고 있습니다.

책의 부제가 "그 한없는 단순성과 순결한 칼에 대하여"입니다.

저는 심천에 오기 전에 김 상무를 직접 만난 적이 없었습니다. 부사장님께서 훨씬 더 오래 잘 아시고 계시지만, 한없는 단순성과 순결한 칼은 제가 아는 김 상무를 표현하는 가장 적절한 표현인 것 같습니다. 복잡한 문제를 단순화시켜 문제를 문제로 만들지 않고 쉽게 해결할 줄도 알고, 오직 충정으로 때로는 칼을 달래서 어우르고, 때로는 쾌도난마 하실 줄 아시는 분입니다.

그래도 새로 하시는 업무가 되어 여러가지 어려운 점이 걱정이 되나, 이 모든 것은 부사장님께서 잘 배려해 주실 줄 믿습니다.

임진 년의 한산, 노량대첩보다 힘들던 일본과의 대만대첩을 기획하고 승리하여 현재 브라운관의 독보적 행보를 가능케 하신 부사장님께서 또 하나의 장수를 옆에 두셨으니 이제 一字陳을 치시고 적을 맞아 Display 출축전

국시대를 평정하였다는 멋진 쾌보로 언젠가 삼천 全직원에게 진 빚을 갚았으면 합니다.

"신의 몸이 죽지 않고 살아 있는 한에는 적들이 우리를 업신여기지 못할 것입니다."

PDP가 일본과 그리고 lcd와 동시에 한 판 힘들게 사활을 건 싸움을 붙고 있지만 이 역사적 한마디가 PDP에도 있으므로 승리를 의심치 않습니다.

항상 더욱 강건하시고 SDI의 미래를 all in하는 사업에서 절대강자가 되어 임직원의 미래를 더욱 밝게 해 주시길 기원합니다.

"임진 l년 바다에서는 알 수 없는 일이 많았고 지금도 역시 그러하다.
가장 확실하고 가장 절박하게 내 몸을 조여 오는 그 거대한 적의의 근본을 나는 알 수 없었다.
알 수는 없었으나 내 적이 나와 나의 함대를 향해 창검과 총포를 겨누는 한 나는 내 적의 적이었다. 그것은 자명했다.
내 적에 의하여 자리 매겨지는 나의 위치가 피할 수 없는 나의 자리였다." (중략)

칼의 노래 '식은 땀' 중에서

단상5. 행복이란 발견하는 것

'행복은 쟁취하는 것이 아니라 발견하는 것'

이 말은 제가 아주 젊을 때부터 가슴에 간직한 글입니다. 대학교 다닐 때 주말마다 부산과 대구를 오가며 통학을 하였습니다. 월요일 기차를 타고 올라가는데 건너편 할아버지가 이야기를 걸어왔습니다. 이런저런 이야기 중에서 부자가 되는 방법을 두 가지를 알려주셨습니다. 그런데 그 이야기가 아직 기억에 남아 있습니다. "부자가 되는 방법은 두 가지가 있네. 목표를 높게 잡고 철저히 절약하며 아끼다 보면 복리가 돈을 벌어주지, 그리고 나머지는 기대치를 아주 낮게 하면 저절로 부자가 되지" 저는 두 가지 중에서 후자를 택했습니다. 요즈음 유행하는 '소소한 행복'이 바로 이것과 비슷합니다.

세상을 불만투성이로만 보고 쉴새없이 한숨을 쉬며 속사포처럼 주위 환경을 공격하는 사람들을 많이 만납니다. 저는 될 수 있으면 이런 사람은 만나지 않으려고 합니다. 마치 하품처럼 무의식적으로 전염이 되기 쉽거든요. 우리가 먹는 뷔페가 중국 진시황제의 죽지육림보다 못할까요, 굳이 이천 년 전 진시황을 꺼내지 않더라도 근대사 박정희 대통령이 타던 차가 지금 제가 타는 차보다 성능이 좋나요? 대통령 별장이 있는 청남대에 가면 전두환 대통령 이후 사람들이 사용하시던 생활 도구가 전시되어 있습니다. 요즈음 시각으로 보면 디자인이나 질이 떨어져 공짜로 준다 해도 거부할 정도입니다. 이렇게 시간이 흐르면 당시에 좋은 것도 아무것도 아닌 것으로 변합니다.

우리가 가끔 발견하는 선사시대 유적지를 보면 도저히 사람이 살 수 없는 주거 환경입니다. 그러나 그 당시에는 소수의 사람들만 가질 수 있는 초호화 주택일지도 모릅니다. 시간은 있는 것을 소멸시키는 힘이 있습니다. 그래서 썩어 없어지기 전에 작은 것이라도 누릴 수 있는 마음의 여유를 가지면 소소한 행복을 자주 느낄 수 있습니다. 큰 것을 위해 너무 미루다 보면 유한의 시간을 다 사용한 뒤에 후회할 수도 있습니다.

행복은 몽돌 해수욕장 자갈처럼 자기 주위에 지천으로 깔려 있어 잡아 들기만 하면 감사와 기뻐할 일로 넘칩니다. 그런데도 몽돌 해수욕장 자갈돌 위에 서서도 태평양 넘어 어느 섬의 자갈을 동경하고 있는 것이 인간입니다.

사실 환경에 너무 안주해서 대충 적응하여 생각없이 사는 것이 좋은 일은 아닙니다. 분명한 문제의식이 역사의 진보를 가져옵니다. 그렇지만 모든 일에 제대로 만족하지 하지 못하고 불만을 하기 시작하면, 결국 불만이 부메랑이 되어 자신을 갉아먹는 모습을 보게 됩니다.

네잎클로버의 꽃말이 행운이고 세잎클로버의 꽃말은 행복이라고 합니다. 많은 사람들이 네잎클로버를 찾기 위해 세잎클로버를 깔아 뭉개고 있다는 말을 들은 적이 있을 것인데, 주위를 둘러보면 정말 이렇게 살아가는 인간들이 많습니다.

세상은 기하급수적으로 풍요로워졌습니다. '비만'이라는 단어가 나온 것도 최근의 현상입니다. 그러나 불과 반세기 전은 흰 쌀밥에 소고기 미역국을 한 번 먹는 것을 소원으로 꼽았습니다. 하지만 과거의 인간보다 냉장고만 열면 먹을 것 가득한 우리가 더 행복할까요. '인권'이라는 단어를 듣지도 보지도 못하신 선조들보다 우리가 더 존엄할까요. 요즈음 정신적인 우울증, 고독, 자살이 14세기 중기 유행했던 페스트 흑사병처럼 곳곳에 급속히 퍼져 나가고 있습니다.

제가 컴퓨터를 처음 살 때는 메가 바이트 시대로 모래 한 스푼 정도의 정보를 처리할 수 있었습니다. 그러나 최근에는 기가 바이트 즉 생수통 반을 채워 넣을 모래 수 정도의 단위로 바뀌었습니다. 앞으로 페타, 엑사 바이트 시대가 옵니다. 페타 바이트라는 정보는 해운대 백사장 모래 수 정도이고, 엑사 바이트는 한반도 모든 백사장의 모래 수라고 하니 경이롭습니다. 구글 정보에 의하면 인류 문명이 시작되고 2003년까지 인류가 만든 정보가 5엑사 바이트 정도라고 합니다. 그러나 2012년에 들어서 하루에 쏟아지는 데이터가 7.5엑사 바이트라고 하니 정보의 홍수를 실감할 수밖에 없습니다.

이런 많은 정보 속에서 인간은 더 지혜로워지고 더 여유가 있어야 하지만, 과연 우리 인류가 가는 방향이 옳을까요. 너무 한심한 일들이 버젓이 일상 생활에서 수없이 목도되고 있습니다.

제가 살아가면서 생활 속에서 실천하려고 노력하는 것은 헤겔의 변증법입니다. 그것은 옳고 그름을 구분하는 것이 아닙니다. 하나의 올곧은 판단, 곧 정(正)과, 이것에 모순(矛盾)되는 다른 판단 반(反)을 버리지 않고 합하여 더 한층 높은 종합적인 판단(判斷), 합(合)을 만들기 때문입니다. 이것을 지속적으로 반복해 가면 큰 시행착오를 줄이면서 좀 더 나은 곳으로 나아갈 수 있기 때문입니다. 이 곳에는 다름을 배척하는 단어가 숨 쉴 공간이 없고, 상호 포용에 의한 문제를 해결하는 방법만 있습니다. 그래서 正反合은 인간적이라는 인정을 받습니다.

무엇보다 '나만이 모든 것을 다 해낼 수 있다'는 속임수에 속지 않아야 주변이 보입니다. 그리고 나서 제 주위에 깔려 있는 행복을 몸으로 스스로 느끼고 주위 사람들과 자주 나누고 싶습니다. 이런 일들이 쌓여야 비로소 '자유'라는 감정을 가질 수 있습니다.

이제 몸을 쉼없이 움직이고, 투쟁을 하여 반드시 이겨야 행복을 쟁취한다는 강박관념에서 탈피하여 가끔씩 하늘을 보겠습니다. 하늘에는 오늘도 별이 지천으로 떠 있습니다.

단상6. 천리마 꼬리에 붙은 똥파리도 천리를 간다

'천리마 기(驥), 꼬리 미(尾)' 천리마 꼬리는 나에게 특별한 이야기가 있습니다. 천리마의 꼬리는 말에게 있어서 제일 필요 없는 부분일 수도 있습니다. 그러나 제가 과장 시절 "천리마 꼬리에 붙은 똥파리도 천리를 간다"는 말을 공장장님께 들었습니다. 해석에 따라서 손하나되지 않고 코를 푸는 기회주의의 '끝판 왕' 같이 들립니다. "줄을 잘 서라 그렇다고 고압선은 잡지 마라. 줄을 잘못 서면 망한다" 이런 말을 수없이 들은 저는 눈치를 잘 보아 천리마에 올라타서 출세를 보

장받는 처세의 달인이 되라는 뜻인 줄 알았습니다. 이처럼 세상을 삐
딱한 눈으로 바라보면 모든 것이 삐딱할 수밖에 없습니다.

그러자 공장장님께서 위의 뜻을 잘 풀이를 해 주셨습니다. "회사
생활, 혼자의 힘으로 다하려고 하지 마라. 다른 사람의 지혜와 도움
을 받을 줄 알아야 천리도 갈 수 있다." 지금 돌아보니 참으로 중요한
이야기를 해 주셨습니다. 혼자 독불장군이 되어 일을 하는 사람은 마
치 혼자만 고생한다고 주위에 불평불만을 말합니다. 그러나 실상을
보면 자기가 일하는 것을 알아주라는 푸념에 불과합니다. 서로 도움
을 주고받고 하면서 천리길을 갈 수 있습니다. 그래서 "빨리 가려면
혼자 가고 멀리 가려면 같이 가라"는 말이 나왔을 겁니다.

저는 이야기에 덧붙여 천리마가 가진 능력을 잘 구별해서 매달리
는 똥파리의 탁월한 혜안을 높이 평가하고 싶습니다. 특히 어려운 기
술일수록 자기 혼자 전부 다할 수 없습니다. 자기 주위에 있는 각종
천리마들을 잘 파악할 오픈마인드가 있어야 합니다. 산악을 잘 달리
는 천리마, 단거리를 잘 달리는 천리마, 적진을 향하여 겁없이 돌진
하는 천리마 등 각 천리마의 특징이 있습니다. 자기에게 상황에 맞는
천리마를 적재 적소에서 찾아야 합니다. 그래서 가고자 하는 길을 절
묘하게 선택을 하는 사람을 가장 上手라고 부르고 싶습니다.

현대 세상은 지식도 융합의 시대에 접어들어 원예 용어로 접을 붙

여야 새로운 장을 열 수 있습니다. 다른 사람의 이야기를 듣고 생각지도 않는 지식을 얻어 그것을 기초로 새로운 방법을 찾아내는 것이 천리마 꼬리에 매달리는 일과 같습니다.

수십 년 전 공장장님의 이야기를 지금 다시 각색을 했습니다. 지금 돌아봐도 기억에 남는 너무나 좋은 이야기이기 때문입니다. 그래야 똥파리의 서글픈 현실의 한계를 뛰어 넘을 수 있습니다. 똥파리의 날개를 좀 더 빨리 움직이게 근육을 강화하기보다, 비행기 안에 침투하는 법을 찾는 일이 더 멋진 인생의 선택이 될 수 있습니다.

단상7. 김유정의 죽음을 앞에 둔 편지

김유정의 〈봄봄〉을 처음 읽었을 때 해학적이면서도 무엇인지 모를 눈물과 아픔을 느꼈습니다. 그리고 왜 제목을 〈봄봄〉이라고 두 번만 강조하는 방법을 택했을까 궁금했습니다. 과거의 봄, 현재의 봄, 미래의 봄 〈봄봄봄〉으로 표현할 수도 있었는데 암울한 미래의 봄은 제목에 빠져 있다고 저는 추측했습니다. 희망이 없이 계절만 되풀이되는 봄은 군이 제목에 넣고 싶지 않았을 겁니다. 우연히 최인호 님의 수필에서 '김유정'이 친구인 필승에게 보낸 편지를 읽으며 〈봄봄〉에서 느끼는 암담한 미래가 작가의 일상의 생활 속에도 녹아 있다는 것을 알았습니다.

삶의 연장에 대하여 이토록 치열하고 간절한 글은 처음 보았습니다. 이 편지를 수십 번 읽어 보았습니다. 그리고 지금도 가끔 삶이 힘이 들면 이 글을 읽습니다. 글을 읽고 나면 단박에 지금 내 자리가 꽃자리라는 것을 깨닫습니다. "나는 참말로 일어서고 싶다." 이 한마디가 생에 대하여 이런 저런 이야기보다 더 깊은 메시지를 줍니다. 돈이 생기면 우선 닭 30 마리를 고아 먹어야겠다는 구절에서는 가슴이 탁 막힙니다. 가난했고 사랑도 실패했고 서른도 안 된 나이에 폐결핵을 얻은 젊은 예술가에게는 아무런 희망은 없어 보였습니다. 하지만 절망 속에서도 살고자 하는 뜨거운 의욕을 보여준 젊은 김유정의 간절함은 누구보다 강했습니다. 하지만 결말은 편지 내용대로 무리수로 결국 끝났습니다.

"필승아. 나는 날로 몸이 꺼진다. 이제는 자리에서 일어나기조차 자유롭지 못하다. 밤에는 불면증으로 하여 괴로운 시간을 원망하고 누워있다. 그리고 맹열이다. 아무리 생각하여도 딱한 일이다. 이러다 가는 안되겠다. 달리 도리를 차리지 않으면 이 몸을 다시는 일으키기 어렵겠다.

필승아. 나는 참말로 일어나고 싶다. 지금 나는 병마와 최후의 담판이다. 흥패가 이 고비에 달려 있음을 내가 잘 안다. 나에게는 돈이 시급히 필요하다. 그 돈이 없는 것이다. 필승아. 내가 돈 백 원을 만들어 볼 작정이다. 동무를 사랑하는 마음으로 네가 좀 조력하여 주기 바란다. 또 다시 탐정 소설을 번역해 보고 싶다. 그 외에는 다른 길이 없는 것이다. 허니, 네가 보던 중 아주 대중화되고 흥미 있는 걸로 두어 권 보내 주기 바란다. 그러면 내 50일 이내로 역(譯)하여 너의 손으로 가게 하여 주마. 하거든 네가 극력 주선하여 돈으로 바꿔서 보내다오. 필승아. 물론 이것이 무리임을 잘 안다. 무리를 하면 병을 더친다. 그러나 그 병을 위하여 무리를 하지 않으면 안되는 나의 몸이다. 돈이 생기면 우선 닭 30마리를 고아먹겠다. 그리고 땅꾼을 들여 살모사, 구렁이를 10여 마리 먹어 보겠다. 그래야 내가 다시 살아날 것이다. 그리고 궁둥이가 쏙쏙쑤리 돈을 잡아먹는다. 돈, 돈, 슬픈 일이다. 필승아. 나는 지금 막다른 골목에 맞닥뜨렸다. 나로 하여금 너의 팔에 의지하여 광명을 찾게 하여다오. 나는 요즘 가끔 울고 누워있다. 모두가 답답한 사정이다. 반가운 소식 전해다오. 기다리마"

올해도 어김없이 봄이 왔습니다. "그래야 다시 살아날 것이다"는 예언대로 김유정은 저의 글에서 살아 돌아왔습니다. 제가 아니더라도 지금 봄의 사타구니를 잡고 늘어지게 그를 기리는 사람들이 드문 드문 있으리라 보여집니다. 홍패의 고비가 돈에 있다는 이 편지도 삼월에 쓰였습니다. 봄, 개나리 천지입니다. 누런 얼굴로 연신 기침을 하는 그의 모습이 봄에 자꾸 떠오릅니다. 그가 가신 지 오래되었지만 해마다 봄이 오면 같이 하리라 믿습니다. 몹시 힘들 때 이 편지를 읽어 보면 모든 일들이 다시 제자리로 돌아오는 마법이 있습니다.

코로나 시대에 "모두가 답답한 사정이다. 반가운 소식을 전해다오. 기다리마." 그의 마지막 편지 구절을 다시 읽으며 희망을 가져봅니다.

단상8. 다른 사람 이야기는 쉽게 할 수 있지

강원도 고성 화진포 여행을 하면서 잊고 있었던 역사를 만났습니다. 그곳에는 김일성 별장과 이승만 기념관이 같이 공존하고 있었습니다. 저는 이승만 박사가 단지 부잣집에 태어나 그 시절 미국 유학을 한 엘리트 청년인 줄만 알았습니다. 그런데 젊은 나이에 종신형을 받았다 하니 그의 삶도 평범한 사람들과는 완전한 차원이 달랐으리라는 생각이 들었습니다. 역사적 평가는 별도로 하고 전시된 여러

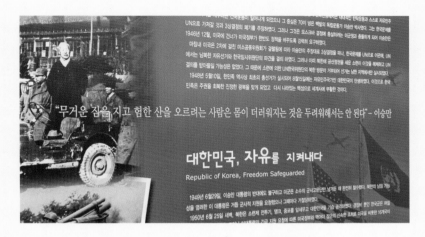

가지 기록사진 중에서 "무거운 짐을 지고 험한 산을 오르려는 사람은 몸이 더러워지는 것을 두려워해서는 안 된다"는 글귀가 눈에 들어왔습니다. 이 말의 이면을 보면 어떤 일을 하면 옆에서 많은 비난이 나오는 것을 두려워 해서는 안 된다는 뜻으로 해석이 됩니다.

꼭 비난까지는 아니지만 말을 하는 것과 실제 실행하는 것은 완전히 별개라는 제가 알고 있는 두 가지 이야기를 해 보겠습니다. 한국 야구 해설에 쌍벽을 이룬 하일성 씨와 허구연 씨가 있었습니다. 허구연 씨의 명쾌한 해설, 앞을 내다 보는 예지력을 들으면 가슴이 시원합니다. 그래서 이분이 감독을 하면 바로 우승을 할 수 있을 것 같았습니다. 저의 생각처럼 결국 허구연 씨가 감독이 되었습니다. 그러나 감독 데뷔 후 연속 7연패를 하였고 1승도 9-8 겨우 역전 끝내기로 얻었습니다. 1승을 거둔 그 날 눈물을 흘렸다고 기록되어 있습니다. 말처럼 쉬운 것이 아니라는 사실은 현장으로 삼십 년이 훌쩍 넘은 일인데도 제 기억에 남아 있습니다.

그리고 또 한 사례는 차범근 감독과 차두리 선수가 월드컵 해설로 인기를 누릴 때 어느 신문사가 인터뷰를 했습니다. 인터뷰를 하면서도 다른 팀의 경기를 보면서 분석을 하고 있었습니다. 두 팀간 접전 중에 페널티 킥이 생겼고 그 공을 상대 골키퍼가 잘 막았습니다. 그러자 차두리 선수가 "키커가 차는 방향을 너무 많이 보여 주었어"라고 이야기를 했습니다. 일종의 '나는 이미 알고 있었다'는 자랑 같은 이야기이지요. 그런데 차범근 감독의 반응이 **"다른 사람 이야기는 쉽게 할 수 있지"**였습니다. "역시 우리 아들이 대단해"라고 하지 않고 정확하게 일침을 놓은 것이었습니다. 기사를 읽으며 차 감독에 대한 믿음이 갔습니다.

마치 모든 것을 혼자 다 할 수 있고, 맞다는 듯이 행동하는 사람이 넘쳐납니다. 쉽게 남을 비난하는 사람이 너무 많은 세상입니다. 그런 댓글에 상처를 받고 자살을 하는 일들도 다반사로 벌어지고 있습니다. 이처럼 말이 세상을 마음대로 주무르고 흔들고 있습니다. 그렇지만 험한 산을 오르는 사람은 대의를 위해 가는 자신을 믿고 비난에 휩쓸리지 않고 가야합니다. 그리고 남을 평가하는 사람은 좀 더

숙고해서 이야기하는 문화를 만들어야 합니다. 인기에 영합하지 않고, 남의 이야기를 쉽게 하지 않고 묵묵히 자신의 길을 갈 수 있는 그런 세상을 꿈꾸어 봅니다.

단상9. 진정한 영웅들은 현장에 있었다

요즘 청년들은 두 사람이 결혼하여 자식 한 명도 안 낳는 것은 물론이고 아예 결혼을 하지 않으려고 합니다. 이러다가 국가가 개입하여 잠자리 횟수 등도 통제하지는 않을지 농담 같은 이야기가 나옵니다. 위의 이야기는 문제를 강제 규범으로 해결하려는 사람들의 행태를 비꼬고 있습니다. 어찌 보면 '법으로' 해결하는 것이 가장 손쉽습니다. 그러나 저는 중학교 일 학년 첫 도덕시간에 "법은 최소한의 도덕"이다 라는 글을 배웠습니다. 모든 규제는 최소한으로 정하고 스스로 도전하는 창의력을 불어 넣어 주는 일이 문화의 가장 중요한 사명이라 생각했습니다. 그래서 제가 리더로서 현장을 관리할 때 Outline은 분명히 하였지만 실행의 방법은 팀원들에게 맡기고 지켜보았습니다. 그랬더니 그 팀은 항상 저의 상상을 초월하는 실적을 얻었습니다.

제가 돌아보니 저와 같이 일했던 모든 분들은 정말 순수했고 아름다웠습니다. 어떻게 이렇게 힘든 환경 속에서도 스스로 최선을 다할 수 있었는지 불가사의 하기도 합니다. 그들은 체 게바라를 잘 몰라도 "전체를 위한 하나, 하나를 위한 전체"를 실천하며 3교대 근무의 고단함을 이겨 내었습니다. 아래 글들은 현장에 있는 삶 그대로를 표현한 영웅들의 글이고, 그들이 있어 대한민국이 이렇게 살만해 졌다고 믿습니다. 이분 들이 적은 문장 하나 하나가 스스로 노동의 가치를 높이고 있습니다. 위정자 모두가 국가 잘되기 위해 이렇게 순수하고 전심으로 노력하는지 한 번은 생각해 볼 내용들로 지금 보아도 가슴이 떨립니다.

(사원 글 1)

"나도 모르게 가슴이 뛰었습니다. 드디어 기다리던 봄이 오고 있습니다. 이제 어려운 고비는 넘긴 것 같습니다. 신기종을 하면서 '될까?' 라는 의문도 생겼었지만, 이렇게 보란 듯이 해내고 있습니다. 이제 다같이 합심하여 정상에 우뚝 설 일만 남은 것 같습니다.

포기란 배추를 세는 단위일 뿐입니다. 제자리 제 위치에서 8848이 아닌 일 생산 10000매 초과 달성을 위해 혼신의 힘을 다해 보겠습니다."

(사원 글 2)

"문제는 나 자신에 있다고 했습니다! 우리가 하나되는 그날까지 끝까지 묵묵히 기다리며 나의 고객을 위하여 양질의 품질이 나오도록 최선의 노력을 기울이겠습니다. 기회가 오고 있다는 반가운 소식에 한편으론 마음에 좀 부담은 오지만 우리가 살길 이라면 불구덩이에도 뛰어들 수 있는 마음 자세로 근무하겠습니다."

(대리 글 3)

"반갑습니다. 순간 가슴이 벅차 오네요. 목표 달성을 위하여 죽도록 해봅시다. 사람이 하는 일이 안 되는 것이 있습니까 우리가 시작한 일 우리가 마무리 해보겠습니다. 1만 매를 위하여!!!! "

(여사원 글 4)

"처음 부산 사업장에 왔을 때, 철근 뼈대밖에 없는 P4라인 건물.
황량하기 그지 없는 이 곳이 과연 어떤 식으로 변하여 PDP를 생산하는 공장이 될까 궁금했습니다.
헬멧을 쓰고, 안전화를 신고, 여기저기 둘러보며, 신설 라인 셋업 때, 나도 동참하는구나 하고 신기한 기분도 들었습니다.

전기도 들어오지 않고 벽도, 문도 없는 곳에, 벽이 세워지고, 문이 달리고 전기가 들어오고, 그리고 우리의 설비가 들어서는 모습을 보면서 참 많은 생각을 했습니다.

그렇게 황량하던 곳에 이렇게 근사한 건물이 생기고, 크린룸이 갖춰지고, 불합리를 적출하며 정말 흑자를 내자 다짐하고 또 했습니다. 왠지 무엇이라도 해낼 것 같은 기분을 느끼곤 했습니다.

처음 양품 1호를 생산했을 때 느낌은 정말 이루 말로 할 수 없었습니다. 우리가 드디어 양품을 생산해냈구나 벅찼습니다. 그런데 지금, 솔직히 돌아보면 초기의 마음가짐이 많이 틀어졌다는 생각이 듭니다. 사람은 항상 처음과 같은 마음가짐이면 무엇이든지 할 수 있을 텐데 말이죠.

이제는 물러설 곳이 없다 인식하고, 항상 초심을 잃지 않으며 자신의 일을 사랑하고 맡은 일을 열심히 하면 반드시 길은 열릴 것이라고 생각합니다."

위의 사원들이 적은 글을 지금 보면 소름이 돋습니다. 이분들이 삼성을 이끌었고 대한민국 경제에 생명을 불어 넣었다고 해도 아무도 이의를 제기하지 못할 겁니다. 누가 강제적으로 지시하지 않았는데 이렇게 도전적이고 순수한 열정으로 일하신 모든 분들께 너무 감사합니다. 〈변호인〉 영화의 엔딩 처럼 저와 함께했던 사람들의 이름을 일

일이 부르고 다시 그때 노고를 치하하며 뜨겁게 안아주고 싶습니다.

하나의 제품을 더 생산하기 위해 노력하신 당신들이 이 시대 진정한 영웅들입니다. 진심을 다해 존경합니다. 여러분들과 같이 일할 수 있어 너무 행복 했습니다.

📧답장 📧재전송 | 📧보내기 ▾ 📧인쇄 📧스팸신고 ▾ 📧삭제 | View ▾   📧이전 📧다▾

제목   ☆ Fwd: 격벽 노광 1Sheet만더 생산 하고 싶습니다..   (날짜 : 07-07 19:50)
발신   💡 👤 전두용 대리/P4)FAB그룹/삼성SDI • 주소록에 추가   Option ▾ |
수신   김기준· 이병환· 인준택· 외 13명 • 수신인 조회

저의 생각은 노광 인덱스의 제일 큰 문제가 얼라인 인식인데 마크 등록을 하여도 한계가 있는 것 같습니다.
Index 저하시 제조에서 할 수 있는 방법은 한정 되어 있어 노광 달인분들께 도움 요청코자 메일을 전송 하게 되었습니다.
자세한 사항을 첨부참조 하시고 수고 하십시요---

● 격벽 노광 1Sheet만 더 생산 하고 싶습니다..

PR Coater와 PR 건조로에서 390매를 생산 하여도 격벽 노광에서 390매를 생산하지 못하고 있습니
현재 격벽 노광 최대 시간당 생산수 Max 390매입니다.
제조에서 Index 저하시 조치 할 수 있는 방법도 한정 되어 있어 노광 설비 달인 분들께 도움 요청

현재 격벽 노광 Index 저하시 제조 조치방법.
1.노광 Index 화면에서 Left와Right 평균 Index를 비교.
2.평균 Index가 나오지 않는 Step(1,2Step) 카메라 포커스 확인.
3.카메라 포커스 재 셋팅 및 마크 재 등록 실시.

제 4막

언제 제대로 된 시를 써 볼까?

언제 제대로 된 시를 써볼까?

일본에 90세에 시인에 등단한 '시바다 도요'라는 분이 있습니다
언젠가 저도 70살이 넘어 시인으로 등단해 보겠다는 꿈이 있습니다.
제가 책을 내기 전 아들이 먼저 보고 시가 제일 좋았다고 합니다.
그래서 자신 있게 첫걸음을 떼어봅니다.

손녀 아윤이, 아름다운 감동

너는 꽃이다
참으로 너는 꽃이다
이렇게 눈길을 준 꽃이 없었다
아니, 이렇게 눈길을 빼앗은 꽃은 없었다
서로의 눈길을 주고받을 수 있는 꽃이다
그래서 너는 이름 없는 꽃이 아니라
'아윤'이라 명명된 예쁘고도 예쁜 꽃이다

참으로 너는 선물이다
이렇게 가슴 설레는 선물은 없었다
아니, 이렇게 나를 사로잡는 선물은 없었다
가치를 매길 수 없는 유일한 실존이다
그래서 너는 소중한 선물을 넘어서
'아윤'이라 명명된 실체인 꽃이다

연중무휴 사진관 폐업

서해를 갔습니다. 서해는 동해와는 피를 나눈 형제이지만 닮은 구석이라고는 없습니다. 대부분 동해가 멋지지만 해가 질 때는 단연 서해가 동해를 압도합니다. 특히 겨울 서해 바다는 분위기를 엣지있게 확실히 잡고 있습니다. 그래서 술이 당기며 바다로 빠져들게 하지요. 해 지는 서해 바다는 참 기묘합니다. 잘 관찰하면 서해 저녁 바다는 색이 보여줄 수 있는 모든 경우의 수를 볼 수가 있습니다.

　지는 해를 바라보는 것은 움켜쥔 것을 내려놓는 행위입니다. 지나간 사실은 물리적인 무게는 없지만 기억 속에 남아 마음을 누릅니다. 그러므로 하루 주어진 일을 다하고, 미련없이 지는 해처럼 때로는 모든 것을 내려놓고 기억 속을 지우고 싶습니다. 이제 많은 순간 중에서 가장 찬란한 장면만 남겨놓고 사진관 문을 닫습니다. 폐업은 또 다른 시작이자 희망을 준비하는 일로 가슴 설레는 기대를 부릅니다. 바람이 갈 수 있는 모든 곳을 다니며 새로운 경험을 하고 싶습니다.

연중무휴 사진관

바다 한 번 가지 못한 사람처럼
소금의 허기를 달래려 서해에 갔었지
바다는 입술을 굳게 닫고
여태 보지 못한 신비한 색을 품고 있었어
해질 때 보이는 당연한 색들은 보이지 않고
해는 지고 있었지

마시며 창 넘어 얼어붙은 바다를 보니
인화지처럼 갈지자로 가라 앉은 하늘이
물속에서 점점 형체를 띄고 있었어
술은 너무 달았어

안주없이 들이킨 소주에 현상된 기억이
기어이 목구멍에서 기어나왔지
손 댈 곳 없는 사진이었어
차마 내가 가질 수 없는 사진이라

해를 삼킨 바다에 던져 버렸어

사진은 불타면서 하늘은 더욱 오묘해지고

결국 또 다시 기억 속으로 돌아왔어

소금기 밴 입술로 술잔만 연거푸 들으켰지

마지막 지는 해를 따라 사진이 멸치 떼로 쏟아져 나왔어

이제, 술이 달지 않았으면 좋겠어

그만 폐업 할래

맞선다는 힘

너무나 추운 날이었습니다. 을왕리에 도착하여 차에서 내리려고 하는데 추운 바람이 저를 다시 올라타도록 했습니다. 소금을 머금은 바다까지 얼어붙어 있었고, 해는 꽁꽁 얼은 하늘을 부수며 천천히 지고 있었습니다. 그런데도 바람에 맞서 힘겹게 바다새가 날고 있었습니다.

이처럼 무엇에 맞선다는 것은 힘이 듭니다. 피하고 싶은 생각이 앞서는 것이 본능입니다. 그러므로 정신이 칼날같이 살아있어야 어떤 것에 맞설 수 있습니다. 선원들이 파도를 보고 무서워 船首를 돌려 피하려고 하면 파도가 배의 옆구리를 때려 배는 넘어진다고 합니다. 오직 파도와 정면으로 맞서 싸워야 앞으로 나아갈 수 있습니다. 이 혹독한 추위와 강풍에 흔들리지 않고 유유히 비행하는 바다새를 보니, 처절하다는 감정보다 너무 아름답다는 생각이 앞섭니다.

〈그리스인 조르바〉를 집필한 니코스 카잔스키의 묘비명은 "아무것도 바라지 않는다. 아무것도 두렵지 않다. 나는 자유롭다" 입니다. 이제 추운 겨울 하늘을 나는 새처럼 자유롭지만 치열하게 살고 싶습니다.

을왕리 겨울바다

바다의 염분도 한 눈에 무시하고
도도하게 꽁꽁 얼린 추위를 비집고
다시는 영영 나오지 못 할
크레바스 좁은 틈 사이로
오늘 할 일을 다한
소 눈망울 같은 해가 떨어진다

을왕리 겨울 바다는
동백을 노래하며 숨을 몰아쉰다
박자는 우리네 인생같이
항상 엇박자로 들리지만
풀어내는 가락은
겨울 바다 새 날개죽지 같이 살아있어
지나가는 칼바람을
구십도 각도로 온몸 다해 맞선다

'첫눈'이라는 마술

　첫눈이 내리는 날을 만나는 약속시간으로 잡는 사람들이 많습니다. 그런데 공휴일처럼 달력에 딱 정해져 있지 않습니다. 그래서 더 의미가 있고 기다려지는 것이 아닌가 싶습니다. 그리고 보통 첫비는 의미를 부여하지 않지만, 첫눈은 특별합니다. 첫눈은 겨울에 국한되어 한 번만 내리기 때문입니다. 시간적 의외성과 시간적 제한성이 첫눈의 가벼움에 무거운 의미를 올려줍니다.

　제가 부산에서 대구로 대학을 간 이유가 입학원서를 내려고 간 날 눈이 엄청 내려 캠퍼스가 너무 아름다웠기 때문입니다. 위의 사진이 그날 기록 사진으로 남아 전시된 사진입니다. 마치 〈러브 스토리〉 영화에 나오는 '올리버'와 '제니'가 눈 내린 캠퍼스에서 사랑을 나누던 감동적인 장면과 같았습니다. 아직 영화음악이 머리를 맴돌고 있습니다.

　눈은 많은 추억을 만들어 주었습니다. 월정사 근처에서 숙박을 하는데 눈의 무게를 견디지 못해 나뭇가지가 부러지는 소리를 밤새 들었습니다. 한 달 금식을 하고 있는데 눈이 내렸습니다. 눈이 내리는 밖을 보면서 가부좌를 틀고 멍하니 삶에 대해 생각 했습니다. 빌딩과 빌딩 사이를 내리는 눈을 추적하면 기류라는 흐름을 볼 수가 있었습니다. 가벼운 눈이 어떻게 사람의 마음을 움직이는지 어떻게 해도 설명할 수 없습니다.

올해는 첫눈이 내리면 강원도에 있는 시골집에서 민박을 하고 싶습니다. 따뜻한 방에서 뒹굴뒹굴 몇 날을 보내면서 바람소리를 듣고 싶습니다.

첫눈

첫비의 의미는 힘이 없으나
첫눈은 항상 살아있다
봄 · 여름 · 가을 · 겨울
시도 때도 없이 내리는 철없는 것들은
'첫' 자의 의미를 잉태할 수 없는 고통은 숙명이다

창문 밖을 서성이며 감히 들어오지 못하는 눈
빌딩 숲 기류에 떨어지지 못하고 다시 올라가는 눈
차마 내리지 못하고 주머니에 손 넣고 서성거리는 눈
모두 올해 내리는 첫눈이다

적설량과 내리는 의미는 한치의 관계가 없다
전파를 따라 울리는 음성의 아쉬움에
이미 오늘 내릴 눈의 의미가 정해졌다

'첫' 이라는 글자의 설렘과 떨림은
오직 누가 의미를 부여하여 줄 때만이
받을 수 있는 순백의 기쁨이다
눈이 내리는 시작부터 끝날 때를 보며
언제 멈출지 모르는 시간을 기다린다

비가 내린다는 한마디

비가 내립니다. 이 한마디만으로도 마음이 촉촉해 집니다. 대학교 때 〈빙점〉 영화를 보고 나오니 비가 내리고 있었습니다. 그날은 비를 피하고 싶지 않았습니다. 우산도 없이 먼 길을 걸었습니다. 아무런 이유도 없었습니다. 그리고 하숙집에 와서 바가지로 물을 덮어쓰고 방에 들어와 깊은 잠을 잔 기억이 납니다.

오두막에 누워 푸른 숲 속에 내리는 비를 보면 마음이 그렇게 편안할 수 없습니다. 언젠가 기회가 되면 양철 지붕이 있는 나만의 공간을 만들고 싶습니다. 오직 한가지 목적, '빗소리'를 듣기 위해서입니다. 계절에 따라 빗줄기의 다른 소리를 듣는다면 온몸에서 행복이 돋아날 것입니다.

"이 비 그치면/ 내 마음 강나루 긴 언덕에/ 서러운 풀빛이 짙어 오것다." 이수복 시인의 시가 스쳐갑니다. 서러운 풀빛이 무엇인지 언젠가 저도 몸으로 느끼겠지요. 사무실에서 창문 넘어 지나가는 차들이 많은 이야기를 지니고 지나갑니다. 비 오는 날은 아버지께서 오시면 드린다고 아래 목 이불 밑에 묻어둔 밥과 된장찌개 냄새가 납니다. 그립습니다. 아버지!

가을비 의미

여기는 비가 내린다
새벽 두 시와 네 시 사이 내리는 비는
대다수 보지도 않지만
간혹 보는 이는
더 깊게 비의 속살을 본다

비와 비 전후의 미세한 온도를 느끼며
비와 비 사이의 미세한 공간을 느끼며
그 속으로 파고 들어 비와 평형을 맞춘다

뜨거운 여름날 억수 같은 비를 피해
처마 끝 움푹 패인 세월로 급전 직하하는 비를 보며
아무 것도 바라지 않고 멍하니 그치기만 바라던
행복했던 무심의 경계를 용납하지 못하고
치열하게 네 시를 넘어서도 비가 내린다

나누면 오히려 슬픔만 배가 되는

누구와도 함께 나눌 수 없는 이야기를

비와 비 소리의 행간 속으로 침투하여

마른 낙엽 위로 소리를 뿌린다

목에 걸린 잔 가시와 찬 밥 한 숟가락 같은

씹지 못하고 삼켜야만 하는

반추를 지독히 그리워하는

가을비가 잘도 내린다

초록이 지쳐 단풍드는데

백담사로 들어가기 위해 버스를 기다리는데 줄이 너무 길어 걸어서 들어갔습니다. 생각지도 않게 걸어가는 길에서 너무 많은 선물을 받았습니다. 세상은 자기 마음대로 되지 않을 때 오히려 좋은 결과를 얻는 경우도 많았습니다. '인간 만사 새옹지마'라는 고사는 살아 갈수록 맞는 말로 수긍이 갑니다.

중국에서 주재하다 갑자기 귀임 발령을 받았습니다. 6개월만 더 주재를 하면 아이가 특례 입학을 받을 수도 있어서 좀 연기를 부탁했습니다. 그러나 회사가 몹시 어려우니 빨리 들어오라 하여 결국 가족들을 남기고 혼자 돌아 왔습니다. 하지만 결과적으로는 아이는 미국 대학으로 장학금을 받고 갔고, 저도 처음에는 고생했으나 회사생활

하면서 가장 재미있게 보낼 수 있었습니다.

부장 때 임원이 보장이 된 제조팀장 자리도 하룻밤 자고 나니 취소
가 되었는데 돌아보니 그 자리도 안 가길 잘 했습니다. 그 자리가 너
무 어려워 저 대신 부임한 팀장이 수전증이 걸려 떠는 모습도 보았습
니다. 이런 예는 수도 없습니다.

흔히 능력은 매우 뛰어난데 아랫사람에게 인정을 받지 못하는 사
람들이 많습니다. 너무 영악하게 자기의 이익을 챙기기 때문입니다.
어차피 머리를 굴려도 자신의 생각대로 되지 않는데, 생각이 많아 자
신이 손해를 보지 않으려고 합니다. 이렇게 일하면 결국 누구나 알게
되어 있습니다. 예기치 않게 백담사로 들어가는 길이 너무 좋아 시를
남겼습니다. 그리고 애당초 목적지인 백담사는 들어가지 않고 마음
에 남기고 돌아왔습니다. 그래야 언젠가 다시 올 것 같아서.

백담사 들어가는 길

내 우측은 붉은 단풍이라
땅속 깊이 아픔을 무겁게 끌어 올려
목숨 같은 자존심, 초록을 남김없이 지웠구나

내 좌측은 맑은 물이라
단단한 바위를 제 몸으로 문질러
작두날 같은 삶, 각진 굴곡을 모두 지웠구나

나는 중심이라
좌도 우도 아니고 시간이라
끝없이 난 구비 구비에 몸을 얹고
길을 따라 미끄러지듯 백담사로 들어가는구나

인연을 꺾고 머리를 깎은 수많은 남정네들
질긴 사연이 등골을 잡아당길 즈음

가을을 입에 묻힌 산사 초입까지 왔으나
들어가지 못했노라
들어가지 않았노라

모진 꽃샘 추위가 오기 전
다시 한 번 내 이름을 불러 줄 것 같아
돌아서 나오는 길
좌는 우가 되고
우는 좌가 되어
바람과 어깨동무하고 취한 물소리로 걸어 나온다

때로는 과감하게

삼십 년 전 조선일보에 〈잘 알려지지 않았지만 꼭 가보아야 할 한국 100〉 이런 책이 있었는데, 그곳 중에서 강원도 원대리 자작나무 숲이 있었습니다. 결국 작년에 갔는데 먼저 백담사 단풍을 보고 오느라 시간이 오후 네 시가 넘어 도착했습니다. 올라가려고 하니 관리원이 시간이 넘었다고 강력히 입산 통제를 하였습니다. 가고 싶은 생각이 간절하여 "올라가다가 다 못 가더라도 시간이 되면 꼭 내려오겠다"고 빌다시피 하여 결국 산을 올랐습니다.

산은 역시 내 기대를 저버리지 않고 너무나 많은 감탄사를 남발하게 만들었습니다. 천천히 보고 내려왔는데 우려와 달리 시간이 남았습니다. 관리원의 이야기를 듣지 않아 미안하기도 했지만 한편으로 다행이기도 하였습니다.

세상을 살면서 모든 사람의 이야기를 듣고 휘둘리면 안 될 때가 있습니다. 특히 "내가 이미 해 보았다"는 말은 가장 강력한 근거가 있어 거부하기 힘든 말입니다. 그러나 일을 하면서 그렇지 않다는 것을 수없이 느꼈습니다. 그렇다고 해서 해 보았다는 사람이 안 해본 것은 아닙니다. 하지만 수많은 변수들 때문에 그 사람과 같지 않을 수 있습니다. 그 사람이 했을 때와 현재 나의 상황이 다를 수 있습니다. 집중할 수 있는 시간과 도와주는 환경도 다릅니다. 그래서 그런 말을 들어도 때로는 포기하지 않고 내 방식대로 전략을 짜고 도전을 합니다.

세상에는 정말 똑똑한 사람이 많습니다. 제가 배터리 개발팀장을 할 때 어려운 일을 만나면 그 사람은 안 되는 이유를 논리 정연하게 수십 개를 이야기했습니다. 그 이야기는 매우 참고할 사항이지만 그 사람의 이야기대로 하면 아무것도 이룰 수 없었습니다. 이런 일을 뛰어 넘어야 새로운 장을 개척할 수 있습니다. 그러므로 많이 듣고 토론을 해야 합니다. 그렇지만 '**때로는 과감하게**' 추진하고 돌파하는 판단력과 일을 책임진다는 각오가 필요합니다.

하지

오늘은 낮이 가장 긴 날
어두운 아픔이
주저주저 물러가다
내일부터 다시 진격의 나팔을 분다는
최후의 경고를 주는 마지막 날이었지

강원도 인제 원대리에

자작나무를 보러 먼 길을 돌아갔어

어둠이 곧 산을 점령할 거라

올라가는 걸음을 허락하지 않았으나

단호히 명령을 거부하고 올라갔지

마지막 넘어가는 햇살을 품은 흰 살 나무가

감탄사로 나무 사이 공간을 메웠지

그때 떨림은 아직도 사인파로 증폭을 하고 있어

오늘은 낮이 가장 긴 날

밤이 짧다고 포기하는 일은 없겠지

느리디 느린 걸음으로 가더라도

자작나무 만날 즐거운 날을 상상하며

낮이 길어 밤이 짧거나

밤이 길어 낮이 짧아도

기도는 항상 깊고 간절하지

생득적 지식 DNA

　이렇게 외손녀가 태어나니 조상대대로 전해지는 핏줄이라는 의미
를 확실히 알겠더라고요. 어떻게 이렇게 삶의 지혜와 습관과 형태가
이어져 전해질 수 있는지 자연의 현상이 오묘하게 느껴집니다.

뉴질랜드에 여행을 가서 가족 모두가 야외에 누워 별을 보았습니다. 하늘 빼곡히 박혀 있는 별들이 마치 초등학교 교실에서 저마다 손을 드는 아이처럼 보였습니다.

은하수가 폭포수처럼 내리는데 지금 보니 그때 별 중에 하나가 우리에게 선물로 왔습니다. 지금 제가 보고 있는 별, 참으로 감사합니다.

"영원히 살 것처럼 꿈을 꾸고, 내일 죽을 것처럼 오늘을 살아라" 국립 중앙박물관 터키 유물전에서 본 글귀입니다. 별들은 이렇게 사는 것처럼 느껴집니다. 하늘의 별들도 실제로 우리가 기억하고 아는 별은 거의 없습니다. 나도 세상에 달려 사는 그 중에 한 개 별과 같습니다. 그래도 영원히 살 것처럼 꿈을 꾸고 싶습니다. 그래서 가만히 손녀에게 전해봅니다.

아윤아! 모두 아끼며 재미있게 세상을 살다가 다시 별로 돌아가자.

뉴질랜드의 밤

바람에 별들이 무더기로 흔들린다
서로 부딪히지 않으면서도 소리를 낸다
별들은 견고하게 자기의 위치를 잡고 있다
중력의 힘만으로 위태롭게 공중에 달려있지만
실은 창세부터 균형을 맞추지 못한 별들은
이미 도태되어 별똥별이 되었다

우주의 기운은 보이지 않는 끈을 관찰하고 참견한다
기어코 제일 약한 약점을 찾아 이빨로 끊어낸다
흔적없이 사라지는 도태도 진화의 일부분
끈을 놓은 별들이 없어져 그제야 하늘은 맑은 숨을 쉰다

빼곡히 땅을 밟고 사는 인간들과
빼곡히 하늘에 매달린 별들은
서로를 쉴 새 없이 당긴다
나는 생존, 너는 파멸, 매일 불사조로 살지만

결국 각자의 후손에게 물려줄 DNA에
희미한 정보 하나 새기려고 목숨을 다한다
살아남은 것이 오히려 도태일 수 있어
하늘에 대충 떠 있다

아! 우리 대한민국

삼십 년 전, 해외 출장을 가면 선진국이 매우 부러웠습니다. 특히 일본은 미국을 능가하는 시기라 그 위세가 대단하였습니다. 신칸센을 타보고 거미줄 같은 지하철을 보면서 주눅이 들었습니다. 그러나 요즈음 세계 어디를 가도 한국처럼 시스템이 잘 되어 있는 곳이 없습니다. 심지어 한국으로 들어오는 관문인 인천공항은 '초격차'가 어떤 것인지 확실히 보여주고 있습니다. 아들이 해외에 살다 잠시 입국하여 운전 면허증 갱신을 하려고 관공서에 갔습니다. 신체검사, 출입국 확인 등을 거쳐 새로운 운전면허증까지 나오는데 25분 밖에 안 걸리는 것을 보고 '갓 대한민국!'이라고 몇 번이나 이야기를 했습니다. 참으로 역동적이고 대단한 국가입니다.

근대화를 거치면서 부작용도 있었지만 이렇게 발전을 이룩한 것은 우연히 아닙니다. 우리보다 100년은 빨리 국가 혁신을 이룬 일본과 비교해도 이것은 기적이라고 설명할 수밖에 없습니다. 독일에서 광부와 간호사로 눈물을 바치고, 월남전에 꽃 같은 목숨을 바쳤습니다. 또한 평화시장 같은 열악한 근로 환경에서 젊음을 바치고, 뜨거

운 중동에서 모래밥을 씹었습니다. 이토록 독하게 일하신 민초들이 결국 배고픔을 끊어 내었습니다.

그러나 제가 생각하기에 우리는 좀 더 능선을 넘어야 할 중요한 시기에 서 있습니다. 그러므로 휘날리는 태극기의 움직임처럼 우리나라는 힘있게 마지막 고비를 넘어야 합니다. 그렇게 세계 속에서 우뚝 서는 대한민국이 되길 간절히 소망합니다.

광화문 광장

직선은 평등
모든 스트레스는 균등하게 깔려 있다
인류에게 비만과 잉여가 나오기 전
직선은 최선의 善이었으나
지금은 독방에 홀로 앉아 담배를 피우는 노인이다
추억을 가진 그는 동그랗게 연기만 내뿜는다

곡선은 자유
어디에 매이지 않고 지름길 아닌 자신의 길을 간다
보리고개 생존의 문제가 해결되기 전
곡선은 낭비의 線이었으나
지금은 바람의 날개를 달고 신나게 움직인다

곡선과 직선이 공존하여 아치를 만들었을 때
힘과 힘이 균등하게 분배되어 로마의 꽃을 피웠다
진보와 보수는 속도의 차이만 있을 뿐

결국 바다로 모이는 빗물이다
진보는 조급함을 경계하고
보수는 울타리를 경계하여
곡선과 직선이 각자의 제대로 소리를 내어
편만 가르는 사이비 껍데기를 깎아 내야 한다

광화문 광장에
앉아 있는 세종대왕이나
서 있는 이순신 장군이나
지나가는 새 이외 눈을 둘 곳이 없다
미끈한 머리를 가진 고속 열차는 직선의 철로만 달린다

가볍다는 장점

빛이 좋은 오후, 바람 통하는 포인터에서 책을 읽는다
예술은 추상과 사실 사이의 긴장감 속에 살아있다는
딱 이해는 안 되지만 좋은 글이라 시원하게 밑줄을 긋는다
최소한 동의는 했다는 뜻이다

벌레가 팔에 기어오른다
내 머리로는 오르는 목적을 알 수 없었다
이 놈들도 왜 오르는지 묻지 마라

팔이 있었기 때문이라는 철학을 사유할까
입으로 훅 불었다
저항 한 번 않고 공중으로 날라갔다
그
리
고

가볍다는 것은 깨어지지 않는다는 것을
너무 쉽게 증명하고 다시 갈 길을 갔다

집으로 가서 오늘의 기적을 시로 적을 것이다
나로 인하여 한 인간이 보는 것마다 움켜지고
무게를 늘리려는 관성에서 벗어나
가벼움의 장점을 이해하게 되었다는 사실을
나름 어렵게 추상적으로 비틀고 있을 것이다

多産은 바퀴벌레의 힘

송강의 '속미인곡'을 읽다가 잠이 들고
바퀴벌레 굴러가는 소리에 깼다
이건 대체 뭐람, 식은 땀을 훔쳤다
공존은 아니지만 인류보다 오래 지구와 있었고
앞으로도 생존력만큼은 아무도 시비하지 못할
최강 무적 바퀴벌레가 지나가고 있었다

어, 어, 어,
자기와 이름만 닮은 자동차 바퀴에 깔려
기축사화 원한들처럼
그냥, 그냥, 그냥 죽었다
민주화 항쟁 같은 약자의 특권인 저항이 없었다
최강의 생존력은 최강의 전투력이 아니었다

갑자기 이 구멍, 저 구멍에서
반복된 구호들이 바퀴로 쏟아져 나와 구른다

하나, 둘 정도 밟혀 죽어도 멈추지 않고
세상과 같이 구르고 돈다
구른다는 행위는 항상 반복이지만
제자리를 의미하는 것은 아니다

多産은 죽은 것을 되살리는 위대한 힘
무언가 물려주며 구른다는 끈질긴 행진곡이다

롯데 마천루

아득한 높이를 단 1분만에 다다르는데
단 한 뼘 행복으로 나아가는데
삶은 돌고 돌아 항상 제자리
뭐 그리 이유가 많은지

저 아래 불빛 속 점 같은 인간들도
팽팽히 당겨진 줄과
그 위에 걸쳐져 곧 발사될 화살같이
호흡이 멈춘 후 미묘한 떨림을 감지하고
그 떨림의 주기가 점점 짧아지고 있음을 알까

이제 떠날 시간, 떠난 화살은 자유로우나
우리네 갈 길처럼 산 넘어 만나는 더 높은 산
절망을 부르는 높이로 날아간다

아래를 보면 편안하다

한강은 불빛을 나부의 몸으로 받아 내고 있다

위만 지향하여 깃발을 움켜잡은 인간들의 오만한 언어를

붉은 돼지 저금통 웃음처럼 선별없이 등으로 받아내고 있다

받기만 하여 쌓여서는 아프기에

비워 내려고 무조건 흐르고 있을 것이다

흐름은 높이가 속도를 결정한다

격렬한 속도도 머무를 수 있는 자신만의 높이를 찾아

낮음으로 간다는 건 분명하다

이제 다시 내려가서 땅을 밟아야 하겠다

게놈 지도

별이 보이지 않아도 길을 안내하는 지도
게놈 지도는 나를 어디로 데려가는가

염 * 기 * 서 * 열
너와 나 사이에 우열을 인정하라는 단어로
원숭이와 형제라는 과거의 족보를 들추어
결정적 증거라고 웃으면서 재판부에 제출한다

이십만 년 전 호모사피언스가
아프리카에서 출발할 때로 거꾸로 올라가려면
누가 누구를 낳고 낳으면서 한 번도 끊어지지 않고
대략 7000명의 선조들을 거쳐야 했으니
나는 얼마나 수정하고 탈고를 거친
誤脫字 없는 가히 최고급의 유전자 주인인가
그런데도 현대 문명은 존재를 비웃고
내 유전자를 가위질하고 바느질하여

더 빛깔 좋은 옷으로 만들어 준다고 한다
더 이상의 교정을 거부한다
지도가 없어 별만 보고 가다 길을 잃었으나
오히려 신천지를 발견한 가슴 뛰는 이야기 없이
재단사의 솜씨에 나를 맡기고 누워 있고 싶지 않다

유전자를 고쳐 세상 사람 모두 수퍼맨이 되더라도
누군가 미세한 차이를 판단할 기계를 만들어
재단의 기술차에 의해 생긴 우열을 가릴 것이다
그래서 염기序列 일지도 모른다

모래시계의 노림수

낮과 밤 반복이 하루이다
봄 · 여름 · 가을 · 겨울 반복이 한 해이다
시지프스가 굴러 올린 바위 같이 지루한 반복이
의도하지 않은 인생의 근육을 만든다

전생에 무슨 죄를 지었길래
너는 모래시계로 만들어져
물구나무 서기를 반복하느냐
절대적인 시간은 가늠하지 못하고
상대적인 시간만 어림잡고 있느냐

좁은 틈 사이로 지나가는 모래 수는
아마 거의 동일할 것이다
上下를 바꾸어도 떨어지는 시간은
아마 거의 동일할 것이다
상대는 너의 수를 이미 알고 있다

모래시계

너는 반복이 거듭될수록 무엇을 깨우치느냐
복잡한 카오스적 세상 질서를 파악하는 것보다
너무 단순한 너의 노림수를 도무지 알 수 없다
반복은 멋진 근육을 만들어 내는 노동의 핵심이나
너의 근육은 어디에도 찾아볼 수 없구나
오늘도 위 아래 구분도 없이 물구나무를 서서
그치지 않는 장마비 같이 흘러내린다

바람은 달다

물속으로 뛰어 들어간 설탕은 보이지 않는다
바람 속에 녹아 있는 미소도 보이지 않는다
눈에 보이는 것만 실존이 아니다

문자가 확신인 세상
하루도 빠짐없이 문자를 눈앞에 들이대는 습관으로
앞을 보지 않고도 잘도 횡단을 한다

상황을 문자로 변환한 눈속임 같은 일상사를
매일 눈으로 확인을 하고 댓글로 사살해야 한다
내게 꼭 끼는 옷을 입고 흐트러지지 않고 살거나
헐렁한 셔츠를 입고 편하게 세상을 대하고 싶은
시각적 익명의 이중성을 접한다

어차피 글자도 자연에서 걸어 나온 象形文字
툭 치고 가는 바람 속에 녹아 있는 간단하지 않는 세상을

남들의 문자로 규정하지 않고 읽을 수 있다면
날마다 고개 숙이고 화면에 영혼을 소진하지는 않겠지
이 바람이 나에게 오기까지 여정에 귀기울인다면
혀를 내밀지 않아도
바람은 달다

0과 1의 속도

지금은 디지털 시대
오직 0과 1만 존재한다
판단은 명료하다
속도가 빠르다
호랑이 등에 탄 사내다
중간에 내릴 수 없다
오직 목표를 향해 간다
디지털 시대는 지치지 않는다
목표를 경유하지만 도달하지 않는다
또 다른 탐욕의 목표에 유인 당한다

0과 1은 누구보다 평등하다
지식의 수준에 관계가 없다

명확한 수의 표현이다
하지만 모호하다

0과 1은 복잡한 세상도 쉽게 규정한다

그래서 날마다 파열음이 들린다

코끼리를 냉장고에 너무나 쉽게 넣는다

0 코끼리를 넣는다

1 냉장고 문을 닫는다

0.3 같은 과정은 묻지 않는다

몇 초인지 몇 키로그램인지만 알면 된다

0과 1 사이 무수한 수들이 별처럼 반짝인다

그래서 지구는 정신없이 돈다

2020년 장마

가을이 들어오는 길목을 막고 서서
두 달을 걸쳐 쉬지 않고 비가 내린다
모든 만물은 자신을 나타낼 순간을 포착하지 못하고
곰팡이 냄새 젖은 축축한 습기로 몸만 불린다

회복의 시간을 주지 않고 끈질기게 비가 내린다
공기가 통하는 구멍이란 구멍을 죄다 틀어막는다
비는 문풍지를 얼굴에 얹고 물을 붓는다
산은 도무지 견디지 못하고 경계를 허물고
울음 섞인 목소리로 마을 향해 달려 내려간다

언제 해를 본지도 알지 못하는 설익은 생명들이
결실을 잉태하는 기회를 한 번만이라도 달라고
자기도 모르게 귀뚜라미 소리 같은 방언을 쏟아낸다
빗소리는 더욱 커지고 속도는 더욱 빨라진다
결국 귀뚜라미는 자기의 혀를 통제하지 못했다

올해 가을에는 귀뚜라미가 울지 않을 것이다
숨을 쉬거나, 소리를 낼 줄 아는 모든 것들은
습기에 욕망을 부풀려 끝없는 추측만 팽창시킬 뿐
굵은 빗줄기 동심원에 의미라는 단어를 가두었다

금번 장마전선은 의지에 관계없이
두 고기압에 끼여 사이에서만 조금씩 움직였다고 했다
나와 또 다른 나 사이의 引力에 끼여 조금도 움직이지 못하고
눈물만 뿌리고 어깨만 들썩인 세월처럼

추측을 깨고 귀뚜라미 젖은 등위에서 소리가 난다
장마전선이 탱탱하게 당겨지고 가을이 외줄을 탄다
습한 지하실 구석에 갑자기 가을이 들이붓는다

음악을 들으며

음악을 듣는다는 건
장작을 패듯이 힘을 빼고
소리를 나눌 수 있을 때까지 나누는 일
나눌 수 없을 때까지 영혼을 쪼개는 일

장과 단
세기와 여리기
빠르기와 느리기
소리와 소리 사이 여백
주인의 성품을 닮은 스피커 울림
그 진동 위에서 가만히 가부좌를 틀고
무중력의 의식으로 여행을 하는 일

변성기를 앞둔 빈 소년 합창단의
다시 오지 않을 미성을 들으며
너와 나 사이 더 나눌 수 없는
간극 없는 아득함을 헤아리며

방음 없는 벽에 부딪혀 나오는
변성기를 앞에 둔 절정의 소리로
끝이 없을 듯 끝으로 가는 일

의미로 존재하는 소리

거미줄에 걸려 말라버린 소리들은
태초부터 형상을 가지지 못하여
빛은 있었으나 소리는 없었다

소리는 공간을 소유하지 않는
무소유의 본질이다
파동은 감쇄를 반복하며
어차피 사라질 운명으로
움켜쥐지 못하고 항상 풀려 있다

남한강 겨울 아침에
강이 소리를 풀어내며 그렇게 서럽게 울었다
글로 표현 못 할 소리가 얼음 속에서 나왔다
아침 햇살 받은 남한강 쩍쩍 갈라지는 소리가
한 순간 멱살을 잡았다

우문현답

화장실에서 갑자기 생각이 났어요
어릴 적 주고받던 수수께끼들이 몰려왔어요
삶을 잘 모를 때 단면을 슬쩍슬쩍 보여주던 문제들
그래도 그때는 의미를 잘 몰랐던 이야기이지요

잘 듣고 맞추어 보거래이
첫 번째 정거장에서 일곱 명이 탔어
그 다음 정거장에 세 사람이 내리고 여섯 명이 타고
또 그 다음 정거장에 몇 명 타고 몇 명이 내리고
머리는 쉴 새없이 주판을 놓아요
여태 삼십칠 명인데 버스운전사도 있으니 삼십팔 명
이놈이 이 차에는 안내양도 있다고 하지 않을까
삼십구 명 일까 걱정도 하는데
갑자기 거쳐온 정거장이 몇 개고 허를 찔려요
열 일곱, 여덟 아니 아홉 근처 같은데
대략 난감한 표정을 짓고 웃었지요

이제 다른 질문이 필요해요
산을 오를 때 몇 시간 만에 올라왔는지
직장생활에서 직급이 무엇인지
인생을 살면서 집이 몇 채 있는지가 아니라
지나온 나이의 정거장마다 어떤 이야기를 꺼낼 수 있는
차원이 다른 질문이 필요해요

꽈배기에 발린 설탕처럼 부끄러운 일도 적당히 붙어있는
그래도 머리 굴려 힘겹게 살아온 인생인데요
갑자기 인생 마지막에 듣게 될 질문이
내가 이리저리 걱정한 버스 안내양이 아닌
어릴 때 수수께끼처럼 또 허를 찔릴 것 같아요
혼자만의 공간에서
이제 '내려 갈 때는 제대로 꽃을 보자'를 생각을 하다
아무 일도 못하고 물만 내리고 나왔어요

소멸한다

시간은 위대하다
지나간 모든 전투는 마지노선 위에 있었다
앞으로 가지 못해 머문 것이 아니라
뒤로 물러가지 못해 눈감고 버틴 세월이다
무얼 바라는 건 파렴치한 사치라고 가르친다

시간은 위대하다
부상자를 데리고 같이 퇴각하지 않는다
전투의 연기가 사라지기 전 앞서 사라진다
숨쉬기도 힘든 아픔은 언제나 남겨진 자의 몫이지만
지나가기만 하면 좋은 추억이라 가르친다
시간은 위대하다
에둘러 은유로 말하지 않는다
무임승차를 잡아낸 의기양양한 차장처럼
왜 네가 탈 수밖에 없었느냐 사정은 묻지 않는다
당신은 태어날 때부터 어떤 선택의 노력이 없었다고

그래서 애당초 이 기차를 타지 말아야 했다고 가르친다

시간은 정말 위대하다
자기는 누구 한사람이라도 절대 봐준 적이 없다고
반드시 무임승차의 대가를 받아내야 한다고
세상에 유일하게 예외가 없는 원칙
죽음이라는 명세서를 내민다
바람에 묻어 가고 싶다
나도 소멸한다
소리없이
흙으로
흙흙
끝

퇴직 여행

바닷가 근처 집에 짐을 풀었다

밖은 영하의 온도가 점령한 시간이었다

문을 열어 추위에 지친 파도소리를 불러들였다

소리는 젖은 물기를 간신히 털어내고 곧 잠이 들었다

잠은 깊이가 없어 밤새 뒤척이며 잠꼬대를 했다

假垂眠 상태인지

왕년에 소금물을 벌컥 마시며

저 촛대바위를 만들었다고 했다

忍내의 칼을 백 개나 마음에 숨기고

반복을 통해 백사장 고운 모래를 모았다고 했다

그러다 뒤척이며 돌아누워

내가 다한 일이 아니라 힘을 조금 보탰다고 얼버무렸다

실은 촛대바위나 백사장까지는 오지도 못하고

바다 위에서 사라진 소리라는 것을 이미 알고 있었다

백사장까지 가는 파도의 등을 잠시 밀어주는데

온 젊음이 필요했다

나트륨만큼이나 생각이 필요하다

파도소리는 어떻게 축적되어 의미가 되는지

축적되지 않고 사라지는 것들은 의미가 없는지

많은 조언자들은 아직 젊으니 계속 소리를 내라고 한다

목청이 진동할 수 있는 한 소리를 내라고 한다

그래야 빨리 늙지 않는다고 한다

딱히 도움되지 않는 밥이나 먹고 가자는 소리다

소리와 같이 잠을 자며 파도처럼 뒤척였다

또 하나의 심장이 파닥거렸다

살아있는 비린내가 진동했다

글을 마치며

이제 어둠이 내려오고 있습니다. 그러나 어둠을 두렵거나 외롭거
나 하는 단어로 채워지게 할 수는 없습니다. 지는 해의 석양도 말할
수 없이 아름답습니다. 밤이 어두울수록 하늘의 별들은 더욱 뚜렷이
빛나리라 믿습니다.

살기 위해서 일을 시작한 '삼성'에서 33년을 보냈습니다. 지금은 중
소기업인 '상신EDP'에서 조금이라도 도움이 되기 위해서 나름 생각
하면서 일을 하고 있습니다. 이 나이가 되니 어느 정도 저의 선택으
로 삶의 방향을 조절할 수 있는 조타수의 역량을 갖추게 되었습니다.
그래서 항상 속도보다 방향을 먼저 생각하면서, 좀 더 치열하게 고민
하고 배우면서 살고 싶습니다.

더 움켜잡으려 하지 않으렵니다. 그저 아래 시 같은 유언을 남기기
위해 남은 생을 살아가렵니다.

바람 이불처럼 덮고
화장도 해탈도 없이
이불 여미듯 바람을 여미고
마지막으로 몸의 피가 다 마를 때까지
바람과 놀게 해 다오 〈황동규 시인의 '풍장'중에서〉

이제 삶을 돌아보니 저의 마음에 남은 선배님들은 "천리마는 능력으로 칭송 받는 것이 아니라 그 기품으로 인정을 받는다"는 말과 일치했습니다. 그러나 매우 뛰어난 능력을 가졌으나 갈수록 초라해 지는 분들도 보았습니다. 이분들을 보면 "훌륭한 리더는 실력에 의해 발탁되고 인간미에 의해 실격이 된다"는 말이 맞아 떨어졌습니다. 그러므로 저도 이제부터라도 좀 더 깊은 맛이 나는 사람으로 삶을 살아야겠습니다.

　저의 '인생 영화'에 함께 동행하여, 웃고 울면서 같이 하신 분들께 감사드립니다. 잠시 옷깃만 스쳐간 분이라도 모두 다 소중합니다. 다시 엎드려 감사드립니다. '고맙고 고맙습니다.' 이런 미완성의 졸작을 내도록 격려를 주신 분들께도 미안하고 감사합니다. 우둔한 저를 긴 시간 끈기 있게 글 공부를 가르쳐 주신 송경주 선생님께 무엇보다 감사드립니다. 나이 칠십이 되면 시인이 되도록 아니 시인은 못 되더라도, 시인과 같은 선한 눈과 마음으로 당당히 세상과 마주하며 살아 보겠습니다.

2021년 7월 21일

진도 세방 낙조를 바라보며

인생 여행, 타인들의 위로

2021년 10월 20일 초판 1쇄 인쇄
2021년 10월 30일 초판 1쇄 발행

지은이 ㅣ 박정대
펴낸이 ㅣ 황성연
펴낸곳 ㅣ 글샘출판사
등록번호 ㅣ 제 8-0856
총판 ㅣ 하늘물류센타
주소 ㅣ 파주시 광탄면 혜음로883번길 39-32
전화 ㅣ 031-947-7777
팩스 ㅣ 0505-365-0691
북디자인 ㅣ 최수정

ISBN : 978-89-91358-58-4 (03230)

※ 정가는 뒤표지에 있습니다.
※ 잘못 만들어진 책은 구입한 곳에서 친절히 바꾸어 드립니다.